高等学校经济与管理类教材 · 旅游管理类系列

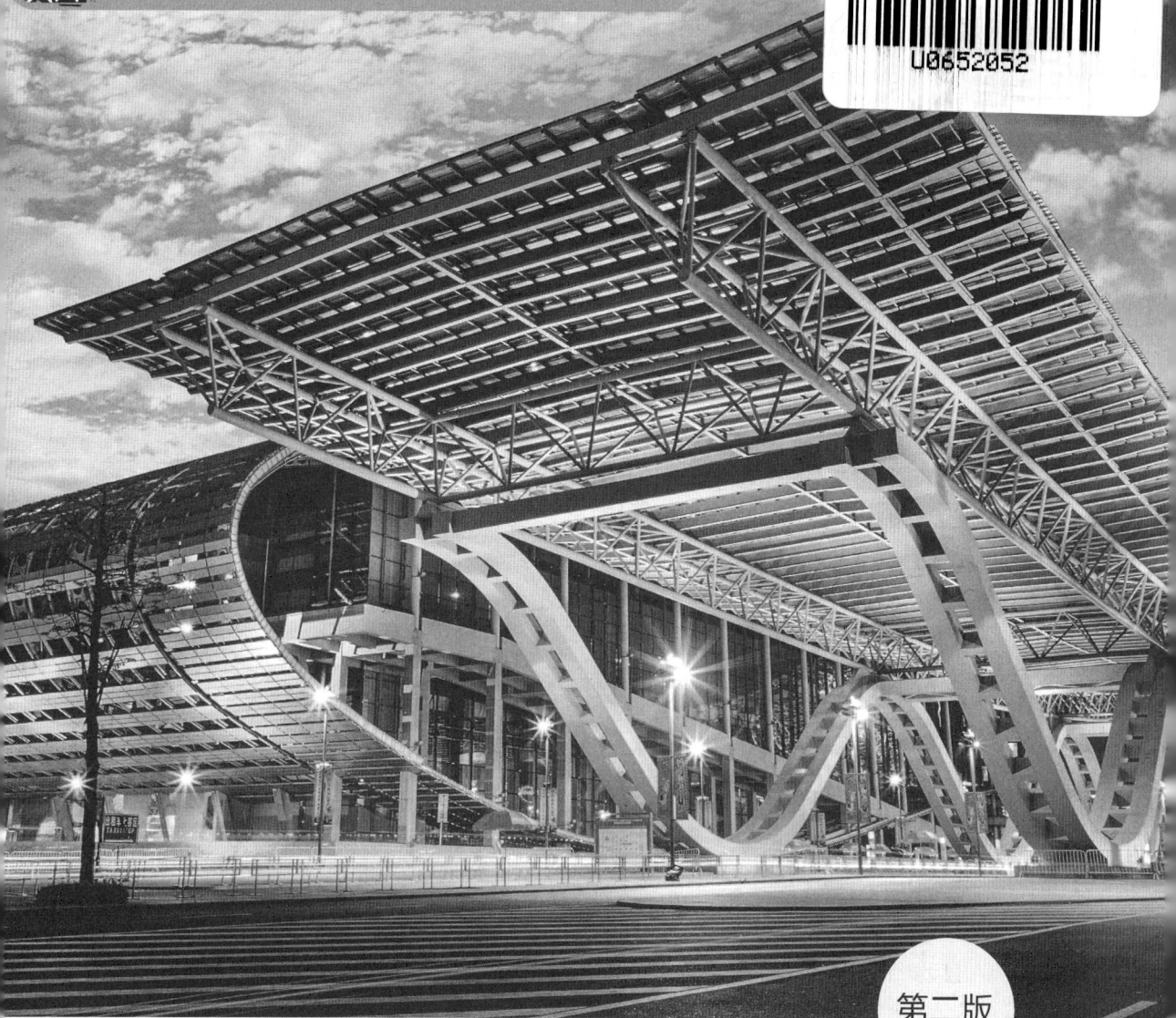

U0652052

第二版

会展管理概论

主 编◎胡 平

华东师范大学出版社

·上海·

图书在版编目（CIP）数据

会展管理概论／胡平主编.－2版.—上海：华
东师范大学出版社，2015.6
ISBN 978-7-5675-3719-4

Ⅰ.①会… Ⅱ.①胡… Ⅲ.①展览会-管理-高等学
校-教材 Ⅳ.①G245

中国版本图书馆CIP数据核字（2015）第134448号

会展管理概论（第二版）

主　　编　胡　平
项目编辑　孙小帆
审读编辑　冯　奕
责任校对　赖芳斌
版式设计　卢晓红
封面设计　俞　越

出版发行　华东师范大学出版社
社　　址　上海市中山北路3663号　邮编 200062
网　　址　www.ecnupress.com.cn
电　　话　021-60821666　　行政传真 021-62572105
客服电话　021-62865537　　门市（邮购）电话 021-62869887
地　　址　上海市中山北路3663号华东师范大学校内先锋路口
网　　店　http://hdsdcbs.tmall.com/

印 刷 者　浙江临安曙光印务有限公司
开　　本　787×1092　16开
印　　张　14.25
字　　数　283千字
版　　次　2017年6月第2版
印　　次　2021年7月第5次
书　　号　ISBN 978-7-5675-3719-4/F·329
定　　价　33.00元

出版人　王　焰

　　《会展管理概论》出版至今已经8年了，承蒙读者和朋友们厚爱，深表感谢！由于近年来我国会展产业的迅速发展，产业中新情况新问题不断出现，理论认识也应该不断扩大和提高；同时，由于会展专业目录调整和会展职业教育的大改革大发展，要求教材内容和形式也应该有相应的调整和变化，以更好地适应教学需要。因此，我们决定对该书进行修订。本次修订基于以下三个方面：

　　一是在教材结构不作大的改变的前提下进行修订，篇幅不超过第一版。所以总的修订量不超过全书字数的50%，这一做法的目的是保持教材的稳定性和本书的基本特点，同时也便于使用者，特别是教师备课可以有一个延续性。

　　二是对部分章节内容作了些调整。主要是把第八章"会展信息管理"更名为"会展信息技术管理"，阐述了信息技术在会展业中的应用。

　　三是更新资料，补充知识点。本次修订尽可能使用近三年的资料，有的是2014年的资料。

　　本次修订仍然由胡平统一负责，各章节编写分工如下：第一章、第二章、第三章、第四章、第六章、第七章、第九章由胡平、丁南编写；第五章、第八章由夏晗、倪学慧编写；第十章由李晨霞、倪学慧编写。

　　尽管本次修订力图在形式和内容两方面都有所创新，但是限于作者能力和水平，疏漏之处敬请批评指正！

胡　平

2015年2月于上海金沙嘉年华

会展业是一个新兴产业。世界上著名的城市,如巴黎、纽约、香港、新加坡都是会展业发达的城市。中国大陆会展业发展方兴未艾,而上海会展业在国内处于领先地位,特别是随着上海2010世博会的申办成功和筹办工作的进行,会展业发展更是如虎添翼。

基于上海会展行业协会以及高校会展专业教育的需要,我们组织编写了本书。这是一本面向会展业界人员和有志于从事会展业的学员的教材。教材体现出操作性和系统性的特点。本书既可作为高等院校会展及相关专业的教材,也可以供社会相关人员阅读。

本书从会展业的实践和管理学基础理论着手,重点介绍会展业的资源整合管理,体系完整,重点突出,便于指导实践。本书分成十章:第一章主要介绍会展业的有关概念;第二章主要介绍会展业的发展过程和现状特点;第三章主要介绍会展业的运作机制;第四章主要介绍管理学的基础理论,形成对会展管理的认识框架;第五章是营销管理;第六章到第十章分别从人力、财力、信息、安全和场馆等资源角度加以介绍,充分阐释会展管理从某种意义上讲就是整合资源的工作。

各章节编写分工如下:第一章、第二章、第三章、第四章、第六章、第七章、第九章由胡平编写;第五章、第八章由夏晗编写;第十章由李晨霞编写,最后全书由胡平统稿定稿。

限于作者能力和认识思考水平,疏漏之处敬请批评指正!

胡　平

2006年10月于金沙嘉年华

目录

本章主要探讨以下问题：

● 会展的概念和类型

● 会展业的概念和产业构成

● 会展业的特征和作用

● 会议业和展览业的差异

近年来，随着一系列大型国际会展活动的成功申办和举办，中国会展市场获得了各方的认可，影响力不断增强。中国会展产业规模也在迅速发展，据商务部会展业典型企业调查统计，2013年，全国共举办各类展览7319场，同比增长1.8%，展览面积9391万平方米，同比增长4.5%；而且据测算，会展经济直接产值已经达到3870亿元人民币，较2012年增长10.6%，约占全国国内生产总值的0.68%，占全国第三产业增加值1.5%，会展行业带动就业人数达到2700万人次。国际会议组织——"国际大会和会议协会"（ICCA）① 表示看好中国国际会议市场的巨大潜力，愿意协助中国开拓这一市场，使中国成为世界上新的会议大国。会议展览不仅成为炙手可热的商业市场，而且成为提升我国国际形象和国际影响力的重要渠道。

第一节　会展的界定

一、会展的概念

会展，顾名思义，包括"会"和"展"。所谓"会"，就是"聚合"之意，在英文中表示"会"的词语有：gathering（集会），meeting（大会、会议、集会），convention（代表大会、年会），conference（大会、会议），congress（定期会议），assembly（全体会议、正式会议），seminar（研讨会），forum（论坛）。② 所谓"展"，就是"陈列"之意，在英文中表示"展"的词语有：exhibition（展览），exposition（展览会、博览会），fair（展销会），show（展览展示）。将会展放在一起进行研究，倒是中国的独创，而且也有一定的道理。

说它独创，是因为在国外这两个问题大多是分开进行研究的，研究人群也不相同，例如在美国，会议产业的领导者是会议产业理事会（CIC，Convention Industry Council 的简称），出现了会议专业组织机构（PCO，Professional Congress Organizer，欧洲使用较多），一些团体还进行会议专业人员认证，如CIC的会议专业证书（CMP，Certified Meeting Professional）和MPI（Meeting Professional International）的会议管理证书（CMM，Certified Meeting Manager）就是两例。乔治华盛顿大学从1978年开始就开设了"会议策划"的课程，专门研究会议。而美国展览业研究中心（CEIR，Center for Exhibition Industry Research）原为贸易展示局，更是致力于对展览这种市场营销工具的研究，把展览作为非常重要的营销工具。国际展览管理协会（IAEM，International Association for Exhibition Management）推出注册会展经理（CEM，Certified Exposition Manager）培训。

但是随着会展业的迅速发展，会展融合发展趋势日趋明显，展中有会，会中有展。

---

① ICCA是International Congress and Convention Association的简称，总部设在阿姆斯特丹，成立于1963年，是世界上最具权威性的会议业协会组织，成员遍及欧、美、亚77个国家和地区。协会根据成员不同的业务范围分为九类，包括会议旅游及目的地管理公司（旅行社）、航空公司、专业会议组织者、会议观光局、会议饭店、会展中心、会议设施的技术支持机构等。

② 比较这三个词的含义：meeting主要指聚会，人们聚集在一起，目的是为了共享信息及讨论和解决组织上和经营上的问题，常常是一种小型的活动，可以是公司会议、研讨会、座谈会或培训会；convention主要是年会，人们为了某个共同目标或是为了交换一组人所共同感兴趣的思想、看法和信息而举行的大型集会；conference即会议，一般指在租用场所举办的聚会，会期至少6小时，出席人数至少8人，具有固定的日程或程序。

因此,会展在相互渗透的基础上,又吸收了一些相关的新专业知识,如奖励旅游、节庆活动等,渐渐融合成一门新兴的边缘学科。

由于会展理论研究尚处在初级阶段,国内外关于会展的定义也有很多表述,代表性的定义有:

会展是聚会、奖励旅游、年会和展览活动的总称。英文简称为"MICE",四个字母分别是meeting、incentive、conference、exhibition四个英文单词的第一个字母大写的组合。[①]这四个单词的含义分别是:① meeting,许多人聚集到某地进行交流、协商或举行某一特殊活动的总称,在时间上可以自由地临时组织,也可以有一定的固定模式,如年会、委员会议等。② incentive,作为对表现优秀的员工的奖励之一而组织他们进行的一次旅游或聚会活动。③ conference,以讨论、求实、解决问题或协商为目的的参与性集会。与定期大会(congress)相比,其规模通常较小,性质限定更加明确——为了便于信息交流。conference在举办频率上没有特殊规定,尽管其本身不受时间限制,但通常都是在某一特定时期内举行,且目标明确。④ exhibition,陈列展示产品和服务的各种活动。这一定义界定了会展涵盖的范围,比较全面,但也使得会展概念过于宽泛,难以抓住重心。

桑德拉·莫罗提出,会展是由个人或公司组织的一个暂时性的、时限灵活的市场环境,在这里购销双方为当时或将来某个时间买卖所展出的商品或服务而进行直接交流。[②]这一定义主要界定的是展览,不够全面。

勒克赫斯特认为,会展并不仅仅是在某个时间和地点将人们感兴趣的物品聚集起来,会展是人类的行为,是人类的事业,有些会展甚至是人类因特定的原因并为获得特定的结果而进行的非常伟大和勇敢的行为。会展是人类交往的一种方式,促销商与参展商作为会展一方与会展另一方观展者进行交流沟通,其结果则通过人类进一步的思想和活动来体现。[③]这一定义主要是从人类学方面加以界定的,过于晦涩。

保健云提出,会展是会议、展览、展销等集体性活动的简称,是指在一定地域空间,由多个人集聚在一起形成的,定期或不定期的,制度或非制度性的集体性和平活动。[④]这一定义从会展的特点着手加以介绍,比较全面准确,但比较注重实体空间,忽视虚拟空间。

会展的定义还有很多表述,这也符合新兴产业发展的一般特点。由于界定的角度不同,界定的结果自然就有差异。

综合各种观点,可将会展定义为:特定空间的集体性物质或精神的交流或交易活动。"特定空间"是指活动必须要有特定的目的地或场地,这一目的地或场地可以是有形的、实体的,也可以是无形的、虚拟的;"集体性"是指活动要有一定的规模,有一定的影响力;"物质或精神"是指活动的承载物可以是物质形态,如展品,也可以是精神形态,如会议主题;"交流或交易"是指活动目的可以是交流,也可以是交易。从这

---

① 资料来源:http://www.icca.nl.
② [美]桑德拉·莫罗.会展艺术——展会管理实务[M].上海:上海远东出版社,2005:11.
③ Kenneth W. Luckhurst. The Story of Exhibitions[M]. London: The Studio Publications, 1951:9.
④ 保健云.会展经济[M].成都:西南财经大学出版社,2000:2.

一概念出发,广义的会展概念就由这四个方面的特征加以贯穿起来。符合这些特征的相关活动包括:大型会议、奖励旅游活动、交易会、展览会、博览会、展销会、体育运动会、各类节事活动和文艺演出等。

二、会展的类型

尽管会展的概念很宽泛,但是现阶段研究的重点还是在会议和展览两个方面。因此关于会展的类型,主要分成两大类:一是会议,一是展览。

(一)会议的类型

会议类型很多,不同的划分标准就有不同的划分结果,常见的划分标准有以下五种类型。

1. 根据会议举办主体划分

(1)协会会议。协会是会议的最主要客源。地方性协会、全国性协会乃至世界性协会每年都要举办各种会议。

(2)公司会议。它是同行业、同类型及相关行业的公司在一起举办的会议。一般包括以下几种:销售会议、推销商会议、技术会议、管理者会议、培训会议、代理商会议、股东会议等。

(3)其他组织会议。这类主要包括政府会议、工会组织和政治团体会议、宗教组织会议等。

2. 根据会议活动内容划分

(1)商务型会议。主要是为了公司的业务或管理需要而召开的会议,一般层次较高,需求较高,消费标准也较高,会期较短。

(2)度假型会议。指以度假休闲为主的会议。

(3)文化交流会议。指以文化学习交流为主的会议。

(4)专业学术会议。指某一领域有一定专业技术的专家参加的会议。

(5)政治性会议。指国际政治组织、国家或地方为某一政治议题召开的会议,有大会和分组讨论等形式。

(6)培训会议。指对某类专业人员进行有关业务知识方面的技能训练或理论培训的会议,可采用讲座、讨论、演讲等形式。

3. 根据会议功能和任务划分

(1)决策性会议。指组织中决策人员对工作中的重大问题集体讨论作出决策的会议,如政府部门的办公会议、经济组织的董事会。

(2)工作性会议。指组织中为研究布置工作而召开的会议,如全国经济工作会议。

(3)学术性会议。指研讨传播学术问题而召开的会议,如孔子教育思想学术研讨会。

(4)商贸性会议。指以商务经贸活动为目的的会议,如经贸洽谈会。

(5)彰显性会议。指为宣传教育、沟通信息而召开的会议,如表彰会、通气会。

4. 根据会议性质划分

(1)法定性会议和非法定性会议。法定性会议是根据有关法律法规规定必须举行的具有法律效力的会议，以及特定组织为履行法定职责而举行的会议，如各级人代会、公司的股东大会、协会的会员代表大会；非法定性会议是指法律法规允许的法定性会议以外的会议，如学术研究会、经贸洽谈会。

（2）正式会议和非正式会议。一般在国际会议中，各方为解决共同关心的实质性问题，并形成具有约束力的共同文件，依据事先约定的有关规则和程序而进行的会议就是正式会议；而以协商、交际、宣传为目的，不形成正式决议或无确定的议事规则的会议就是非正式会议。

5. 根据会议与会者来源划分

（1）国际性会议。指会议代表来自不同的国家或地区的会议。

（2）全国性会议。指会议代表来自全国各地或各条战线的会议。

（3）地方性会议。指会议代表来自一个国家的某一个或某些地区的会议。

（4）单位性会议。指会议代表属于一个特定组织的会议。

国际性会议因其复杂性程度高、商业价值大而受重视程度最高。许多国际会议研究机构都对国际会议的概念进行了规定，如ICCA就规定国际会议要符合以下三个条件[1]：① 人数不少于50人；② 至少在3个国家轮流举办；③ 定期性会议。而UIA[2]则规定[3]：① 人数不少于300人；② 至少在5个国家轮流举办；③ 至少3天会期；④ 与会外国人士不少于40%。足见国际会议受重视程度。

（二）展览的类型

从不同的角度划分，展览的类型也不一样。

1. 根据性质划分

展览可分为贸易展（trade fair）和消费展（exhibition）两种。贸易性质的展览是为制造业、商业等行业举办的展览，展览的主要目的是交流信息、洽谈贸易；消费性质的展览展出的基本上都是消费品，目的主要是直接销售。展览的性质由展览组织者决定，可以通过参观者的成分反映出来：对工商业开放的展览是贸易性质的展览，对公众开放的展览是消费性质的展览。具有贸易和消费两种性质的展览被称作综合性展览。

2. 根据内容划分

展览可分为综合展览（multi-branch trade fair/exhibition）和专业展览（specialized trade fair/exhibition）两类。综合展览是指涵盖全行业或数个行业的展览会，也被称作横向型展览会，比如工业展、轻工业展；专业展览是指展示某一行业甚至某一项产品的展览会，比如钟表展。专业展览会的突出特征之一是常常同时举办讨论会、报告会，用以介绍新产品、新技术等。

---

① Included in the association database are meetings that are organised on a regular basis, attract at least 50 participants and rotate between 3 different countries.

② UIA是Union of International Associations（国际协会联盟）的简称，是一家国际性的行业协会，已经收集了40多年的会议及会展统计数据。这些数据是会展业最权威的资源。

③ minimum number of participants：300，minimum number of foreigners：40%，minimum number of nationalities：5，minimum duration：3 days.

国际展览业常见行业分类

⊙ 广告、市场营销、电影、摄影、媒体
⊙ 农业
⊙ 工业、工业制造
⊙ 综合博览会、消费品博览会
⊙ 娱乐业、游乐场、音乐、消费电子产品、多媒体
⊙ 畜牧业、家禽饲养
⊙ 时装、成衣、布料、衣饰
⊙ 礼品、纪念品
⊙ 化妆品、美发、香水
⊙ 自动化、机器人、制造技术、设计、工业设计
⊙ 汽车、汽车零件、汽车服务、加油站、摩托车、自行车
⊙ 能源、电力
⊙ 银行、金融、保险
⊙ 通信、电子商务、互联网、信息技术
⊙ 房地产、建筑、建筑机械、建筑管理、市政工程
⊙ 计算机、图像、电子学
⊙ 生物科技、医药、药物
⊙ 图书、图书贸易、图书馆设备、出版贸易、报纸印刷
⊙ 玻璃、建材、建筑陶瓷、墙纸
⊙ 特许经营商业
⊙ 化学、石油化学
⊙ 国防、防务
⊙ 教育、培训、职业塑造、管理科学、人力资源
⊙ 环境保护
⊙ 会展业展览
⊙ 食品加工、食品、饮料、保健、罐装食品
⊙ 林业、木业加工、家具、家具制造
⊙ 婚礼、殡仪、殡葬馆
⊙ 五金、建材
⊙ 保健、医疗、医院、牙科、齿学
⊙ 饭店、酒店、餐馆
⊙ 狩猎、钓鱼、射箭、体育、高尔夫
⊙ 内部装饰、厨房、卫生间
⊙ 发明创造、革新
⊙ 旅游、休闲、度假
⊙ 表面处理
⊙ 金属加工
⊙ 采矿、矿物
⊙ 纺织工业、纺织品、纤维、家用纺织品

⊙ 玩具
⊙ 交通运输、仓储、物流、管道运输
⊙ 水、灌溉、污水
⊙ 制鞋、帽子、编制类、皮革、皮革工业
⊙ 办公用品、办公科技、文具
⊙ 光学
⊙ 包装
⊙ 塑料、橡胶
⊙ 红酒、葡萄酒、酿酒
⊙ 交通、轮船运输、物流、造船业、港口设备
⊙ 珠宝、黄金饰品、银器
⊙ 其他
(资料来源: 德国会展网)

3. 根据规模划分

展览可分为国际、国家、地区、地方展,以及单个公司的独家展。这里的规模是指展出者和参观者所代表的区域规模,而不是展览场地的规模。不同规模的展览有不同的特色和优势。国际展览由于其影响力大,商业价值高、覆盖面广,受到主办者的格外重视。

阅读资料 1-2

UFI① 拟定的有关国际性交易会/展览会的标准

要被确认为一个国际性交易会/展览会,外国参展商数量必须至少占到总参展商人数的20%,或者外国观众数量至少占到总观众人数的4%,或者外国参展商租用的净场地面积至少占总的租赁场地净面积的20%。

非国际性交易会/展览会则可以分为全国性(即观众来自多个地区)或区域性(即观众来自某一特定省份或县市)两类。

(资料来源: http://www.ufinet.org)

4. 根据时间划分

展览可分为定期展和不定期展。定期展一般是指有固定举办周期的展览,有一年四次、一年两次、一年一次、两年一次等不同种类。在英国,一年一次的展览会占展览会总数的3/4。不定期展则是指没有固定周期的展览。不定期展览按照时间长短,分成长期展和短期展。长期展可以是三个月、半年,而短期展一般不超过一个月。在发达国家,专业展览会一般是四天。

---

① UFI 是 Union of International Fairs(国际展览会联盟)的简称,是一个非政治性、非营利性的组织,总部设在巴黎,其会员来自67个国家,在展览认证方面有很高的权威性。

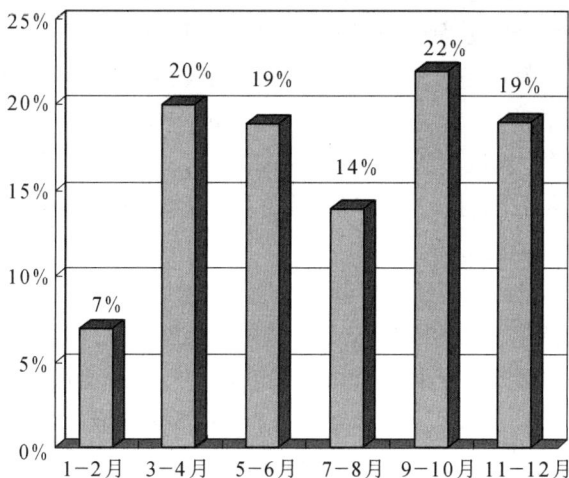

图 1 - 1

2011年上海展览月分布

资料来源：根据《上海会展业发展报告2012》整理。

　　展览日期受财务预算、订货以及节假日的影响，有旺季、淡季之分。根据英国展览业协会的调查，3—6月及9—10月是举办展览会的旺季，12月至来年1月以及7—8月为举办展览会的淡季。上海展览业也有类似的分布规律，见图1-1。

　　5. 根据场地位置划分

　　展览根据场地位置可分为室内展和室外展。室内展多用于展示常规展品，如纺织展、电子展等；室外展多用于展示超大、超重等非常规展品，如航空展、矿山设备展等。在多个地方轮流举办的展览会被称作巡回展。比较特殊的是流动展，即利用飞机、轮船、火车、汽车作为展场的展览会。

第二节　会展业的界定

一、会展业的概念

　　目前对会展业的内涵还没有较为统一和权威的界定，在此对各种界定作一个系统的整理，以全面了解会展业的概念。比较有代表性的概念有以下几种：

　　《国民经济行业分类与代码》(GB/T 4754—2011) 对会展业的界定是：会展业隶属于商务服务业，指会议及展览服务，即为商品流通、促销、展示、经贸洽谈、民间交流、企业沟通、国际往来而举办的展览和会议等活动，代码是7292(商务服务业是72，其他商务服务业是729，会议和展览服务业是7292)。[1]

　　范能船、朱海森在其《城市旅游学》中提出，会展产业是指由会展经济运动而引起的相互联系、相互作用、相互影响的同类企业的综合。[2]另外，刘大可在其主编的《中国会展业：理论　现状与政策》一书中对会展业也作了类似的定义。

---

[1] 《国民经济行业分类与代码》(GB/T 4754—2011)。
[2] 范能船,朱海森.城市旅游学[M].上海:百家出版社,2002:237.

　　冯晓丽、覃家君在其论文《我国会展业发展中存在的问题及对策探讨》中认为，会展业简单来说，就是指通过兴建场馆、举办展览、召开会议为商务洽谈和商品交易等提供服务的一种活动。其服务对象主要是企业、经纪人、商贸团体等。它是一种涵盖内容很广的综合性服务活动。①

　　倪鹏飞主编的《中国城市竞争力报告No.2》提出，会展业是通过举办各种形式的会展和展览展销，能够带来直接或间接经济效益和社会效益的一种经济现象和经济行为，也被称为会展产业和会展市场。②

　　应丽君在其《21世纪会展经济与会展产业》中提出一种较为新颖的看法，她认为会展业与会展产业是两个不同的概念，会展业指的是会展行业，即直接为会展市场经济活动提供产品和服务的部门及行业的总称，是属于第三产业，由会展专业举办组织、会展场馆、会展设计搭建工程、会展服务四大基本行业部门要素构成。而会展产业则是指为会展业直接提供服务和支持的部门以及行业的总称。会展产业包括的部门和行业涉及第一产业、第二产业和第三产业的众多部门和行业，而会展产业本身属于第三产业范畴。③

　　程红等人在其《会展经济：现代城市"新的经济增长点"》一书中指出，会展业是会议业和展览业的总称，是指围绕会议、展览的组办，会展的组织者、展览场馆的拥有者、展览设计搭建单位开展的一系列经济活动。④

　　凌敏在《试论我国会展业的现状及发展对策》中提出，所谓会展业是指通过举办各种形式的展览和会议能带来直接或间接的经济效益和社会效益的行业，在国际上被称为MICE。并提出会展业是一种龙头行业，能带动相关行业，如旅游、运输、饮食、住宿、通信、装潢、娱乐、购物等行业的发展。⑤

　　中国会展服务网的一篇标题为《会展业的界定》的文章指出，所谓会展业，是指现代城市以必要的会展企业和会展场馆为核心，以完善的基础设施和配套服务为支撑，通过举办各种形式的会议或展览活动，吸引大批与会人员、参展商、贸易商及一般公众前来进行经贸洽谈、文化交流或旅游观光，以此带动城市相关产业发展的一种综合性产业。

　　通过对上述界定的比较和分析，可以得出界定会展业包括以下几个要点：第一，会展业是一种产业。目前会展业已经出现了一批同类相关企业集合，所以应该充分肯定会展业就是会展产业。第二，会展业以会议、展览为主要运作和表现形式。虽然广义的会展活动包括会议、展览、大型国际体育活动、大型纪念或庆祝活动等，但会议和展览还是主要的活动形式。第三，会展业既能带来经济效益，又能带来社会效益。第四，会展业属于第三产业，是一种新型服务经济。第五，会展业是一种综合性经济，涵盖的相关行业非常广泛。

　　目前，对于会展业的产业构成还没有较为系统和全面的论述，只不过是在一些论著或文章中有一些涉及，具体如下：

---

①　冯晓丽，覃家君.我国会展业发展中存在的问题及对策探讨[J].科技进步与对策.2000(9)：161，162.

②　倪鹏飞.中国城市竞争力报告No.2[M].北京：社会科学文献出版社，2004：305.

③　应丽君.21世纪中国会展经济与会展产业[M].重庆：重庆大学出版社，2003：48.

④　程红，熊梦，刘扬，路红艳.会展经济：现代城市"新的经济增长点"[M].北京：经济日报出版社，2003：7.

⑤　凌敏.试论我国会展业的现状及发展对策[J].龙岩师专学报，2004(4)：11—13.

应丽君在《21世纪中国会展经济与会展产业》对会展业进行界定的时候提到,会展业由会展专业举办组织、会展场馆、会展设计搭建工程、会展服务四大基本行业部门要素构成。另外,同样在本书中,她还提出,会展业是围绕会展举办活动而形成的一个经济部门,包括组织单位、参展商、参观者、会展场馆、会展工程、会展服务企业等,以及与之密切相关的旅游等行业。[①]

魏中龙在《我为会展狂》中提出,一般狭义的会展业是指以会展为业的部门,包括行业协会、展览组织筹办公司、展览场馆、展览设计施工公司、展览道具制作公司等。广义的会展业除以上所述外,还包括运输、广告、餐饮、交通等部门中为会展提供服务的部门。[②]

倪鹏飞主编的《中国城市竞争力报告No.2》认为,会展业是一门系统工程的综合经济,相关行业很多,除了会展业的行业协会、展览设计施工公司、展览公司、展览场馆外,还包括广告、餐饮、交通、旅游等为会展提供服务的部门。[③]书中还提出一个会展业产业结构组成示意图,如图1-2所示。

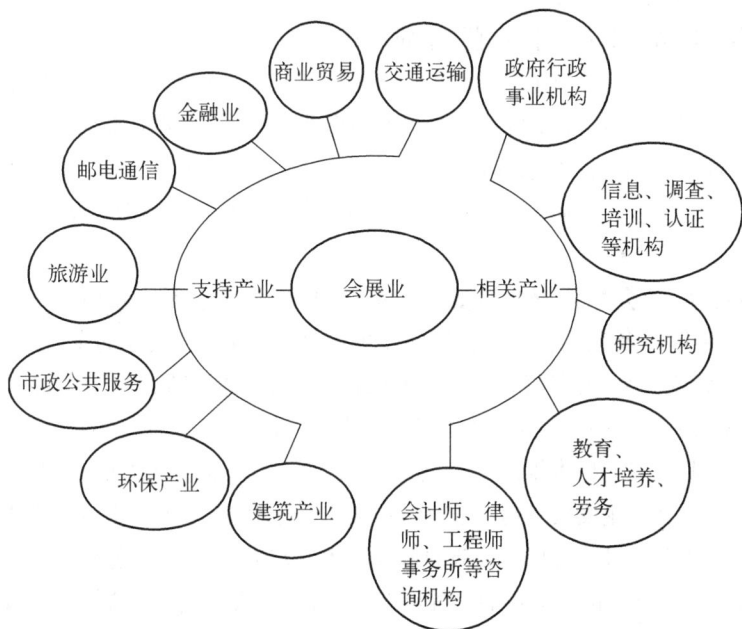

图1-2

会展业产业结构组成示意图

上述各种观点都是对会展业产业构成的有益探索,对理解会展业有很大帮助。综合上述各种观点,对会展业的界定如下:会展业是一种以会展公司和会展场馆为核心,以会议和展览为主要形式,为其他各种经济和社会活动提供服务,能够带来直接和间接经济效益和社会效益,并能起到龙头作用的综合性服务产业。

---

① 应丽君. 21世纪中国会展经济与会展产业[M].重庆:重庆大学出版社,2003:236.
② 魏中龙.我为会展狂[M].北京:机械工业出版社,2003:4.
③ 倪鹏飞.中国城市竞争力报告No.2[M].北京:社会科学文献出版社,2004:305.

会展业的产业构成分成会展业内部部门、会展业直接影响部门、会展业间接影响部门。会展业内部部门主要是会展公司和会展场馆企业,而会展业影响的行业非常多,许多国民经济部门都不同程度地与会展业有着联系和影响,许多行业都可以借会展业发展自身。

二、会展业的特征

相比于其他产业,会展业是一种新兴的朝阳产业,是一种具有较大独立性的新型经济形态,因此会展业有其特有的产业特征。

(一)一种新型特殊服务经济

会展业是为第一产业和第二产业服务的,从这个意义上讲,会展业应该列为第三产业。但是,从我国对第三产业划分的四个层次来看,很难对号入座地把会展业划分到哪个层次之中,因为会展内容涉及第三产业的所有层次。首先,会展活动包含有流通部门的内容,会展活动的主要功能就是促进商品的流通和信息的交流。其次,会展活动的内容和形式多种多样,既有为生产、生活服务的,也有促进科学文化水平和居民素质的,还有专门满足社会公共需要的。所以,会展业是一个边缘行业,既从属于第三产业,又不同于第三产业的一般部门,是一种新型特殊服务经济。[①]

(二)综合性非常强,相关行业范围非常广泛

从上述对会展业的产业构成以及会展业的相关支持性行业的分析可以看出,会展业是一门系统工程、综合经济,与其密切相关的行业非常广泛,包括旅游业、餐饮业、酒店业、交通运输业、广告业、包装印刷业、通信业等等。一方面,会展业离不开这些行业的支持;另一方面,它又有强大的产业带动作用,带动这些行业蓬勃发展。所以,会展业又有"城市面包"之称。

(三)对经济、社会总体形势的依赖性非常强,产业敏感度比较高

从全球各地区以及我国各城市会展业发展的情况来看,会展业的发展水平很大程度上取决于一国或一个地区经济总体实力或经济发展总体形势,这也和会展业的综合性特征有很大的关系。中国经济社会持续、健康、快速发展,既对会展业提出了更高的要求,也是会展业发展的根本推动力,并将为会展业的发展提供更好的基础条件。所以可以说,目前我国会展业发展迅速,正是中国经济持续、快速、健康发展的直接反映。

另外,会展业发展对社会总体形势的依赖性也非常强。会展业需要一个安定和谐的社会环境,任何因素导致的社会不稳定都可能给会展业发展带来不良影响。例如2003年爆发的"非典"给全国会展业带来巨大的损失。根据统计,仅北京地区,展览场馆和主要经营会议场所的损失占全年收入的40%左右;主办单位和承办单位的损失占其全年收入的50%以上;而关联企业,如装修业、广告业、运输业等的损失也约占其全年收入的50%。

(四)一种高度开放型的产业

会展活动的本质是物质、精神、信息交换及交流的媒介和载体。首先,会展作为一种经济交换形式,在商品流通中发挥着重要的作用。据美国一项调查报告显示,在制造、运输以及批发等行业,2/3以上的企业将展览作为流通手段,金融、保险等行业有1/3以

---

① 胡平.会展管理[M].北京:高等教育出版社,2009:9.

上的公司将展览作为交流和流通的手段。[1]其次,会展活动还具有强大的信息交流功能,它通过产品陈列和产品展示的方式,为买卖双方打造了一个技术、信息交流的平台,提供了一个直接、互动的交流机会。所以,会展产业是作为一种开放的产业形态而存在的,它的发展必然会引起社会资源和要素在全国乃至全球范围内的自由流动,提高各国、各地区的开放性,使整个世界成为一个开放的体系。[2]

三、会展业的作用

就世界性的经济中心城市来说,会展业已经成为其繁荣的象征。巴黎、伦敦、纽约、日内瓦、慕尼黑、新加坡、香港等都从会展业的市场运作中获得了巨大收益。就一些中等城市而言,会展业的发达也可以促进其全面走向繁荣,德国的汉诺威和美国的拉斯维加斯就是如此。会展业从以下几个方面促进了大中城市的繁荣与发展。

（一）本身具有直接的经济效益

会展业能带来直接的经济收益,并且被认为是高收入、高盈利的行业之一,一般认为其行业利润率大约在20%—25%之间。有资料显示,美国一年举办200多个商业会展带来的经济效益超过38亿美元。欧洲的一项会展业评估研究也表明,经济发达国家的会展业产值约占其GDP总值的0.2%左右。在中国,会展业占GDP比重还是很少的,但在一些城市,会展业的经济效益还是明显的。以一个简单的模型来分析,2014年上海共举办展览会755个,展出总面积1240万平方米,假设每个展览会7天租期,每平方米每天租金10元,仅场地租金就达到8亿多元。

（二）对相关行业有明显的拉动作用

经济拉动效应是反映展览业发达程度的标志之一。展览活动不仅可以为会展组织者、会展场馆经营者和会展服务者带来经济收益,而且可以为展会所在城市带来大量的会展参加者和国际观光客,为当地的旅馆业、餐饮业、零售业、公共交通业等带来收益。

据国外有关机构测算,举办会展本身的效益一般只占综合收益的10%,而相关的食、宿、行、购物、娱乐、旅游、广告等的收入则占90%。国际上会展业发达国家也都有这方面的研究。有资料显示,目前新加坡会展业对相关产业的拉动系数为1:12,德国为1:9。国内研究也表明会展业拉动效应明显,广交会对广州经济的拉动效应达到1:13.6。[3]

我们与上海市浦东新区会展办对上海新国际博览中心的经济影响做了实证性的分析和研究,以实地调查的数据为依据探讨上海新国际博览中心对浦东新区和整个上海地区经济的拉动效应和影响。计算结果是上海新国际博览中心的展览会拉动系数达到1:8.4。而且不同的展览会还呈现以下特点:① 观众规模较大（特别是非本地观众多）的展会,拉动系数较大,如汽车展、工博会和食品展;② 境外展商比例较高的展会,拉动系数较大,如汽车展;③ 连续办展时间长并成规模的展会,拉动系数较大,如汽车展、工博会等;④ 特装展位较少的展会,拉动系数较小,如铝工业展;⑤ 展出行业专业性强的

① 程红,熊梦,刘扬,路红艳.会展经济:现代城市"新的经济增长点"[M].北京:经济日报出版社,2003.7.26.

② 刘大可.中国会展业:理论　现状与政策[M].北京:中国商务出版社,2004:67.

③ 资料来源:《中国会展业发展年度报告2009》。

阅读资料
1-3

交易会和展览会：经济增长的重要推动力

除去参加展览本身的各项费用，展览会期间参展商和展会观众在住宿、餐饮、交通、娱乐及其他非直接服务消费中均花销不菲。这些消费不仅带来了当地的经济效益增长，对促进当地就业、增加税收也有积极的作用。

研究表明，参展商的一半开支留在了展览会举办城市及其周边地区。一位展会观众平均每天在市内消费200至350美元。据估计，一个展览会给当地带来的经济收益可以达到展会组织者收益的六倍之多。这种效应被称为"直接经济效益"。

此外，交易会和展览会还会刺激全国产业的增长，促进科学技术和设备仪器的发展，推动出口贸易活动的进步，特别是对于欠发达国家而言，意义更大。

（资料来源：http://www.ufinet.org）

展会，拉动系数较小，如铝工业展；⑥工博会等成果性展会拉动效应值得关注，拉动系数达到1∶15。

（三）可提高主办城市的知名度

由于会展业，特别是国际会展业，申办需要竞标，众多的参与者来自世界各地，因此对于一个城市或地区而言，会展活动可以极大地提高其知名度。会展活动具有强大的集聚功能，能使一个城市在短时间内凝聚大量的人员和产品，让人们亲身感受这个城市的政治、经济、文化、信息、技术和文明素质，从而大大提高举办城市的知名度和影响力。国际上有许多以会展著称的城市，如德国的汉诺威、杜塞尔多夫、莱比锡、慕尼黑等均是世界知名的会展之都；法国首都巴黎，平均每年都要承办300多个国际大型会议，因此赢得了"国际会议之都"的美誉；上海"99财富论坛"的召开，预示着上海在向国际展览名城的方向迈进；大连市也以每年举办的"服装节"而提高了在国内和国际的知名度。

（四）有利于加快城市基础设施建设，提高城市文明程度

会展业的发展必须依托城市良好的基础设施，例如具备国际化先进水平的展馆，便捷发达的对外、对内的交通运输系统，设施先进、服务优良的饭店，能满足人们休闲和旅游需求的景点，以及其他各种生活和文化设施，等等。所以发展会展业为改善城市基础设施提供了动力和契机，有利于推动城市基础设施上升到一个新的水平。比如，为了迎接奥运会和世博会，北京、青岛、上海等城市积极筹措资金进行城市基础设施建设，仅北京就为此投资2800亿元人民币。

（五）创造大量的就业机会，提高城市就业水平

香港有关统计表明，会展业每1000平方米的展厅面积，可创造100个就业机会。以会展业发达的德国汉诺威为例，在汉诺威市第三产业中，会展业就业人数占到2/3以上。

会展业既是一门系统工程、综合经济，又是一门特殊的服务行业。它与相关的行业关系都很密切，涉及面广，包括展览营销、展览工程、广告宣传、运输报关、商旅餐饮、通

信交通、城市建设等等。这种高效、无污染的特点和对相关产业极强的带动能力，使会展业成为经济发展的"助推器"。

四、会议业和展览业的差异

会展业包括的面较宽，既包括会议业，又包括展览业。将会议业和展览业合称为一个行业，有一定道理。首先，两者都属于服务业，对区域经济拉动作用都很明显；其次，两者关联密切，所谓"展中有会"或"会中有展"；再次，两者的经营方式比较接近。但是仔细比较，两者之间也存在着一定的差异，主要表现在：

1. 导向不同。展览会是市场导向，而会议是设施条件导向。展览会要跟着市场走，有了展览市场，才有展览会，才需要建设展览场馆，而不是相反。会议业则不同，去一个城市办会，一般要看这个城市有没有好的会议场地，酒店够不够，租金多少，通信条件怎样等等。展览业的市场化程度要大大高于会议业。由于展览会主办者多为商业公司，争夺展览资源和展览市场的竞争十分激烈。而会议业的主办者以官方或半官方的机构为主，由商业公司独自依靠市场运作的项目很少。因而，会议业的竞争在国际上更多地表现为主办国的竞争，而在国内除有主办地条件的竞争外，还有争取权威主办机构的竞争。

2. 重复性程度不同。展览会的重复性强，而会议的重复性弱。许多展览会会在一个地方每年重复举办一次，甚至两次，如广交会；而那些规模较大的国际性会议则会在不同的洲、不同的国家、不同的城市轮流举办，在同一个城市再举办的重复性很小。例如APEC，2001年在中国上海举办，而再次到上海举办，大概要几十年之后了。

3. 场地要求不同。展览会主要在展览馆举办（有少数在体育馆举办，那也是业者将其视为展览馆），对场地面积要求较大，使用时间也比较长，再加上进馆、闭馆的申请，时间会更长；而会议只会在会议中心、会议厅或会议室举办，对场地要求分散且时间较短，进出场的时间也不长。

4. 服务范围不同。展览会是围绕商品营销提供服务，服务链由不同的服务主体提供，如展览场馆提供基本设施服务，承办方负责展台销售等服务；而会议是围绕议题营销，依赖场馆提供全面服务，包括音响、通信、信息系统、场地布置、餐饮、住宿、茶点等。

5. 参与人数不同。展览会往往参与人数较多，动辄上万人，甚至几十万人；而会议人数比展览会少得多，上千人的会议已经是比较大的规模了。

由于上述差异，会议业与展览业的经营管理手段、市场运作机制也应该有所差异。

....

复习思考题

1. 会展的定义是什么？
2. 会展的类型包括哪些？
3. 简述会展业的概念。
4. 简述会展业的产业特点。
5. 会展业的作用有哪些？
6. 简述会议业和展览业的差异。

本章主要探讨以下问题：

● 国际会展业发展的历史过程和现状特点

● 国内会展业发展的历史过程和现状特点

● 世博会的有关知识

会展为城市带来的显著经济效益和社会效益,使得会展业越来越多地受到人们的重视。在现代社会中,举办各类国际、国内的会议和展览成为城市社会文明和国际地位的一个重要标志。为了更好地促进会展业的健康发展,我们有必要认真分析国际、国内会展业的发展过程和现状特点。

第一节　国际会展业发展的历史过程和现状特点

一、国际会展业发展的历史过程

会展是一种古老的市场形式,已经有几千年的发展历史。发展至今,国际上的会展业已成为一个成熟的、庞大的行业。国际会展业的历史主要是欧美一些发达国家会展业的发展历史。会展业的发展是随着人们地理概念的拓宽、社会经济的发展而发展的。其发展过程可以划分为以下几个阶段。

(一)萌芽期:集市大发展阶段(原始社会末期—19世纪中叶)

如同工业、建筑业、交通运输业一样,会展业在这一阶段的发展是相当缓慢的,会展业的雏形可以上溯到原始集市。

自原始社会末期集市的出现,直到19世纪中期,在这段漫长的时期里,集市作为一种交易的场所和手段得到了迅速发展。尤其是欧洲大陆,很多封建城邦都成为世界上大型的集市贸易中心,各地的商人不远万里来到这里进行商品买卖;很多文人、旅行者、艺术家等也不辞辛劳来到这里,一睹繁华绚烂。国际展览会与博览会是经济全球化的产物。早在中世纪时代,作为展览会前身的贸易集市就定期或不定期地在人口集中、商业较为发达的一些欧洲城市举行了。15世纪末至16世纪初,由于"地理大发现"的进展,世界各大洲的经济及文化交流很快密切起来,形成了连接大西洋、太平洋、印度洋的国际市场,展览会也向跨地区、跨国界的趋势发展。

(二)发展期:博览会大发展阶段(19世纪中叶—20世纪40年代初)

近代意义上的展览会,最初集中在里昂、法兰克福和莱比锡等欧洲主要城市举行。17—19世纪,在工业革命的推动下,欧洲出现了工业展览会。工业展览会有着工业社会的特征,这种新形式的展览会不仅有着严密的组织体系,而且将展览的规模从地方扩大到国家,并最终扩大到世界。这一阶段最有代表性的是世界博览会的举办。

世界博览会是一项由主办国政府组织或政府委托有关部门举办的有较大影响和悠久历史的国际性博览活动。世博会的产生可以追溯到18世纪欧洲皇室和贵族举办的艺术品展览。这种类型的展览一直延续到18世纪末。18世纪末至19世纪初的工业革命,开创了欧洲发达国家大机械生产的工业化时代。继纺织业之后,交通运输、电信和农业生产中机械的作用越来越受世人关注,整个社会的生产生活和经济贸易的发展都进入了前所未有的高速发展期。世界市场逐步形成,各国的国际政治、经济、科技和文化关系日益密切。在19世纪中叶,英国提出了举办世界性展览的设想,并最终促成了世界博览会(旧译"万国博览会")的诞生。世界博览会被称为"政治、经济、科技和文化的奥林匹克"。一个国家能够举办这一盛会就表明了这个国家的综合国力。例如,1851年,第一次世界博览会在英国伦敦举办,是因为英国在当时占据了世界主导地位。殖民主义的扩张使英国得以自诩为"日不落帝国"，伦敦的繁荣更是举世公认。在纽约崛起之前，它一直是世界第一大都市。由于经济和军事实力的强大，英国成功举办了这次世博会。这次世博会提出"各民族同心同德，致力于完善人类的伟大事业"的主题，博览会内容丰富多彩，从此奠定了各国举办世博会的基本格局。1893年的芝加哥世博会宣告美国登上历史舞台；1958年的布鲁塞尔世界博览会标志着二战后世界已走上快速重建的道路；而在日本和韩国举办的世博会更是表现了其在经济上的崛起。

　　19世纪末至第一次世界大战前，博览会成为发达国家争夺世界市场的场所。为适应市场的变化，扩大对外贸易，博览会改变过去单纯的商品展示方式，采取样品展示、邀请专业贸易人士前来参展、进行期货贸易等方式，加强市场合作。当时世界著名的"米兰博览会"、"莱比锡博览会"、"巴黎博览会"被誉为连接各国贸易的三大桥梁。世界博览会的发展不仅显示了世界经济、科学、文化的发展及交通运输技术的进步，也促进了人类社会进一步融合，激发国家之间取长补短、兼收并蓄，在竞争中快速发展。在这一时期，博览会已经成为会展业的重头戏，博览会对世界经济巨大的关联带动作用，对科技、文化的交流和进步的促进作用，都充分显示了会展业对全世界各个领域的巨大影响。

阅读资料 2-1

国际展览局与世界博览会

　　由于举办世界博览会的国家日益增多，而对举办者、举办时间、举办内容等方面都没有统一的规定和参照标准，很难保证世博会的质量。为了避免过激的竞争和保证世界博览会的质量，加之经过几十年的发展，世界博览会已趋成熟。1928年11月22日在法国巴黎成立了负责协调管理世界博览会的国际组织，即国际展览局，英文简称为BIE，总部设在法国巴黎，其章程为《国际展览公约》。国际展览局最初由31个成员国构成，到2002年底已有89个成员国，而且BIE成员只能是缔约国政府。《国际展览公约》曾作过多次修正。1948年和1966年国际展览局就《公约》的有关规定作了修改，分别签订了两个协定书。1972年11月30日，国际展览局又签署了新的《议定书》。此后，该议定书便一直作为指导世界博览会组织工作的规章。

　　国际展览局的宗旨是通过协调和举办世界博览会，促进世界各国经济、文化和科学技术的交流和发展。BIE下设4个专业委员会：① 执行委员会；② 条法委员会；③ 行政及预算委员会；④ 信息委员会。BIE的常务办事机构为秘书处，秘书长为该处的最高领导。

　　《国际展览公约》规定了世博会的类型、举办周期以及展出者、组织者的权利与义务。按照《公约》的规定，任何联合国成员国、非联合国成员的国际法院章程成员国、联合国各专业机构、国际原子能机构成员国提出加入申请，并经国际展览局代表大会有表决权的缔约国2/3多数通过，均可加入BIE。而且只有加入BIE成为其成员国后，才能申请举办世博会。作为BIE的成员在决定世界博览会承办国家时均有一票投票权。

　　按照国际展览局的最新规定，世界博览会按性质、规模、展期分为两种：

一种是注册类（以前称综合性）博览会，展期通常为6个月，每5年举办一次；另一种是认可类（以前称专业性）博览会，展期通常为3个月，可在两届注册类世界博览会之间举办一次。认可类博览会又分为A1、A2、B1、B2四个级别，A1级是认可类博览会的最高级别。

（资料来源：http://www.docin.com）

（三）成熟期：会展业阶段（20世纪中叶—现今）

随着世界博览会的发展，各种类型的国际展览会不断涌现。第二次世界大战结束后，一批因战争而停办的展览会和博览会重整旗鼓，为世界经济复苏注入了勃勃生机。被誉为连接各国贸易三大桥梁的"米兰博览会"、"莱比锡博览会"、"巴黎博览会"重新走上历史舞台，而且培育了一批新兴的国际著名展览城市，如汉诺威、法兰克福、慕尼黑、杜塞尔多夫等。在20世纪70年代，伴随着经济全球化的形成，展览业也逐步形成国际性的产业规模。国际分工体系的深化和科学技术的进步，给国际展览业带来强劲的发展动力。世界各国，特别是发达国家掀起了一股兴建大型展览中心的热潮，并大量扩充从业人员队伍，国际展览业形成了庞大的产业规模。

在20世纪末至21世纪初的几年里，全球掀起了一股会展经济的热浪。据不完全统计，目前世界上定期举行的大型展览会与博览会有4000多个，国际会议达40万个之多。这些展览会、博览会和国际会议涉足社会各领域，与经济生活息息相关，为促进世界经济、科技的发展和人民的相互了解起到了积极作用。如世界博览会，奥运会等各种体育赛事，艺术博览会，科技、医学、国防等各种国际性的展览会，贸易促销和经济招商的展览会，以及各种大型的国际会议等。

阅读资料
2-2

交易会/展览会的发展历程

1. 远古时期

历史上传统贸易可以追溯到古埃及、希腊文明和罗马帝国时期，当时游历商人在市场或集市上与当地的生产者进行交易。

古罗马时期，交易会从最先的巡回交易市场发展到固定的集市，最终形成会展行业的雏形。根据《圣经·旧约》（"伊齐基尔"，第27章）记载，当时的佐尔（Zor）镇（现今黎巴嫩的一部分）曾经举办过一次交易会。希律王在朱迪亚王朝（公元前37年—公元前4年）时，建造了第一个固定性的展览中心，面积达到3 200平方米，位于Botana镇。考古学家根据出土的货币已经证明，参加展会的商人主要来自叙利亚、埃及、意大利、古希腊、西班牙和法国。

2. 中世纪

"Fair"一词源于拉丁文"feria"，最先出现于中世纪，本义是在修道院里或教堂附近举行的宗教节日盛会。同义的词语有德语中的"Messe"，它源于拉丁语"Missa"，引自神父做完弥撒时的结束语"ite Missa est"，意为宗教服务，通常在教堂广场上举行，同时它也是市场开市的标志。公元629年，在法国巴黎由国王迪格伯特组织的第一次此类展览会，称为"Foire de Saint Denis"，到公元710年，已经吸引了700多名客商的参与。

展览会中既有现购自运式产品，还包括生产制作方式的首场交易会——1165年在德国举办的莱比锡交易会。（公元1165年，在德国举办的莱比锡交易会是首次实现产品付现自运的展会。）

根据荷兰乌得勒支市档案中的记录，Godebald主教在1127年为该市发了一张允许在城外组织举办交易会的特许证，那时乌得勒支市的交易会每年举办4次。

3. 工业革命时期

始于18世纪的工业化进程需要新的销售和流通渠道，这对交易会的发展产生了重要影响。

在18和19世纪，交易会从直接产品交易逐步发展到展示样品的模式，因此展会的商品范围变得更加宽泛。这些被称为"样品展示会"（源于德语"Mustermesse"）的交易会模式以莱比锡交易会首开先河。随着投资和消费品市场的进一步扩大，此类展览会到20世纪中叶一直是欧洲商品展会的主要方式。

此外，19世纪末至20世纪初，各国还专门针对普通公众举办了电力、健康以及机械工程等方面的专题展览会。

4. 当代会展

第二次世界大战之后，随着经济的日益好转，展览会也随之复苏，出现了大量的专业展览会，各种分类的展览馆也相继落成。

尽管在20世纪出现了高速快捷的电子通信方式，交易会这种临时的市场仍然是目前最活跃、最有效的销售和营销工具之一。展览会集信息、交流和娱乐为一体，也是唯一的在面对面沟通环境中充分挖掘五官感觉的营销传播媒介。

21世纪初，展览业持续出现新的增长，展览会组织者在世界范围内举办展会，有力促进了各国间的合作。

（资料来源：http://www.ufinet.org）

二、国际会展业发展的现状特点

（一）现状

国际会展业近几年呈现平稳发展的趋势。2001年，全球会展业的直接经济效益达到了2800亿美元，成为全球经济中占有相当比重的一个新兴产业。会议经济效益增长速度快于展览经济效益增长速度。会议和展览之间的关系更加融合，即国际性的会议一般以会议为主，但是会议的同期总要配合举办一些商业化的展览活动；而国际性的展览会虽然以展览为主，但展出期间召开的研讨会、专题会等会议越来越多。当今从经济总量和经济规模的角度来考查，会展经济在世界各国发展很不均衡。

1. 欧洲

欧洲是世界会展业的发源地,经过100多年的积累和发展,欧洲会展经济整体实力最强,规模最大。虽然会展业在世界各地崛起,但整个欧洲仍占据全球会展业市场的半壁江山。在这个地区中,德国、意大利、法国等都是世界级的会展业大国。

德国是第一号的世界贸易会展强国,世界著名的国际性、专业性贸易展览会中,约有2/3都在德国举办。每年,德国举办的国际性贸易展览会约有130多个,参展商17万家,其中有将近一半的参展商来自国外,参观者高达1000多万人次,其中有来自180个国家的200万国外参观者。德国有世界领先的展览设施,约有260万平方米的室内展览面积,分布在23个展览中心,其中有9个展览中心的室内展览面积超过10万平方米。世界上五大展览中心有4个落户德国。按营业额排序,世界十大知名展览公司中,有6个来自德国。

对德国公司来说,贸易博览会(Trade Fairs)已成为商业交往中最重要的工具。每年参展者和参观者在博览会上的支出估计约100亿欧元,德国展览业组展者的年营业额达240亿欧元,通过展览会保证了25万个就业机会。

与此同时,通过联邦政府的资助,德国展览业者每年还组织5000家德国公司参加国外200多个专业展览会。作为德国展览业界的代表,德国经济展览委员会(AUMA)每年也组织150个展览会,以加强与海外经济增长地区的交流,如亚洲、南美洲、北美洲和东欧等。

德国最重要的展会城市为柏林、杜塞尔多夫、法兰克福、汉堡、汉诺威、科隆、莱比锡、慕尼黑、纽伦堡和斯图加特,如表2-1所示。

表2-1 德国主要会展城市一览

名称	位置	主 要 展 会	展会公司	备 注
柏林	德国首都	以"国际观光旅游展"、"国际绿色周"(农业及园艺展)、"广播电视展"及"海外进口展"而闻名	Die Ausstellungs- und Messe-Kongress GmbH (AMK)	早在19世纪便举办了重大的展会
杜塞尔多夫	北莱茵—威斯特法伦邦州首府	以投资理财商品展及时装展(Igedo)而闻名	Messe Duesseldorf GmbH	展会始于19世纪,1947年成立德国西北展览公司(NOWEA)
法兰克福	欧洲的金融中心	历史悠久的书展(Buchmesse),全球规模最大的、最为有名的消费品展"Ambiente"和"Preiere",法兰克福的国际汽车展(IAA)亦甚受瞩目	Messe Frankfurt GmbH	展会传统已逾750年,自1948年以来,法兰克福一直是全球展览界业绩最佳的城市之一
汉诺威		"CeBIT"和"Hannover Messe-Industrie"	汉诺威国际展览股份有限公司	自1947年起定期举办的"外销展会"迅速成为德国重要工展会,汉诺威的展场面积在国际上遥遥领先(1998年即拥有室内展场466210平方米)

名称	位置	主 要 展 会	展会公司	备 注
科隆		"国际家具展"、"摄影器材展"(Photokina)、"体育及园艺展"(Spoga)等	Die Koelnemesse GmbH	创立于1922年的展会公司
慕尼黑	巴伐利亚首府	"国际手工业展"(IHM)	慕尼黑国际展集团(Messe Muenchen International)	自慕尼黑展会公司(MMG)于1964年成立以后,慕尼黑已成为德国最活跃的展会城市之一
莱比锡	德国东部	"汉诺威计算机展"(CeBIT Home)	莱比锡展会股份有限公司	整个欧洲共同市场中最东部的展会城市,具有800多年的光辉历史

（资料来源：德国会展网）

　　法国每年举办1400个展览会(包括只允许专业人士入场的专业展和可允许社会公众入场的大众性展会)和100个博览会(指以社会公众为观众的、多种行业参加的展览会)。其中全国性国内展和国际展约为175个,而真正的专业展只有120个左右。

　　巴黎是法国展览业的中心城市,在全国的参观人数中占70%(专业展和社会公众展混合计算),在专业展参观人数中占80%。其次为里昂、波尔多、里尔等城市。法国拥有160万平方米的展馆,分布于80个城市。其中巴黎的展馆总面积达55.4万平方米。除主办企业和场馆外,与展览后勤直接有关的展览服务企业也有不少。展览业协会有230家成员属于这类企业,这些企业包括展台设计、搭建、视听设备供应、装饰、电气安装、清洁等公司。它们的营业额为7亿美元,员工6000多人。

　　法国的会展业和德国不一样,展览公司不拥有场馆,而场馆公司不组办展会,也不参与其经营。法国的展览业人士坚持这种做法,认为能够促进展览公司之间的公平竞争,也有利于场馆公司专心做好自己的场馆服务工作。

　　意大利每年大约举办40个国际交易会,约700个全国和地方的交易会。单是国际交易会就有9万个厂商参展,观众人数达1000万之多。展出内容多为领导市场潮流的新产品、新技术,范围广泛,几乎涉及各个生产领域。意大利工业展览委员会CFI(Comitato Fiere Insustrie)是意大利最大的、行业代表性很强的专业展览会机构。此外,意大利展览协会(ASSOMOSTRE)和意大利展览公司联合会(AEFI)在意大利全国展览业也是举足轻重的。

　　意大利大型国际展览会的举办地点主要集中在米兰、波洛尼亚、巴里和维罗纳4个城市。米兰国际展览中心(FIERA-MILANO)是世界展览业中水平领先的展览场地。每年在此举办80个展览会,吸引3.1万家参展商和250万名观众前来参加展览会。该中心原有展览面积17万平方米,近年来又增加4.7万平方米。新展厅长度在180米至230米之间,宽110米、高23米,配备最先进的技术设备,采取了最先进的环保措施,这些展厅均为两层。所有展厅之间均用20米长和30米宽玻璃封闭的高架桥相连,下方是市区街道。展览中心还十分重视场地的服务和货物搬运工作,运货车在展厅内部开行,行车路线为专线,与观众的路线分开。在货物装卸区有功率强大的通排风装置,还有许多货运升降机,这些设施足以使米兰国际展览中心在21世纪保持领先地位。

英国举办过第一个世界博览会,较有名的展馆有伦敦展场及伯明翰展场,总面积有20余万平方米。英国展览业最大的行业是艺术、文化、休闲、体育以及服务业展览会,这些行业占全英展览业的42%。其中,服务业展览会包括广告和营销、航空和金融服务、书籍、教育和招聘、印刷和出版以及旅游和零售等展览。

案例2-1

英国展览业协会的展览会分类标准

一、服务业及相关行业

1. 工商广告、直接发函、运输、特许经营、市场营销、奖励、职业服务、不动产

2. 娱乐业:游艺、设备

3. 银行业:银行技术和系统、金融、保险、投资、福利

4. 图书:图书馆设备、出版

5. 商用设备:办公技术、办公室用品、文具

6. 会议设备及服务:显示设备、展示设备及服务、商店装饰品

7. 教育:职业、招聘、培训

8. 印刷业:书画刻印艺术、贺卡、设计、包装、纸张

9. 旅游业:节假日、旅游、度假

10. 零售业:药品和化妆品店用品、车库用品、杂货店用品、贩卖机

二、农业、渔业、林业、园艺及烟草业

1. 农业:农用机械、养殖、驯马、农作、畜牧、兽医

2. 渔业

3. 林业

4. 园艺:花卉种植及贸易、园林技术

5. 烟草业:烟草加工

三、烹调、食品加工、酒

1. 烹调:面包饼干、饮料、糖果点心、即食食品、精制食品、旅馆及餐馆设备、肉类加工

2. 食品加工:冷冻、食品包装

3. 酒:啤酒、烈酒、葡萄酒

四、航空、汽车、自行车、航海及防务

1. 航空:飞机、航空设备、航空港设备、飞行技术

2. 汽车:汽车配件及服务、商用汽车、轮胎

3. 自行车、摩托车

4. 航海:船舶、海运设备、航行设备、海洋学、海岸技术、码头设备、轮船、船舶制造、水下技术

5. 防务:军用设备、海军设备

五、服装、针织品、纺织品、制鞋

1. 服装：婴儿装、童装、时装、时装设计、服装饰件、帽、少年时装、内衣和胸衣、成衣

2. 针织品：针织品、编织品

3. 纺织品：制衣机械、纤维织品、针织机械、纱线、纤维

4. 制鞋：皮革、鞋、制鞋机械

六、艺术品、嗜好品、娱乐用品、体育用品

1. 古董、仿古家具及附属品

2. 艺术：现代艺术、临摹画、雕塑

3. 手工艺品：花草、农艺、手工制品、模型、模具

4. 露营：露营车、露营设备

5. 音乐、表演业、电影院、戏院

6. 宠物、宠物店设备

7. 集邮

8. 运动：钓鱼、打猎、消闲、娱乐、运动设备（包括高尔夫、网球、足球等）

9. 游泳池

七、广播、计算机、电子、摄影

1. 广播：音像设备、电缆、卫星、电唱机、收音机、电讯设备、电视机、录像机

2. 计算机：计算机技术、计算机工艺、信息技术、大型系统、网络、个人电脑、软件、数据保护

3. 电子：自动化、电光技术、激光、机器人

4. 摄影：商业摄影、摄影设备、照相器材

八、建筑、施工、采矿、公共服务

1. 空调设备、供暖设备、铅管材料、冷藏设备、卫生设备、换气设备

2. 建筑：建筑材料、水泥、施工、施工设备、电气工程、照明、油漆、项目管理、运动设施建造

3. 采矿：采矿设备、掘进设备

4. 公共服务：公共和公益设备、街道设备、城市规划、交通工程

九、工业化工

1. 工业化工：黏和物、腐蚀物、实验室设备、石化产品、塑料、橡胶、实验仪器、表面处理

2. 玻璃艺术、陶瓷艺术

十、维修、保养、保护、保卫

1. 清洁：保养、干洗、染色、清洗、环境保护、维修、服务管理

2. 防火、健康与安全、工业保护、职业健康、政策、保卫

十一、药品、保健、制药

1. 保健：残疾人用品、牙科设备、医院设备、医疗设备、药品、护理、齿科学、眼科学、光学设备、健美

2. 矿泉疗法、顺势疗法

3. 制药

十二、家庭生活方式

1. 美容品：化妆品、美发用品、香水

2. 装饰：地毯、地面覆盖物、家具、庭院用品、家庭用品、室内设计、油漆、照明用品、墙纸

3. 母亲与孩子：保育、结婚用品

4. 家庭用品：小五金、家用器皿、家庭用具

5. 礼品：瓷器、玻璃器皿、首饰、纪念品、桌上用品、钟表

十三、工业制造

1. 工程技术：铸造、机床、机械工程、金属加工、焊接、电线、电缆、木工加工

2. 材料处理：控制和调节设备、液能、流体和液体处理、材料测试

3. 分包：产品精加工、加工工程

4. 技术转让：工业及工程设计、再生、技术应用、发明

十四、能源、电力、水

1. 电力和能源供应：电力工程、天然气工程、核电工程、发电站设备

2. 水供应：引水、水处理

以下不列入上述行业分类，因为它们可以覆盖很多的行业，所以自成系统。

十五、综合贸易博览会

十六、国际博览会

（案例来源：德国会展网）

2. 美洲

北美的美国和加拿大是世界会展业的后起之秀。这两个国家的会展业净展出面积约达5000万平方米，参展商120万户，观众近7500万人次。举办展览最多的城市是拉斯维加斯、多伦多、芝加哥、纽约、奥兰多、达拉斯、亚特兰大、新奥尔良、旧金山和波士顿。

近年来，中美洲和南美洲的会展业逐步发展起来。据估计，整个拉美的会展旅游经济总量约为20亿美元。其中，巴西位居第一，每年办展约500个，经营收入8亿美元；阿根廷紧随其后，每年大约举办300个展览会，产值4亿美元；排在第三位的是墨西哥，举办的展览会近300个，营业额2.5亿美元。除这三个国家外，其他拉美国家的会展经济规模很小，很多国家尚处于起步阶段。

第一会议王国美国和第一会议城市维也纳

案例 2－2

ICCA2013全球会议排名显示，全球十大最佳会议国家排名依序为美国、德国、西班牙、英国、法国、意大利、巴西、日本、荷兰及中国。在亚太及中东地区，日本、中国大陆、澳大利亚、韩国、印度、新加坡、泰国、中国台湾、马来西亚及中国香港为十大会议国家和地区。而2013年度会展城市评选

荣登榜首的是维也纳。见表2-2。

　　经过50余年的发展，ICCA建立了完善的数据库及独立的国际会议统计评估体系。在多年实践的基础上，ICCA将国际会议界定为由国际专业协会组织的、在三个以上国家定期轮流举办的、规模在50人以上的会议。这已成为世界上最广泛接受、最权威的国际会议统计标准。ICCA每年发布的排名广受世界各主要旅游城市的关注，被业界视为衡量旅游城市基础设施、接待能力、服务水准乃至科技文化发展综合实力的重要指标。

表2-2	排名	国家	数量	排名	城市	数量
2013年国际会议接待前十名的国家和城市	1	美国	833	1	维也纳	195
	2	德国	649	2	巴黎	181
	3	西班牙	550	3	柏林	172
	4	英国	477	4	马德里	164
	5	法国	469	5	巴塞罗那	154
	6	意大利	390	6	伦敦	150
	7	巴西	360	6	新加坡	150
	8	日本	341	8	哥本哈根	137
	9	荷兰	315	9	伊斯坦布尔	128
	10	中国	311	10	阿姆斯特丹	122

（案例来源：ICCA Statistics 2013（May 2013））

3. 亚洲

亚洲会展经济的规模和水平比拉美和非洲要高，就会展经济的规模而言，仅次于欧美。

日本是本地区唯一的经济发达国家，其会展业发展水平也处于国际领先水平。

新加坡的会展业起步于20世纪70年代中期，时间并不算早，但新加坡政府对会展旅游十分重视，新加坡会议展览局和新加坡贸易发展局专门负责对会展业进行推广。加之新加坡本身具有发达的交通、通信等基础设施，服务业发展水准较高，国际开放度和英语普及率高，新加坡连续17年成为亚洲首选会展举办地城市，每年举办的展览会和会议等大型活动达3200个。

曾经受东南亚金融危机的影响，同处东南亚的泰国，其会展经济发展规模远不及新加坡，每年举办的展览会只有几十个。随着东南亚经济的复苏，泰国会展业的发展速度不断加快，现在每年举办的展览会达到100多个。

东亚的中国香港地区，其会展业的发展倍受世界的瞩目。每年都有数百个大大小小的展览,为本土经济带来逾300亿港元的进账,潜在的经济价值更是无法估量。例如,香港展览会议业协会的数据显示,2010年,共有118个主要展览在香港举办,其中94个是商贸展。这些商贸展获超过64.8万名来自香港以外地区的访客参加,为香港本土经济带来358亿港元进账,相当于香港本土生产总值的2.1%,同时创造了约6.9万个全职职位,为特区政府贡献了11亿港元的税收。香港会议展览中心连续多年被读者推选为"全球最佳会议中心"。

4. 非洲

非洲大陆的会展经济发展情况基本上与拉美相似,主要集中于经济较发达的南非和埃及。南非凭借其雄厚的经济实力及对周边国家的辐射能力,其会展业在整个南部非洲地区处于遥遥领先的地位。北部非洲的会展业以埃及为代表,埃及凭借其在连接亚非欧和沟通中东、北非市场的极有利地理位置,会展业近年来发展突飞猛进,展会的规模和国际性大大提高,每年举办的大型展览会可达30个。当然,由于种种条件所限,大型展览会一般都集中在南非和埃及这两个国家的首都举办。除南非和埃及外,整个西部非洲和东部非洲的会展经济规模都很小,一个国家一年基本上举办一到两个展览会,而且受气候条件的限制,这些展览会不能常年举办。

5. 大洋洲

大洋洲会展经济发展水平仅次于欧美,但规模则小于亚洲。该地区的会展业主要集中于澳大利亚。澳大利亚由于承办了2000年悉尼奥运会,世界排名快速攀升,带动了澳大利亚/太平洋地区市场份额的增长,增长率高达80%以上,占全球会议市场的份额也从3%提高到7%。

澳大利亚将"展览"定义为至少20个摊位,并且摊位之间有隔断。在这个定义的基础上,据统计,澳大利亚整个展览行业每年为该国经济贡献了约23亿澳元的收益,公众性和专用性展览会共吸引了1.07万家企业参展,吸引约500万观众,大约有350万观众参观公众性展览会,150万观众参观专业性展览会。

澳大利亚共有展览场馆107家,展览会的主办机构106个,每年共举办大约360个展览会,展览服务性机构约为122家。澳大利亚展览行业目前全职的从业人数为2500多人,为澳大利亚带来超过5亿澳元的收入。其展览业的人才结构因各公司情况不同而不同,展览场馆的雇员主要来自旅馆服务行业,主办机构的雇员主要来自其他行业的市场和销售部门,展台搭建公司的雇员主要来自装饰和建筑行业。

澳大利亚的展览主办机构一般不拥有展览场地,而是通过租用展览场地来举办各类展览会。澳大利亚主办的各类展览会相比欧美同类展览会来说,规模相对较小,但在南亚以及南太平洋地区极具影响力。

目前澳大利亚能够举办规模较大的展览会的机构主要有两家,分别是澳大利亚展览服务有限公司和励展(澳大利亚)公司。澳大利亚展览服务有限公司总部位于墨尔本,励展(澳大利亚)公司总部设在悉尼。

纵观世界会展经济的发展情况,我们不难看出,一国会展经济实力和发展水平是与该国综合经济实力和经济总体规模及发展水平相适应的。发达国家凭借其在科技、交通、通信、服务业水平等方面的优势,在世界会展经济发展过程中处于主导地位,占有绝对的优势。在世界会展业向专业化、国际化和集团化发展的过程中,发达国家的跨国展览集团把自己的成功知名展览会移植到发展中国家。因此,许多发展中国家尽管也有一些规模较大、水平较高的展览会,但这些展览会一般都有发达国家展览公司的参与、管理,甚至直接控制。这是考察全球会展经济发展情况时需要注意的一点。

(二) 特点

1. 基础设施较好

一流的会展设施是会展业发展的保证。世界各国都加大对会展业基础设施的投入,例如在德国,世界五大展览中心中有4个在德国。现代化的会议展览中心及其较好的技术设施为德国各种展览会的成功举办提供了有利条件。2002年德国投资了3.5亿欧元用于场馆的现代化和服务设施更新。每年还以1.6亿欧元的速度投资。

会展产业不仅自身需要较大规模的投入,而且与其配套的基础设施也需要较大的投入来改善。如日本东京国际展览中心,是投资达19亿美元的现代化会展中心,配以方便的交通,有两条地铁直通会展中心,有直达会展中心的汽艇专用线,从羽田机场到达会展中心约15分钟,除公共汽车专用线外,还有首都高速公路直达展览馆。

2. 主办者专业化

在20世纪五六十年代,许多专业性展会是由行业协会主办的。随着展会之间的竞争趋于激烈,越来越多的行业协会把自己的展览会卖给了专业展览公司,或者和专业展览公司合资组建股份公司,行业协会只保留一定量的股份,把展会的经营全部或部分交给展览公司。如闻名法国的法国男装展(SBHM)原属于法国男装行业协会拥有,由于经营不善出现巨额赤字,已将其全部股份卖给了一家专业展览公司。经过市场的优胜劣汰,现在一大批展览会已经消失,所剩下的"强者"越办越大、越办越好,确立了自己的垄断地位,如在建材领域内有BATIMAT展,在食品领域内有STAL展,在包装领域内有EMBALLAGE展,在农业领域内有SIMA展。国际会展业的"春秋战国"时代已经过去,形成了相对稳定的展览市场。

国际会展业的发展和客户需求的变化,对展览公司从资金、人力资源、国际网络等各方面提出了越来越高的要求。小型展览公司往往力不从心,被大型展览公司兼并收购,形成了展览公司集团化的趋势。目前在法国展览市场上,主要的集团是爱博展览集团、博闻集团、巴黎展览委员会、励展集团等。由于主办机构专业化的经营管理,展会规模也趋于大型化。

3. 国际化程度高

随着贸易全球化和经济全球化的发展,各国都不满足于在本国范围内开展会展活动和贸易交往。例如,在法国举办的国际性专业展已不能再满足于吸引法国的参观客户和参展商,必须在更大的地域范围内寻找客户,促使欧洲各国展会的竞争加剧。为了生存,法国力求提高展会的国际化水平,增加国外参展商和参观客户的比例,力争成为欧洲的龙头展,甚至全世界的龙头展。在这一方面,尤以BATTMAT建材展、SIAL食品展、SIMA农业展、EMBALLAGE包装展、VINEXPO酒展、EUROPAIN面包糕点展、AERONAUTIQUE巴黎航空航天展、POLLUTEC环保展最为突出。在德国,展览组织者通过系统的国际市场促销活动,提高德国举办的展览会的国际性。

展览业有自身的规律及特点：展览会通常是经济发展的晴雨表，展览会随着经济的发展而发展；近年来随着展览会规模与影响的扩大，国际参展者及国际参观者数量的比重也逐渐增大；展览会即使在经济衰退时也有所发展；参展者希望实现长远的目标。另外，参展者过去以现场贸易成交为主要参展目的，现在逐渐变为以交流、沟通、树立公司品牌形象、发布产品未来发展趋势等为主要目的。

4. 重视服务品牌

在会展业中，价格虽然也是竞争的有力手段，但是竞争的主要内容是服务。例如，德国展览会的组织者的服务就具有较高的专业水平、较强的竞争力，展览专业性强，展览定位B2B（Business To Business）准确。世界上领先的专业展览会2/3在德国举办。德国的专业性国际贸易展览会很发达，国民经济的各个行业几乎都有一个或多个世界著名的专业展览会。德国展览会的组织者在海外有400个代理机构，遍及80个国家和地区，因此很重视邀请国际性客商，使得这些展览会的参展商有一半以上来自德国之外的地区，国际化程度高。专业观众通过参观此类展览会，可以接触到来自世界各地的参展商。

重视服务还表现在对展览的品牌培育讲求个性化服务。例如，德国的展览会冠以"德国制造"（Made in Germany），许多展览会历经十几年或更长期的培育。德国的展览公司一般都是由州政府和市政府共同投资组建的国有企业，是其所在城市展览中心的管理者和经营者。个别展览公司中还有联邦政府的投资。这些展览公司采取企业化运营模式，为了在协调的环境下通过竞争赢得自己在展览业中的位置，各展览公司准确定位了自己的服务理念和个性化服务。如具有838年历史的莱比锡展览公司（Leipziger Messe GmbH），在德国统一以前，一直举办综合性展览会；自1991年起，该公司调整了经营理念，精心培育和打造专业性贸易展览会，公司提出的理念是"为客户提供量体裁衣式个性化服务"。据Impulse杂志社调查，莱比锡展览公司的服务质量在德国各大展览公司中名列前茅。柏林展览公司（Messe Berlin GmbH）每年举办近80项展览活动（包括与其他公司联合组织的），是世界上10家营业额最高的展览公司之一。柏林展览公司举办的展览会与其他展览会相比，其突出特点是在进行实物展示的同时举办网上展览（虚拟展览），参展商的资料可在柏林展览公司网站上保留一年。这在德国众多展览公司中独树一帜。德国展览界普遍认为，信息时代互联网的发展不能代替现实的展览会，但有利于展览业的发展。网上展览会（虚拟展览会）是实物展览会的有益补充，却不会削弱实物展览会的作用。同时，这也使得传统的宣传方式如印刷品、展览目录等的作用减小，甚至可以被替代。

再如，新加坡国土总面积不过600多平方公里，虽有数十家颇具规模的会展公司，但没有出现类似降低场租、参展费等价格竞争。新加坡多数展会公司都是强调服务取胜，认为最重要的是让参展商做成生意，提高展会的质量。

5. 行业管理到位

作为国家经济和国际贸易发展战略中的一个重要环节，展览业受到了各国政府的高度重视。几乎所有发达国家都设有统一的国家级的展览管理机构，如德国的AUMA（德国展览委员会）、法国的CFME-ACTIM（法国海外展览委员会技术、工业和经济合作署)。意大利、西班牙、日本等国则把展览管理机构设在国家的贸易促进机构,如ICE(意大利对外贸易协会)、ICEX(西班牙外贸协会)、JETERO(日本贸易振兴会)等等。

德国的AUMA在展览会的管理章程中,制定和采取了各种规定和措施,比如对展览名称给予类似商标的保护,以制止展览会雷同和撞车,保护名牌展览。但最主要的一条是增强市场的透明度,章程中明确指出,AUMA将在展览会的类别、展出地点、日期、展期、周期等方面进行协调,以保护参展者、组织者、参观者的利益。

在一个成熟的市场经济体系中,政府管理企业的职能会更多地通过非政府的行业管理协会来实现。行业协会组织将发挥出更大的作用,承担起该行业的主要管理职责。目前在市场经济较成熟的一些欧美国家和个别亚洲国家和地区,政府管理展览行业的职能已经和展览行业协会紧密地结合在一起,它们共同合作、相辅相成。行业协会既是展览企业的代言人,也是贯彻政府意图、执行政府政策的可靠助手。

第二节 我国会展业发展的历史过程和现状特点

一、我国会展业发展的历史过程

虽然中国的会展业也经历了国际会展业的集市大发展的时期,但由于历史的原因,进入近代社会,我国会展业的发展并没有与国际会展业同步,如图2-1所示。我们将19世纪中叶以来我国会展业的发展划分为三个基本阶段。

图2-1

中国和世界会展业发展比较图

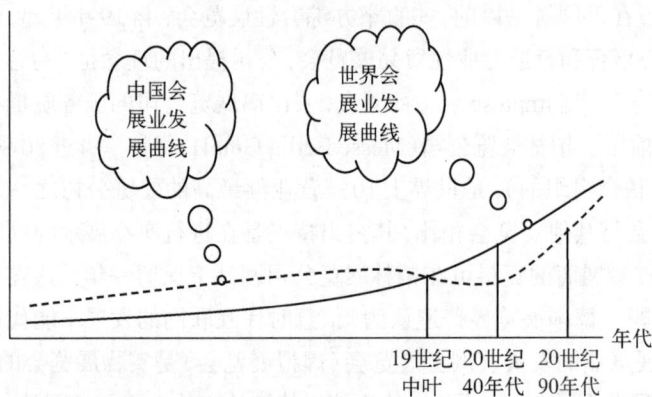

(一)尝试阶段(19世纪中叶—新中国成立前)

中国会展业的发展尝试是从参与世博会开始的。清朝末年,一批清醒的中国人最先想到的是睁眼看世界,他们摆脱千百年形成的天朝心态,努力去向西方学习。最早见识博览会的中国人是以纯粹的私人身份去的。1851年,中国商人徐荣村和一些在中国经商的外国人将丝绸、茶叶、中药材等传统出口商品运往英国,参加在伦敦举行的首届世界博览会,并获得多项大奖。再譬如王韬,他亲历了1867年的巴黎博览会,游历了第一届世界博览会的盛迹——水晶宫。

中国第一次参加世界博览会应该始于1873年的维也纳博览会。当时中国参加世博会的方式也是"赛奇会"本身的一奇（当时的中国人把世界博览会称为"炫奇会"或"赛奇会"），因为代表中国的是一个叫包腊的英国人。派他代表中国参加展会的，既不是朝廷，也不是某个朝廷大员，而是当时清朝的"总税务司"——英国人赫德。在1840年以后，中国的海关和外贸都交由外国人"代办"了。赫德为了扩大中国对外的商业联系，以图取更大的利润，便派包腊代表中国参加"赛奇会"。

中国政府第一次自派代表、以国家身份参加的世界博览会是1876年的费城世界博览会。当时作为中国工商业代表的人叫李圭，在他写的一本叫《环游地球新录》的书中，记录了1876年的费城世界博览会。

"中国赴会之物，计七百二十箱，值银约二十万两。陈物之地，小于日本，颇不敷用。此非会内与地不均，盖我原定仅八千正方尺，初不意来物若是之多也。"

这是中国人"睁眼看世界"中的一个重要事件。"泰西物产之丰，国力之强"深深地打动第一批不爱坐而论道而是奋起行动的中国人。

1915年，中国又一次参加巴拿马世界博览会。在这一次博览会上，中国茅台酒和张裕酿酒公司的"可雅白兰地"获奖，茅台酒被评为世界第二名酒，与获第一名的法国"柯涅克白兰地"和第三名的英国"苏格兰威士忌"并称为世界三大名酒。"可雅白兰地"获四枚金质奖章和最优等奖，遂更名为金奖白兰地。1926年前，我国会展业与世界博览会关系如表2-3所示。

时间	名　称	获　奖	备　注
1851	伦敦世界博览会	"荣记湖丝"获金银大奖	在华的英国官员和商人组织中国商品参展，代表是外国人
1867	巴黎世界博览会	获得一些奖项	中国民间商人和一些外商以私人身份参加，代表是外国人
1873	维也纳世界博览会		上海、天津、宁波、杭州、广州等14个城市组织展品参展，带队的是英国人；展览会期间召开了大小科学会议12次
1876	费城世界博览会	丝、茶、瓷器、绸货、雕花器和景泰器在各国产品中被推为第一，铜器、漆器、银器、藤竹器等颇受欢迎	第一次由中国人带队
1878	巴黎世界博览会	最受欢迎的是广东绣屏和象牙折扇	作为参加国之一，有自己的独立展馆"中华公所"
1900	巴黎世界博览会		中国馆有3300平方米，共展示了5座建筑，外形分别模拟北京城墙、万里长城、孔庙等中国著名建筑
1904	圣路易斯世界博览会	获得多项金、银奖项	清政府正式颁布了《出洋赛会通行简章》20条，被认为是"中国政府正式登上世博会舞台的开端"

表2-3

1851—1926年我国会展业与世界博览会关系

续表 时间	名　称	获　奖	备　注
1905	列日世界博览会	超等荣誉奖及金、银各等奖牌共100枚	整个参赛组织工作主要由中国海关承担，即许多工作为外国人控制
1906	米兰世界博览会	得奖牌、奖凭百余	依照《出洋赛会通行简章》20条，由官方和民间联合自行参加
1911	都灵世界博览会	4项卓绝大奖、58个超等奖、79个优等奖、65个金牌奖、60个银牌奖、17个铜牌奖和16个纪念奖	
1915	旧金山世界博览会	共获1 211项奖：大奖章57枚，荣誉奖74枚，金牌奖258枚，银牌奖337枚，铜牌奖258枚，奖词奖227枚	民国政府派出40多人的庞大代表团，所获奖项名列各参展国之首
1926	费城世界博览会	获得多种奖项	由于中国连年内战，科学技术落后，传统的中国展品已失去了原有的吸引力

（资料来源：上海图书馆.中国与世博历史记录（1851—1940）［M］.上海：上海科学技术文献出版社，2002.）

　　1926年后一直到新中国成立前，由于战乱和动荡，中国就未参加过世博会，会展业进入了停滞阶段。

　　在历史上，1851年至1926年是中国贫穷、落后、挨打的年代，也是落后的中国社会被迫尝试着与世界接触的时期。可喜的是，这种尝试更多的是发自民间企业，是我国出国展览的尝试。

　　旧中国在参与世博会的同时，也在努力尝试举办自己的展览会。1910年6月至11月（宣统二年四月至十月），晚清的第一次全国博览会——南洋劝业会在江宁（今南京）召开。这是江苏地区举办的一次全国性博览会。全国各地除蒙古、西藏、新疆外，22个行省全都提供了展品。此外，东南亚、英国、日本、美国、德国也多有展品参展。整个博览会历时近半年，参观人次达30多万。劝业会会场位于江宁城北"江宁公园"内，占地1000亩，周围约7公里，劝业会的场地安排、组织、规章、评奖等多仿效世博会，且其规模与影响不亚于世博会。作为中国第一次全国性的博览会，虽在展品等方面有不足之处，但总体上产生了重大影响：一是起到了"开一时之风气，策异日之富强"的作用，增长了见识，开发了民智，为中国对外贸易的发展打下了基础；二是促进了南京社会、经济的全面发展；三是加强了中国与国外的联系，尤其是拉近了与南洋华侨之间的关系。

　　1929年，中国政府在浙江杭州举办了一次中国人自己的博览会——西湖博览会，从1929年6月6日至10月10日，历时4个月。西湖博览会的展览馆所分为八馆二所，其宗旨是"提倡国货、奖励实业、振兴文化"。西湖博览会是以纪念国民革命军北伐胜利为名而召开的。虽然此次博览会的盛况不亚于费城博览会，但是其实质内容却无法与国外博览会相比，这主要是由于中国当时的经济、科技、文化落后于其他发达国家所致。

　　总体来讲，这一时期的大胆尝试，对国家经济的发展、科技的进步、国际交流、国民眼界的开阔和奋发图强都起到了巨大的促进作用。

（二）起步阶段（新中国成立—20世纪90年代）

新中国成立之初，由于中国实行计划经济体制，加之国内经济建设发展曲折，以及国外对我国经济的封锁，会展业中只是出展业有一定的发展。1951年3月，中国首次参加了"莱比锡春季博览会"，这标志着中国出展业的开端。1953年，中国贸易促进委员会刚刚成立一年，就受政府委托，负责接待了"德意志民主共和国工业展览会"，这是新中国成立后接待的第一个来华展览会。1951年至1985年的34年间，中国贸促会共举办了427个出国展览；1953年至1978年的25年间，我国共接待了112个外国单独来华展览会。这在配合新中国政府的外交政策，促进同世界各国人民的友谊，冲破西方国家对中国的政治孤立和经济封锁，宣传新中国的经济建设成就等方面发挥了独特的历史作用。中国贸促会为了出国展览的需要，委托文化部在中央美术学院工艺美术系开办了展览设计专修班，培养了一批展览专业人才。20世纪50年代，中国建设了几座会展场馆，如中国国际展览中心、上海展览中心等。这些都反映了新中国成立之初我国会展业的艰难跋涉。我国会展业起步期的真正开端，是在中国共产党的十一届三中全会以后，以1982年中国代表团参加美国诺克斯维尔世博会为标志，中国会展业开始走上征途。

从1982年到1998年，受中国政府委托，中国国际贸易促进委员会以国家名义累计9次组织中国馆参加了世界博览会。其中，在1988年澳大利亚布里斯班、1992年西班牙塞维利亚和1993年韩国大田世博会上，中国馆两次被评为"五星级展馆"，一次被评为"最佳外国馆"。

经国务院批准，并获国际展览局确认，中国国际贸易促进委员会以国家名义于1993年5月3日正式申请加入国际展览局，并于1993年12月被选为该局信息委员会会员。

在多次参展过程中，中国展览业从最初的展示、介绍功能，逐步扩大到商务、贸易功能，反映了我国会展业的健康发展，也为中国经济走向世界打开了窗口。同时，还为国内会展的举办奠定了基础，并引入了多种国外大型会展，为我国经济的发展立下了汗马功劳。

（三）发展阶段（20世纪90年代—现今）

进入20世纪90年代，我国会展业更是以年平均20%的增长速度飞速发展。有数据显示，1997年全国举办的展览会总数为1063个；1998年为1262个；1999年为1326个，其中国际展占48%，国内展占52%，会展业已经成为一个非常具有活力的新兴市场。

世纪之交，我国会展业的发展进入了快车道，2001年一年就举办了400多个出国展。各地会展业纷纷出现，不仅产生了可观的经济效益，也从多方面带动和促进了一个城市或地区的整体经济发展。北京、上海、大连等市政府都把会展列为当地经济发展新的增长点。

21世纪头十年中国会展业的发展更加迅速。据商务部会展业典型企业调查显示，2013年，全国共举办各类展览7319场，同比增长1.8%；展览面积9391万平方米，同比增长4.5%，展览面积增长快于展览项目增长，单位项目规模扩大，展览效益向好。同时，国内展会中形成了具有一定国际影响力的展会。目前，每年定期在中国举办的较有知名度和影响力的专业性、国际性会议和展览达100多个。这些展会提高了中国的国际声望,强有力地带动了中国经济的发展。

中国展览业正处在阶段性发展时期,在短短的20多年间,取得了令世人瞩目的成就。但是,中国展览业要步入其历史进程中的第四个阶段,即成熟阶段,还需再经历一次或几次历史性变革。我国政府职能的转变、经济体制的进一步改革和持续稳定的经济增长,为中国展览业的发展提供了新的契机。只要我们把握时机,结合中国国情,有鉴别地学习欧美等展览发达国家的经验,再用10到20年的时间,就有可能完成中国展览业从第三阶段的发展期向第四阶段的成熟期转变的历史进程。

二、我国会展业发展的现状特点

(一)现状

我国会展业经过几十年的发展,基本形成了围绕会议、展览活动的微观的"会展企业",再到中观的"会展行业"和"会展产业",至宏观的"会展经济",这样一个多层次的系统和彼此相连的产业结构。但我国会展业尚处于发展阶段,且存在与这一发展阶段相对应的种种特征和不足。

按照国际上对会展业的认识,包括了MICE的四个方面。我们且先不提奖励旅游,会展业至少应是会议和展览并重,但是目前各地在开展会展业研究的过程中,非常重视展览而忽视会议。我国会展业发展的总体状况可以概括为:会议数量有限,展览档次和规模不够,奖励旅游市场基本空白,但发展潜力巨大。

我国举办展览的数量、规模和档次都在不断发展。2013年,我国会展业继续保持良好的发展势头,产业规模不断扩大,经济效益明显好转;专业化、国际化、市场化程度进一步提高;标准体系、行业组织建设取得突破性进展;会展设施建设速度加快,大型化趋势更加明显;会展就业人数持续攀升,会展业对经济的带动作用不断增强。

根据商务部相关统计和中国会展经济研究会行业调查,结合部分省市典型资料分析,2013年,我国会展经济直接产值达到3870亿元人民币,较2012年增长10.6%,约占全国国内生产总值568845亿元人民币的0.68%,与2012年基本持平;占全国第三产业增加值262204亿元人民币的1.5%,与2012年基本持平。会展企业经济效益明显好转,三项费用指标(管理费用、财务费用和销售费用)较2012年下降13.3%,盈利面大幅提升。

另据贸促会统计,2013年,全国102家组展单位共赴75个国家实施经贸展览会计划1492项,其中参加国际博览会1422项,占实施总量的95.3%,单独举办展览会70项,占实施总量的4.7%;全年出展项目净展出面积64.74万平方米,参展企业约4.7万家。会展业显著的经济社会效益使越来越多的地方政府对其予以高度重视,各地竞相投资建设会展场馆设施。截至2012年底,全国已拥有5000平方米以上会展场馆316个,可供展览面积1237万平方米。2013年,全国在建会展场馆13个,面积154.49万平方米。全部建成后,全国会展场馆总数将达到329个,可供展览面积将达到1391.49万平方米。单体会展设施大型化趋势明显,在建、待建场馆单个平均面积均超过10万平方米,上海国家会展中心和天津国家会展中心室内展览面积更是高达40万平方米。2013年,会展行业带动就业人数比上年增长30.7%,按2012年2125万人次基数测算,目前会展行业带动社会就业人数可达2777万人次。会展行业带动就业效果显著,综合拉动效应日益凸显。

(二) 特点

1. 国际化进程逐步加快,国际影响力显著增强

我国展览业总体处于粗放型发展阶段,多数展览企业规模较小,主营业务不突出,缺乏明确的市场定位和发展思路。同时,行业内专业化分工协作尚未形成,行业配套服务相对滞后。虽然我国展会数量、展馆面积已居世界前列,但具有较强国际竞争力的品牌展会不多,核心竞争力不强。不过,我国展览业国际化进程正在进一步加快。在出国展览稳步发展的同时,国内会展市场进一步开放。2013年,英国励展博览集团进军郑州,德国斯图加特展览公司在南京设立合资公司,英国ITE公司以数亿元的资金收购上海展会。

此外,我国办展机构在国际会展业的影响力也进一步增强。截至2013年底,国际展览业协会(UFI)的中国会员达到84个,主要分布在北京、广东、上海三地,其中,北京26个、广东23个、上海22个,三省市的会员数约占总会员数的84.5%。UFI认证展会共69个,其中,境内认证展会66个、境外认证展会3个。主要分布在广东、上海、北京,其中,广东21个、上海20个、北京17个。

2. 会展产业市场加快发展,市场化程度逐渐完善

在我国会展业的发展过程中,最重要的问题是市场化程度低,没有形成会展组织者、目的地接待者完整的接待服务体系。国际会展业的经验表明,会展组织者、目的地接待者分工体系是会展业发展的重要内容,但我国目前无论是会展企业还是政府都比较关注目的地接待者,对于会展中最为重要的会展组织者缺乏认识。

我国办展机构多元,一些展会,尤其是政府部门和行业协会主办的展会仍然采取组委会运作制度,没有实行真正的企业化经营;行业标准缺失,准入门槛较低,监管力度不够,竞争秩序较差;至今尚未建立全国行业中介组织,行业协调自律程度较低;批文倒卖、商业欺诈时有发生。

目前,政府行政干预过多的局面已经得到了很大的改善。特别是一些展览业比较发达的城市,在展览业管理和政策供给、市场体系建设方面进行了有益的探索,取得了明显的效果,积累了宝贵的经验。由于缺乏系统、全面、科学的国家级的展览业政策、法令和规划的规制、指导,一些地方政府为了弥补政策供给缺失,根据当地展览业发展的需要,设立了专司展览业的政府机构,出台了一些相关政策,进行制度创新,虽然未形成体系,但在当地展览业发展中发挥着重要作用。

我国会展产业主体呈现多元化态势,具体表现为办展主体多元化、场馆投资多元化、服务模式多元化,市场相当开放。同时,企业经营国际化。国外展览公司在我国设立办事处、代表处;越来越多的国外知名品牌展移植到中国。在会展企业发展中出现了收购兼并和资本运作的模式。

3. 展览区域集聚效应凸显

北京是全国政治、经济、文化的中心,上海是全国经济最发达的地区,广东是全国改革发展的前沿,这些优势使得这三个省市展览业十分发达。

综观区域分布,我国会展区域格局表现为:北京、上海、广州位列前三甲,引领全国发展;东、中、西分布不均,东部地区主导地位明显;展会举办相对集中,七成以上展会聚集在10个会展强省(市),全国3/4的展会集中在24个主要城市。北京、上海、广州三个城市2013年共举办展览会1696场,较2012年增长5%,占全国展会项目总数的23%;展览面积达到2584万平方米,比2012年增加3%,占全国展览总面积的27.5%。预计在未来较长的时间内,这一格局仍不会发生变化。

4. 科技助推会展进步,线上线下融合发展

近年来,新技术在会展活动中得到广泛运用,从现场数据的收集统计,到线上线下展会的共同发展;从信息新技术的应用,到会展科技资本的融合,都充分体现出"会展与科技融合发展"的总体趋势。2013年1月,世界首个会展云基地项目在重庆市巴南区签约;天津会展数码大厦的筹建开启了会展资本与数字技术融合的先河。据调查,截至2013年底,几乎所有展览会都设立了自己的网站,10万平方米以上的超大型展会几乎全部实现了线上展会与线下展会的结合。以广交会为代表的商贸类展会,其网上成交和电子商务已经成为实体展会不可分割的重要组成部分。智能手机APP(Application的缩写,应用程序)在展会中的应用已成为时尚标志,O2O(Online To Offline,线上到线下)的方式也被会展业界普遍接受。

5. 会展人才备受关注,会展教育风生水起

从会展业的行业特点看,从业人员不仅要具有良好的职业道德素养和前沿的行业理念,还应具备广博的知识、宽阔的视野、敏锐的洞察力等综合能力。但目前,我国会展专业人才严重缺乏。随着会展业的发展,会展人才问题日益受到社会各界的普遍关注,不少地方政府纷纷出台优惠政策,吸引会展企业和会展人才落户当地,很多企业也采取多种方式和途径引进、培训会展人才。

同时,全国会展教育发展非常迅速。据调查,截至2013年底,全国共有220所大专院校设有会展专业或相应研究方向,其中,本科院校57所、专科院校163所,在校学生达到1.3万人;10年来累计出版各类会展专业教材近500种,已经有会展专业或方向的毕业生近5万人。在国家本科目录体系调整中,会展经济与管理专业正式进入国家本科目录体系,列属旅游学科门类下。会展教育的兴起,为未来会展产业的更大发展奠定了学科基础,储备了会展专业人才。

6. 会展业外部环境逐渐改善

一段时间以来,我国会展业发展的外部环境很不完善,表现为:法律、法规不健全,没有一个全国性的会展协调机构,审批手续复杂,无序竞争等。现行会展业管理的规范性文件多形成于上世纪末、本世纪初,由于年限太久、机构更迭太多,不少地方和单位的职能流失严重,疏于管理情况普遍,同时因政出多门、多头管理、职能交叉,导致监管缺失。会展业法律法规建设滞后于市场发展实际,政府部门进行行业管理和市场监管无法可依,导致部分展会重招展轻招商、重创收轻服务,扰乱市场秩序、侵害展商和观众利益的事件时有发生。

但近年来,全国各地从法律法规着手,致力于改善会展业发展的外部环境。审批制度不断放开,办展环境不断优化。2002年10月,国家正式取消了国内展览会的审批制

度,国内展不再需要审批,只需要登记;2004年,展览公司对外开放;2013年,新审批制度开始改革,采用备案制,放开了国际展会审批中的很多限制。

总体上看,我国会展业与国际上存在着多方面的差距,但是这种差距正在缩小,特别是由于我国有着广大的产业资源、深厚的经济发展潜力,会展业的发展空间必然是非常巨大的。

复习思考题

1. 国际会展业发展过程是如何划分的?
2. 国内会展业发展过程是如何划分的?
3. 如何理解国际会展业的现状特点?
4. 如何理解国内会展业的现状特点?

本章主要探讨以下问题：

● 会展业参与主体

● 会议业的运行机制

● 展览业的运行机制

● 会展业的管理模式

伴随着加入世界贸易组织（WTO）的重要契机，中国的对外开放发展到一个新阶段。我国进一步开放金融、保险、旅游、商贸等服务领域，并积极吸引外资以多种形式参与国有企业的改组、改造。会展业在国际交往中占有非常重要的地位，它既是国际经贸、科技及文化交流的桥梁，又是宣传的窗口，在流通领域和对外传播领域充当着重要的角色。它对促进进出口贸易、技术引进、中外合作、吸引外资起到积极的作用，被誉为国民经济的"推进器"。因此，加强对会展业管理的研究，提高会展业管理水平，对整个国民经济发展将具有极大的推动作用。

第一节　会展业的市场运作机制

一、会展业的参与机构

一个地区发展会展业通常涉及多个部门和机构。从国际和国内会展业的实际情况看，会展业的发展通常需要以下机构的参与。

（一）政府

用市场运作机制推行会展业不是不要政府，相反，政府在这一政策中要发挥十分重要的作用。市场运作机制的前提是要形成市场。就会展业而言，会展业的上游企业和下游企业以及会展产业群都要能正常地在市场经济中运行，会展的买家和卖家能够具有相应透明度的自由选择，这些都需要有政府的参与。市场运作机制的一个关键条件是市场的规范化管理。没有规范化的管理，不可能形成大规模的买卖关系，即使形成了也不能持久。

显然，会展市场的培育和管理都离不开政府。政府培育会展业最直接的手段，莫过于直接组织国内展或出国办展。在我国，每年从中央到地方也有不少的政府展览项目，政府办展的积极性一年比一年高涨，也确实花了不少钱。对此展览界也有不少议论，主要集中在政府是否应积极参与办展，在办展过程中是否需要规范化和透明度。对于我国政府办展的利弊也是仁者见仁，智者见智。不过在欧美等会展经济发达的国家是很少看到由政府部门主办国内会展的。会展业发达国家的成功经验，我们是可以拿来用的，以便节省时间和资金。

国外专门管理会展业的政府机构大致有三种形式：一是单独设置会议局，与旅游局平行设置，如伦敦会议局、巴黎会议局等；二是与旅游局合署办公，互不隶属，如波士顿会议与旅游局、旧金山会议与旅游局；三是隶属于旅游局或其他经贸部门，属二级职能局，如新加坡展览与会议署就隶属于旅游局。

案例 3 - 1

新加坡旅游局

新加坡的会展业起步于20世纪70年代中期，时间并不算早，但新加坡政府对会展业十分重视，新加坡旅游局和新加坡贸易发展局专门负责对会展业进行推广。加之,新加坡本身具有发达的交通、通信等基础设施、较高的服务业水准、较高的国际开放度以及较高的英语普及率,新加坡市2000年被总部设在比利时的国际协会联合会评为世界第五大会展城市,并连续17年成为亚洲首选会展举办地城市,每年举办的展览会和会议等大型活动达3200多个。新加坡旅游业占其GDP的6.1%左右。2001年,新加坡会展业的总产出达到15亿新币,占GDP的1.8%。

新加坡的会展业务由隶属于新加坡旅游局的展览与会议署管理,成立于1974年,总署26人。新加坡展览与会议署的职能如下:

提供新加坡会议、展览、奖励旅游项目、商务考察及特殊兴趣旅游项目的有关设施和服务方面的综合的、公正的信息;

为会议举办单位提供建议和帮助,保证会展活动等在新加坡成功举办;

协助会议组织者的会前考察;

通过营销推广活动以及联合广告宣传来帮助组织者最大限度地吸引与会者和展览者;

对赴新加坡进行会展商务考察或活动提供特别安排;

应要求协助组织者选择合适的会议场地、酒店和其他会议服务单位;

为组委会预备并建议有关的社交和旅游活动项目;

为会议提供促销材料和信息。

新加坡政府不办展,只做协调工作,不需注册,但会主动调查和提供帮助。新加坡会展业成功的经验在于:新加坡的整体优势;政府科学、合理的管理;与推销旅游景点息息相关;地理位置适中,交通发达,航空便捷;电信发达;网络优势;酒店业发达(有100家、共有3万间客房的四、五星级酒店,价格适中);社会安定,治安较好;各种餐饮俱全;语言交流方便(新加坡的学校都要求学习两种以上语言)。

(案例来源: http://www.630 book.com)

(二) 会展计划者

会展计划者可以是国际组织、国外政府、本国政府或非政府组织和公司等机构,是会议源产生单位,也是会展的卖方。

(三) 专业会议组织者和展览公司

专业会议组织者(PCO)一般是一个小型公司,是负责申办、策划、组织、协调、安排和接待国际会议和大型活动的专业公司。有一些旅行社/旅行商也做会议业务,尤其是在会议接待中,扮演着重要角色,形成了一种专业分工,叫做会议操作代理人(CHA)。

展览公司是以展览为主的专业化操作机构。加入WTO后,中国的服务业面临挑战和机遇,国外展览公司纷纷抢滩上海等城市,中国展览公司该怎样发展呢? 答案在于:以创新的项目办展览,走与国际化接轨的发展道路,才能提升自身的竞争力,在未来的会展中占有一席之地。

展览组织者的类型

　　交易会/展览会的独立组织者从场馆所有者手中租用合适的展览场地来举办活动。一些非营利性团体或协会则通过自有的展览公司来举办自己的展销会。许多情况下，场馆拥有者也可以是展览会的组织者，而通常情况下，该场馆往往归该城市所有。

　　如今，有多年行业经验的传统欧洲展览公司已经开始与中东、亚太等地区的展览组织者展开合作建立合资公司。例如，德国多个展览组织者正在向这些地区输出它们的展览品牌，或者就建造新的展览中心建立合资企业（如上海通过与杜塞尔多夫、慕尼黑、汉诺威之间的合作，建立了上海新国际博览中心）。

　　（资料来源：http://www.ufinet.org）

（四）目的地管理公司

　　目的地管理公司（DMC）最初是从事会展活动过程中的具有后勤管理的机构，后来逐渐承担起会展组织者的部分工作。它们与会展场馆的关系是委托经营，当然也有会展场馆自己经营管理的。目前，会议展览中心的经营管理模式主要有三种：一是国营，即政府投资，政府发展，政府经营，或是由政府的有关单位去经营，如中国国际展览中心就属于这种模式。二是民营，即没有政府的参与，纯粹是用商业手法去经营，私人投资买地建馆。三是合营，即场地和展馆的产权属于政府所有，而由商业性专业管理公司管理负责，完全用商业手法去经营，如香港会议展览中心。目前世界上大部分的展览馆属于第一种模式和第三种模式。

　　此外，会议中心管理集团、国际酒店管理集团等在会展中心管理和会议接待过程中，也起着重要的作用。

　　会议展览中心的管理包括硬件和软件的管理，从城市的角度去看，一个优良的会展中心应该具备如下条件：首先，展馆要设施良好，地点适中，交通便利；其次，周边要有环境配合，会议展览中心建在住宅区或是工业区里面就不太适合；再次，应具有场地、住房、通信、运输、餐饮和购物等齐全的配套设施和优质服务；最后，政府的政策配合也极其重要，不同的政府做法不同，或鼓励，或配合，程度不同，政策也不一样。

　　会展中心的硬件管理主要包括5项内容：（1）常用设施及装备应有足够的维修保养，比如场馆、水电供应、通信系统等；（2）紧急事故应变系统保持正常运作，比如消防系统、播音设备等；（3）提供适合及足够的家具、器材和设备；（4）保持场地清洁，配合当地环保要求有适当的废物处理能力；（5）有效控制设施的运作成本。

　　会议展览中心的软件管理包括：（1）专业管理人才培养；（2）提高优质服务水平；（3）展馆资源配置；（4）制定合理的定价标准；（5）处理好与客户间的关系。

（五）展商和会议代表

　　这是市场的买方，当然是会展市场的必然要素。但是，一个组织要成为买方至少要具备两个条件:一是购买愿望,二是购买能力。从我国当前的情况来看,购买能力是一个组织能否成为买方的决定性条件。

交易会和展览会的市场营销功能

1. 基本功能

所有交易会和展览会都具有这一基本功能,在某地、某特定时间,以面对面的交流沟通方式,将供需相结合,并提供信息,且展示技术发展趋势和成果。

交易会和展览会为同步完成交易的诸多目标提供了独一无二的机会,因为它们是全面覆盖观众市场并一次性完成大宗交易的最有效方式。

交易会和展览会也是经济和市场发展趋势的晴雨表,因为它们反映了市场进程、市场类型和范围的市场变化,以及将来市场的发展方向和速度。交易会和展览会不仅仅是一种营销工具,其本身就是一个完整的市场。

交易会和展览会为客商直接接触和面对面的交流沟通提供了场地,这一基础性的重要功能即使是在电信技术、新媒体和互联网使用日益广泛的今天也不会改变。

2. 宣传,投放市场,销售

交易会和展览会是实现基本贸易目标的理想场所,它们有利于:

- 赢得新客户并集中高质量的大客户;
- 使现有客户和忠实客户感到满意;
- 修复与过去客户的关系;
- 向市场投放新产品和服务;
- 展示并宣传所有类型的产品和服务;
- 加快销售进程,增加销售量;
- 建立和提升公司品牌形象;
- 巩固公共关系;
- 引起媒体的兴趣。

有关的调查研究证明,交易会和展览会是能及时完成所有这些目标的最有效工具。

3. 评定,学习和交流

交易会和展览会除了进行展示、交易外,还具有了解市场、学习和交流等诸多功能,具体如下:

- 了解更多客户和潜在客户的期望;
- 即时掌握客户对企业产品和企业形象的反馈;
- 建立并扩充潜在客户的数据库;
- 分析、研究市场和竞争状况,估测潜在市场;
- 保持与创新及新技术发明同步;
- 保持市场份额;
- 寻找可能的代理商和分销商;
- 开创合作、联合之路,建立合资企业;
- 招募新员工。

相关的市场信息和企业数据显示，交易会和展览会可以一次性完成这些主要期望。

4. 投资回报率（ROI）

交易会和展览会具有很高的投资回报率，投入的时间和金钱会得到丰厚的利润回报。此外，在交易会和展览会过程中花费的成本在回收时会大大增值。

CEIR研究表明，相对区域性上门推销，交易会和展览会减少了56%的成本。

（资料来源：http://www.ufinet.org）

（六）观众

会展中的观众可以理解成买家的买家，这对于会展产品的买家，具有重大的意义，也是展会成功的标志之一。观众可以包括专业观众和一般观众。

（七）其他中介组织

会展市场的培育和管理的另一个要素是中介机构（行业协会）。中介机构在帮助政府部门决策、执行政府决定、说服会展参与机构接受会展理念等诸多方面，是一支不可或缺的生力军，对会展市场的兴旺发展起到巨大的促进作用。

会展业具有开放性，参与会展业的机构还有很多，如金融界，资金的获得对任何组织的重要性都是不言而喻的。会展业的基础设施，如酒店、会议中心、展览馆等的建设，都需要大量的资金投入，没有金融界的支持和合作，仅凭投资方自有资金是很难正常运转的。金融界的介入不应仅停留在贷款上，更应积极参与会展业的运作，形成会展业与金融界的有效互动。各类学会、协会、媒介、教育单位也都是参与会展业的机构。

二、会展业的市场参与机制

以上我们主要说明的是会展业的各参与主体，它们在市场中形成了一定的参与机制。

（一）会议业市场参与机制

会议业市场各主体的参与机制如图3-1所示：

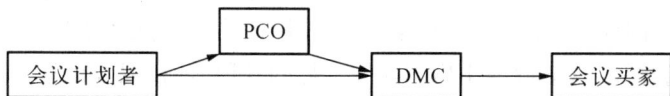

图 3－1

会议业市场
参与机制图

会议计划者将会议产品出售给PCO，PCO组织会议的买家（会议出席者）购买产品，这当中的接待工作交给DMC去完成。现在的DMC有时直接与会议的计划者接触，销售会议产品，因此我们说现在的DMC担当了PCO的一部分职责。

（二）展览业市场参与机制

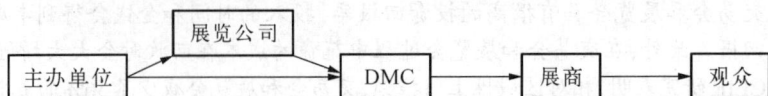

展览业市场各主体的参与机制如图3-2所示：

图 3 - 2

展览业市场
参与机制图

```
                    ┌──────────┐
                    │  展览公司  │
                    └──────────┘
                   ↗           ↘
┌──────────┐            ┌────────┐     ┌──────┐     ┌──────┐
│  主办单位  │ ─────────→ │  DMC   │ ──→ │ 展商  │ ──→ │ 观众  │
└──────────┘            └────────┘     └──────┘     └──────┘
```

主办单位将展览产品（创意、主题或品牌）出售给展览公司，展览公司组织展商（展览的买家）购买产品，为了更好吸引展商，还要帮助组织观众，这当中的接待工作交给DMC去完成。现在的DMC有时直接与主办单位接触，甚至自行办展，销售展览产品，因此我们说现在的DMC担当了展览公司的一部分职责。

第二节　会展业管理模式

会展业管理是对会展业发展进行计划、决策、组织、调节和监督的一种控制活动，具有很强的实践性和应用性。确切地说，会展业管理是研究如何运用会展经济发展规律与结构变化规律来组织与协调会展业活动，促使产业结构合理化发展的科学。

不同国家会展行业起步时间不同，经济状况不同，因此在管理模式上也存在着不同。一般将会展管理模式分为三种，分别是政府管理模式、企业自主管理模式和行业协会管理模式。

政府管理模式。这种模式主要是指政府通过投资与管理对会展业发展起重要推动作用，一般由政府组成部门或者准政府职能机构行使管理职能。其中具有代表性的是德国和新加坡。

德国是展览强国，作为国家经济和国际贸易发展战略中的一个重要环节，展览业受到德国各级政府的高度重视。德国联邦经济科技部直接对出国展览提供财政支持，通过特定的组织或机构，组织德国企业赴国外参加展览会。德国的展馆由政府投资兴建，是国有民营制，把场馆长期租赁或者委托大型会展管理公司经营，政府只以股东的形式出现，对会展项目进行分类承包。德国实力雄厚的展览公司多是由政府控股的。德国展览业的最高协会是德国展览委员会（AUMA），是由参展商、购买者和博览会组织者组合而成的联合体。AUMA对德国展览业实行统一、权威的管理，是德国唯一的中央级展览管理机构，有着最高的权威。它的职责包括：制定全国性的展览管理法律条例和相关政策、支配使用政府预算、代表政府出席国际展览界的各种活动，以及规划、投资和管理展览基础设施。

新加坡对会展的管理模式也属于政府主导型。新加坡政府对会展业发展的扶持主要表现在对大型会展设施与配套设施建设的支持与投资上。新加坡政府对会展业进行协调的部门是新加坡旅游局的展览会议署，成立于1974年，主要任务是协助、配合会展开展工作，并制定政策扶持、服务、规范、协调和发展会展业。

企业自主管理模式。这种模式政府介入比较少,基本依赖于市场的自发力量调控企业的经营和管理行为。企业管理模式具有很多优势:经营自主、富于活力,充分考虑成本效益,致力于客户服务,避免官僚主义,人力资源得到充分开发,盈利能力较强,雇用工人有灵活性。对政府来说,财政风险相对较小。我国香港主要遵循的就是市场运作模式,会展中心在建设和扩建过程中始终采取政府出地,贸发局招商,专门管理公司负责展馆的经营管理,新世界公司每年向贸发局缴纳场馆使用费和场馆折旧费,计入账户,作为促进香港贸易发展的基金。

行业协会管理模式。这种管理模式处于政府管理模式和企业自主管理模式之间。政府在此并不是直接干预,而是在法律基础上,通过会展行业协会来协调,并贯彻其相关的战略安排。行业协会是联系政府和企业之间的桥梁,作为这样一个"中介",行业协会不仅是一种沟通工具,还是一个代理人的角色,是一个主动服务和参与式管理的行为主体。同时,行业协会也是企业联系客户和大众的重要桥梁。会展行业协会具有民间性、代表性、服务性和非营利性等特征。

我国现阶段可以根据会展业的发展阶段和特点综合运用以上三种会展管理模式。

一、政府引导

政府是"主导"还是"引导",一直有争论。我们认为,在会展业初级阶段,还是提倡"政府"主导。但是随着会展经济的发展,政府一般可以不介入展览业的直接管理而是起"引导"作用,但是不管怎么说,政府应该在会展业中发挥作用。国际会展业经验表明,一个国家会展业的健康发展,单凭市场的力量是远远不够的。当会展业规模随着经济规模急剧增长而迅速扩大的时候,往往会出现秩序混乱的现象,并给整体经济发展带来负面影响。政府一般应介入展览事务,利用法律、行政、财政等手段进行干预和管理,使其健康发展,产生良好的经济和社会效益。因此我们说,在展览业发展出现混乱而自身无能力约束时,政府有必要也应该直接介入管理事务,维护会展业的正常秩序是政府的责任。

目前,中国的会展管理机构存在着过多、过于分散及利益冲突等现象。会展发达地区的经验表明,作为国家经济和国际贸易发展战略中的一个重要环节,会展业受到了各国政府的高度重视,几乎所有的发达国家都设有单一的国家级的会展管理机构。如德国、法国、意大利、西班牙、日本、新加坡等。虽然各国会展管理机构的职责可能会有差异,但都有一个共同的特点,即唯一性、全国性和权威性。海外对会展经济进行管理有两种模式:一种是欧洲型的政府式监管,如德国展览委员会(AUMA)和法国海外展览委员会技术、工业和经济合作署(CFME-ACTIM)等都是垂直、单一的权威机构,没有与其争权者;另一种是英美型的行业协会式监管,如美国展览管理协会(IASM)、英国展览业联合会(EIF)是管理业内秩序的权威组织,以行业自律为显著特点。根据中国国情,比较适合采取欧洲式的政府机构监管体制来促进展览经济的开放与发展,建立政府的职能局——会展局,作为会展管理的权威机构,这是非常必要的。其基本职能是代表目的地从事会展促销工作,组织促销活动,参加会议、展览、交易会,以政府名义与相关组织建立合作关系,联络协调有关企业。在现阶段,会展局的主要职能有四个方面。

（一）制定会展管理法律条例和相关政策

目前,中国会展业的规模、种类、从业人数、对相关行业影响的深度和广度、促进经济繁荣的作用等一系列问题,已受到政府的高度重视。会展业不断出现新情况、新问题需要协调、研究,一定要靠相应的政策和法律,作为会展业解决问题的有力保障。

新加坡是公认的亚洲展览大国。新加坡展览与会议署从发展国际贸易、提升新加坡区域中心地位等宏观角度,制定了一整套扶持、服务、规范、协调和发展会展业的计划。德国的会展管理机构AUMA对展览会的管理也制定了各种措施。比如,对展览名称给予类似商标的保护,以防止展览会雷同和撞车,保护名牌展览,增强市场的透明度。AUMA明确指出,将在展览会的类别、展出地点、日期、展期、周期等方面进行协调,以保护参展者、组织者、参观者的利益。日本为发展会展旅游业曾制定了《通过促销和举办国际会议等振兴国际旅游法》。但我国旅游行政管理部门还没有从扩大国际旅游业等更为宏观的角度,以法律、法规的形式来保障和促进会展业的发展。此外,我国举办会展和监管会展行业的法律、法规也十分不健全。

从目前国内会展业的实践而言,对会展业的准入、主办者的资质、展会的知识产权、展会质量评估、会展企业的税收等问题,都需要有明确、详细、具有可操作性和权威性的法规条例和相关政策。有关部门的审批制度也应逐步转移到重点扶持和指导符合国家产业导向及外贸政策的展会方面来。

阅读资料 3-3

知识产权纠纷

会展业可能涉及的知识产权纠纷,主要集中在专利与商标两方面,这二者共同的特点是专有性。无论专利或商标,经法定程序获得后,即受法律保护,所有权人享有排他的权利。未经权利人许可,任何人不得以生产经营为目的,擅自使用、生产、销售,不得擅自进出口专利产品和具有相同商标的产品,否则即构成侵权,要受到法律的惩处。

相比较而言,专利权具有更强的独占性,实行专利制度的目的是为了促进经济和科学技术的发展。国家以授予发明人专有权利为条件而换取其对社会公开技术细节,作为回报,国家授予专利权人一种独占的权利,即只有权利人自己才能实施或许可他人实施该项专利。因此,除专利权人以外的任何人要实施专利技术,必须事先取得专利人的同意,在法律上称为专利许可。这种许可一般通过专利权人与被许可人签订书面专利许可协议来完成,其主要内容是被许可人向专利权人支付费用而有偿获得该专利的使用权。专利保护主要包括产品结构、颜色配比、外观形状等方面。

商标的主要功能在于区分不同的商品生产者或经营者所生产或经营的同一或者类似商品,便于消费者辨别商品的生产厂家和经营单位。商标经申请注册后,所有权人也享有排他的专用权,其他人未经许可不得使用。但值得注意的是,这种专用权受到一定限制,即只限于相同或类似的产品。换言之,不同行业或产业的生产商或销售商可在某种范围内分享某一商标。例如,"长城牌葡萄酒"和"长城牌润滑油"即可同时存在,而互不构成侵权。但在酒类或润滑油行业中,不得再有其他厂家使用"长城"品牌。如果再有白酒生产厂家未经授权使用"长城"商标,即构成侵权。

专利或商标作为知识产权的一种,还具有其他许多特性,各国法律规定也不尽相同。但事先许可并有偿使用是基本的原则。产品生产商和销售商要使用、生产或销售某种专利产品或某个品牌的产品,一定要事先获得权利人的许可,否则要承担相应的法律责任,这种法律责任并不因当事人不知情而得到免除。

（资料来源：http://events.icxo.com）

（二）支配使用政府的会展预算

欧洲、亚洲的许多国家的政府为了鼓励本国企业参加国际展览会、宣传本国企业、促进外贸出口,每年都会在国家的财政预算中划出一块向参展企业提供间接的资金支持。各国的展览管理机构就承担着支配和使用这笔展览拨款的任务,并为之建立了一套完整的程序和规定。我国出国展览的审批和管理可由贸促总会总体负责,国家拨出一块中央外贸发展基金来支持出展,希望借鉴会展业发达国家成功的经验,推进我国会展业走向世界。

（三）组织国家展,代表政府出席国际会展界的各种活动

各国展览管理机构的另一个重要职能就是根据本国外交和外贸政策的需要,举办国家性的商品技术展和组织国家展团到国外参展。德国AUMA每年都要与经济部、农林部、能源部等其他政府各部协调,制定国家展览的计划。这些国家展的计划一旦批准,便由AUMA会同有关部门或协会选择专业展览公司进行具体运作。1998年在上海举办的德国消费品展就是一个典型的例子。

目前国际上最具政府官方性质的展览组织就是国际展览局(BIE)。它是以国家为代表的国际性展览机构,协调管理民办博览会事务,各成员代表其国家遵循《国际展览公约》,维持世界博览会的正常秩序。一般各成员国均由其主管展览的代表出席国际展览局的活动。

（四）规划、投资和管理会展基础设施

饭店、会议中心和展馆是会展最重要的基础设施。高档宾馆、大型会议中心和展馆的建设,需要由政府进行宏观调控。发达国家的展馆很少为私人拥有,即使是市场经济比较发达、完善的美国,展馆一般也由各州、各市的政府机构——展览旅游局进行投资建设。德国的展馆均由政府投资,是一个典型的国有企业。究其原因,除了展馆投资大、回收慢、社会效益大大超过其本身经济效益外,恐怕还有政府通过展馆及展馆经营来对展览市场进行调控的考虑。目前国内展览业无序竞争严重,与展馆建设的失控有关。展览市场发展有其规律,它受到经济发展水平、经济总量以及区位条件的制约。无视需求、盲目上马的展馆设施,不仅造成资源浪费,也增加了协调展览市场的难度。

二、行业自律

在一个成熟的市场经济体中,政府管理企业的职能会更多地通过非政府的行业管理协会来实现。行业协会组织将发挥更大的作用,承担起该行业的主要管理职责。目前在市场经济较成熟的一些欧美国家和个别亚洲国家和地区,政府管理展览行业的职能已经和展览行业协会紧密地结合在一起,它们共同合作、相辅相成。行业协会既是展览企业的代言人,也是贯彻政府意图、执行政府政策的可靠助手。

一个展览行业协会要真正发挥作用,应该具备四个特性:一是民间性,二是代表性,三是服务性,四是非营利性。目前展览行业协会很多,比较有影响的国际性行业协会是UFI,即国际展览联盟。在各个国家和地区的展览行业协会中,比较活跃的有美国国际展览管理协会(IAEM)、英国展览业联合会(EFI)、新加坡会议展览协会(SACEOS)和香港展览会议协会(HKECOSA)等等。展览行业协会主要有以下几个方面职能。

(一)制定行规,进行行业间的协调和管理

随着展览行业的发展与成熟,世界上发达国家的展览行业协会主要是利用市场机制和行规对展览业进行协调性的管理,其着眼点在于展览业的秩序、效益和发展。它的最主要职能就是行业协调和管理:一方面,它与政府密切配合,共同制定一套行业道德与行为规范,一旦有会员违反有关规定,就召集会议讨论解决,甚至提出制裁措施,以维持公平竞争的秩序;另一方面,对展览会题目、展出时间安排、摊位价格、展览会质量水准等诸多方面,协会将在会员单位之间进行协调,以更好地维护会员的正当权益。如英国展览业联合会对展览主办者、参展商、观众等进行了明确的定义,提出了国际展和国内展的标准和条件,规定了展览会组织过程中的基本要素。这些行规对展览企业的运作经营,起到了指导和规范的作用。在我国,由于没有专业性的行业协会,也无从谈起行业共同遵守的规章制度,无序竞争则是不可避免的。

(二)对展会进行资质评估

目前展览会的品牌化越来越受到重视,因此展览协会在这方面承担着对展览会的调查和评估的职能。从世界范围看,最有效地对展览会进行评估和资质认可的组织是世界展览联盟(UFI)。该联盟的成员是建立在品牌展览会的基础上的。UFI对申请加入其协会的展览项目和主办单位有着严格的要求和详细的审查程序,取得UFI的资质认可、使用UFI的标记便成为品牌展览会的重要标志。英国展览业联合会往往要会员对其展览会进行第三方审计,即聘请一家独立的审计公司对展览会的整体效果进行评估。法国则采取对展览跟踪调查的方法,调查一般要进行两次,一次在展出期间,就展览组织本身征求参展商的意见;另一次在展览结束后,向企业了解参展是否成功,由此来获得对展览会的客观而公正的评估。各国的评估标准和方法虽各不相同,但目标都是共同的,即创造品牌展览会的声誉,更好地维护参展商、观众和主办者的利益。

我国目前还没有评估制度,也无评估机构,使各种展会中不规范的问题和现象时有出现,这已成为制约我国展览业健康发展的严重问题。

(三)加强会展交流和调研,增加会展市场的透明度

世界会展市场正从相对封闭状态向全球化发展,会展的高度自由化流动打破了地域上的局限。这既有利于展览会主办者在确定办展时进行全面系统的分析,也方便了

所有展会的参与者有的放矢地选择展览会。这些会展资料的收集、整理、分析、交流主要是由展览协会来完成的。

相比之下,中国的会展交流就显得十分贫乏。迄今为止,国内还没有一本权威的刊物能全面、准确、详细地提供中国会展的情况,能对已办展览会进行客观、公正的评估和提供详尽的统计数据。不多的几本刊物基本上成了广告和刊登各地展览日程的计划表,而这些计划又缺少可信度。展览网站虽已出现,但正确性、时效性难以保证。这些基础工作做不好,根本谈不上给参展商提供有效的选择参数。两相比较,差距是不言而喻的。

(四)专业人才培训,提高展会的组织水平和质量

会展业具有很强的综合性与专业性。它不仅需要大量具有综合素质的管理、服务、交通等方面的人才,更需要具备会展业专业知识和技能的人才,如一个大型会议或展览的总体安排,一个有主题的特色奖励旅游,有创意的布展、招展、宣传、促销和组织,都需要相应的人才。会展协会在培养人才方面承担着重要的任务。如美国国际展览管理协会经过多年的研究实践,从1975年起创立了一套系统完整的专业人才培养计划,分别通过课堂学习、工作实践、参与协会活动和考试等方式给予被培训人员各种机会,每完成一个专业测定就授予一定的分数,累积到一定分数后,协会将授予资格证书,称作注册展览管理人(CFM)。一般取得这个证书要花3至5年的时间,而有了证书就表明你在展览业取得了一定的地位和资质。而且该协会还把这套培训方法输出到国外,与加拿大、墨西哥、阿联酋等一些国家的展览协会签订了双边合作协议,这些国家可用这套模式培训本国专业人员,美国国际展览管理协会对合格者也颁发资格证书。

目前国内从事展览业人员多是由其他行业转过来的,其中的骨干成员产生于同香港展览公司的合作之中。近几年,欧美著名展览企业进入中国,也培训了一批专业人员。总体而言,这支队伍的人数、水平都难以满足国内急剧扩大的会展市场的需要。一方面,我们要适度培养这一新兴产业群所需人才;另一方面,也要注意到会展业的从业人员来自服务业的各个部门,具有很大的综合性,提高整个服务业乃至全民的综合素质,对会展业的发展是非常重要的。

我国各地会展企业在政府的主导下,开始组建自律性的会展协会。1998年6月,由北京市贸促会发起,组建了我国第一家国际会议展览业的协会——北京国际会议展览业协会;2002年2月,山东成立国际展览业协会;2002年4月,上海成立会展行业协会。之后,国内很多省市都纷纷仿效,建立起行业协会组织。这些协会的成立对我国会展业的发展起到了积极的作用。

三、企业自主

我国会展业的发展不过是近几年的事情。我国会展企业存在规模小、低质重复办展、恶性竞争、急功近利、缺乏规模效应等不良现象。随着国际著名会展公司的进入,国内会展企业越来越感到创建品牌展览的重要性和迫切性。

加入WTO后,我国进一步把本国的经济纳入全球化的经济体系之中。经济的国际化固然是一个国家步入现代化的重要标志,但对中国企业来说,也有着巨大的挑战和压力。中国会展企业刚开始摸索市场经济运作规则和尝试建立现代企业制度,即面临着全球经济一体化的挑战和世界级著名展览企业的竞争。如何重新定位？世界展览业的发展对我们的影响是什么？这些都是亟待解决的问题。

(一) 推动品牌会展企业的发展

一个著名品牌能救活一个企业,一个品牌化的展览会也是一个展览公司赖以生存和发展的根本。随着展览业的竞争日趋激烈,同一行业或领域内已不可能只有一两个展览会来垄断。几乎所有的展览公司都已认识到创造品牌化展览会的重要性和迫切性。

品牌展览会是指具有一定规模,能代表这个行业内的发展动态,能反映这个行业的发展趋势,能对该行业有指导意义并具有较强影响力的展览会。品牌展览会的衡量标准是:

1. 权威协会和代表企业的坚强支持

在国际上,政府一般不干预企业办展。展览会的成功与否,多取决于整个行业和企业对它的认可。展览公司若能获得权威行业协会和该行业内主要企业的支持及合作,无形中就增加了该展会的声誉和可信度,这对于整个展览会的招展、宣传和组织都会带来极大好处。同时,由于权威行业协会的参与,展览公司和其可以优势互补,以保证展会的高质量。

2. 规模效应

品牌展的另一个明显特征就是它的规模。在短短几天的展览期间,整个行业似乎浓缩,聚集在一个屋檐下。德国为什么能成为世界展览大国？其主要原因就是世界上绝大多数大规模的展览会都在德国举办。中国品牌展览会不多,但说起汽车展、机床展、纺织展、航空展几乎无人不晓,也是因为其规模大而带来了巨大宣传效果和影响力。

由于扩大展览规模对于吸引更多参展公司和观众、降低成本都有积极的作用,所以国际上也有这样一种做法,即主办单位尽量把同类或相关的展览会同时展出,叫做"Co-locating"。

3. 代表行业的发展方向

代表行业的发展方向是展览会品牌化的重要标志,它体现了展会的专业性和前瞻性。能代表行业发展方向的展览会就会有明确的目标市场和目标客户,就能提供几乎涵盖这个专业市场的所有信息。展览会提供的信息越是全面,越是专业,观众就越积极,参展企业也越踊跃。这种展览会不再是追求外表的轰轰烈烈,而是注重参展商与观众的交流和投资回报。

4. 提供专业的展览服务

展览服务是否专业化也是品牌展的另一个重要标志。专业的展览服务包括展览公司的整个运作过程,从市场调研、题目立项、营销手段、观众组织、会议安排,甚至包括展览公司所有对外文件、信件的格式化、标准化,展览公司与展馆、运输、搭建等机构的配合,等等。所有这些应尽量做到现场服务迅速高效、服务内容应有尽有。

5. 媒体的支持合作和不断更新的数据库

新闻媒体宣传是打品牌战的一个重要手段。一个好的展览会应在行业本身有一定的知名度,频繁的新闻报道和适当的"炒作"更能促进展会宣传,以此形成良性互动,使展览会更具号召力。

品牌展和一般展会的另一个区别还在于拥有一个完整的并不断更新的数据库,随时跟踪行业内企业的变化,不断保持与新老客户的联系,提供翔实、全面的数据资料。

6. 长远规划,不急功近利

培育一个品牌展览会并不容易,更不可能通过办一两次展览会就能达到目的。展览公司必须有长远眼光,要敢于投资、敢于承担风险、精心呵护、耐心培育,急功近利只能适得其反。

(二)推动国际化会展企业的发展

随着经济全球化进程的加快,国际化的经营已经成为越来越多企业的必然选择。这已经并将继续影响国际展览企业的运作。展览企业的国际化运作主要体现在两个方面:一是展览题目的出售和收购;二是展览企业的兼并和合作。

1. 展览题目的出售和收购日益兴旺

美国独立展览主办者协会(SISO)对美国展览市场的出售与收购作的一个调查发现,1998年全美共有30个展览会实现了买卖收购,其中贸易性展览会20个,消费品展览会10个;而在1998年前的5年里,一共只有78个展览会实现交易。到了2000年以后,世界展览会的收购潮一浪高过一浪,著名的展览公司博闻集团以12.6亿美元的高价将其在美国和拉丁美洲约40个大型的贸易展览会及相关的刊物杂志出售给卡尔顿通信公司。到了2013年,英国ITE公司以数亿元的资金收购我国上海展会。我国展会也加入到了国际化的并购浪潮当中。

2. 展览企业的兼并与合作越加频繁

与其群雄纷争,不如强强联手、合作经营;与其四面出击,不如集中资源、发展自己的核心优势项目,这就是未来展览运作国际化的新动向。应该承认,这种国际化的趋势是无法回避的,但认真研究、审慎对待、趋利避害是中国会展企业当前的紧迫任务。

(三)推动科技化会展企业的发展

随着现代信息技术及其他相关技术的迅速发展,阻碍电子商务(e-business)发展的外部困难正被迅速克服,一个越来越庞大的互联网应用群体正快速形成,电子商务已成为必然潮流。那么,展览企业究竟如何应对电子商务带来的挑战和机遇?如何把网络技术与传统展览结合起来,使其发挥各自优势、相得益彰呢?展览企业通常可以分三个阶段逐步走向电子商务的道路。

1. 起点阶段:建立企业门户网站

展览企业可以在互联网企业搭建的信息或交易平台上发布企业的基本信息。有技术条件的展览企业开始建立自己的网站,提供一些静态信息,宣传企业形象、展览题目、内容、服务功能等等,并积极地将自己的网站链接到其他门户站点,以提高访问量。

2. 扩展阶段:扩大电子化联系

由于展览会组织的过程是与客户交流联系的过程,因此展览企业需要将来自各方面、各渠道的信息通过系统的手段集中起来,及时通过网络与客户进行联系。有条件的企业可以建立自己的客户资料数据库和客户关系管理系统。

3. 成熟阶段:利润回报

利用好互联网,你的观众会越来越多,要让全球的观众都知道你的展览会并对它感兴趣。

要想利用网络推动展览并获得更多利润可以尝试以下方法：① 应该在网站上把招展计划放进去，让观众明白这个展会到底是怎样的，是否该去看。② 把最有影响的发言人的照片放上去，告诉观众计划召开的主题研讨会。③ 把参展商名单放上去，因为很多时候人们看展会是冲着参展商来的，而且要随时更新，让人们不断地看到新信息。④ 别忘了与观众建立热线联系，热线联系的对象也要包括相关的组织及活动。⑤网上还要提供旅游、机票预订、酒店及食宿等方面的服务。⑥ 要有长远眼光，把下次展览会的日期等相关信息放进去，并对每一个访问者的E-mail地址进行登记以备后用。

四、社会监督

会展活动可以作为节事来办，那么群众关注的节会都应该考虑到社会参与性，使会展走向大众，吸引社会更多的关注。

会展业的形成和发展，使国民经济结构发生了巨大的变化，其本身也成为国民经济的一个重要产业。但是，从我国目前展览业发展的现状来看，与国际先进水平相比还存在着很大差距，我国承办的国际会展数量仍然不能与我国作为一个世界大国的地位相称。发展会展业及相关服务业，提高中国在国际会展市场上的地位，成为我国经济国际化、城市现代化的必然需求。

随着我国进一步融入国际市场，越来越多的国际展览会和企业进入我国市场，这对国内展览业来说既是挑战又是机遇。因此，在制定展览法规之余，要建立有影响力的全国性的展览行业协会，以此提高展览的准入标准，规范企业行为。国内展览业只有朝着数量减少、质量提高、规模扩大的方向努力，才能使会展经济蓬蓬勃勃地发展。这期间，政府和行业协会的作用是非常重要的。

表3-1

会展管理模式中不同主体的特征和任务

模式主体	主要特征	主要任务
政府	唯一性 全国性 权威性 服务性	宏观环境、本行业的法律法规、基础设施建设、国家级会展、政府资金使用
行业协会	民间性 代表性 服务性 非营利性	行规制定、协调管理、公共关系、基础数据提供、人才培训、资质评定
企业	自主性 营利性 竞争性	创立品牌、专业化展会，高质量办展会，具有国际竞争力，国际化
公众	自主性 导向性	用参与或不参与来表示喜好

　　综上所述,我们分析了会展业的不同主体在会展市场中的地位、特征和运作要求,如表3-1所示,但是会展市场运作机制不是一蹴而就的。我国正积极努力使市场运作机制和监管法规体系逐步与国际接轨,加入WTO给我国的会展业带来了新的契机,国家相关部门也出台了正式的管理规则。今后,会展业将逐步发展成为以会展公司为主,政府参与为辅,行业自律和社会参与的市场化、产业化、规范化的经济发展新的增长点。

复习思考题

1. 会展业的参与机构有哪些?
2. 会议业的市场参与机制是怎样的?
3. 展览业的市场参与机制是怎样的?
4. 会展业的产业管理模式是怎样的?
5. 如何理解会展业管理的"政府引导"?
6. 如何理解会展业管理的"协会自律"?
7. 如何理解会展业管理的"企业自主"?
8. 如何理解会展业管理的"社会监督"?

本章主要探讨以下问题：

● 影响会展管理的管理学基本理论

● 会展管理者应具备的宏观管理观念

● 会展管理者应具备的微观管理观念

由于会展业的发展历史比较短,会展管理理论研究也相对滞后,因此系统的、严格的会展管理理论还没有形成,但是关于会展管理的一些基本思想和理念已经形成。会展管理的基本理论是建立在管理学一般原理和会展业业务运转自身规律这两个基石之上的,也可以说会展管理的基本理论是管理学基本理论在会展业中的具体应用。因此,如果说前三章的内容使我们对会展业运转有了初步了解的话,那么接下来就有必要对管理学的基本理论作一番介绍。

第一节　管理学的基本理论

西方国家的管理思想由来已久,其中最早对经济管理思想进行系统论述的学者,首推英国经济学家亚当·斯密,他系统探讨了劳动价值论及劳动分工理论。后来还有查理·巴贝奇、罗伯特·欧文等人对管理理论作了些探索。这些管理思想是随着生产力的向前发展,适应资本主义工厂制度发展的需要而产生的,但没有形成专门的理论,实际上是管理理论的萌芽。管理学理论的系统建立是在19世纪末至20世纪初,至今已有100多年的历史,我们可以将它粗略地划分成三个阶段。

一、古典管理理论阶段

这一阶段的代表理论有两个,即泰罗的科学管理理论和法约尔的组织管理理论。下面分别加以介绍。

（一）泰罗的科学管理理论

弗雷德里克·泰罗(Frederick Winslow Taylor, 1856—1915),美国人,1856年3月20日生于费城,22岁到米德维尔钢铁公司当学徒,先后做过车间管理员、技师、小组长、工长、维修工长、制图部主任和总工程师,并通过夜晚学习于1883年获新泽西州史蒂文斯工艺技术学院的机械工程学位。1893年,他独立开业从事工厂管理咨询工作,1911年出版代表作《科学管理原理》。由于泰罗自身的经历,使他对生产现场很熟悉,所以他认为单凭经验管理的方法是不科学的,必须加以改变。于是,他开始了管理方面的革新活动。泰罗认为,任何操作都存在一种最佳的操作方法——标准操作,用这种操作方法来培训工人,在工作中循"规"蹈"矩"可以提高工作效率。这种思想促使了管理科学的诞生,泰罗也被称为"科学管理之父"。泰罗的科学管理理论主要有以下观点:

（1）科学管理的根本目的是谋求最高工作效率。提高劳动生产率可以使工人得到较高的工资,使资本家得到较多的利润,从而达到共同富裕。

（2）达到最高工作效率的重要手段是用科学的管理方法代替旧的经验管理。科学管理表现为生产实践中的各种明确的规定、条例、标准等。

（3）实施科学管理的核心是给管理人员和工人双方在精神和思想上来一次彻底变革,从赢利的分配转到增加赢利的数量上来。

根据以上观点,泰罗提出以下管理制度:

（1）工作定额原理,是指对工人提出科学的操作方法,并对全体工人进行训练,据此制定较高的工作定额,以便合理利用工时,提高工效。

（2）实行差别计件工资制,是指按照作业标准和时间定额,规定不同的工资率。

（3）标准化原理,是指除了对工人进行科学的选择、培训和提高外,还对工人使用的工具、机械、材料和作业环境加以标准化。

（4）工艺规程文件化,是指制定科学的工艺规程,并用文件形式固定下来以利推广。

（5）计划和执行职能相分离,泰罗把管理工作称为计划职能,把工人的劳动称为执行职能,管理和劳动要相分离。

泰罗及其他同期先行者的理论和实践构成了泰罗制,解决了用科学方法提高生产现场的生产效率问题。泰罗制冲破了百多年沿袭下来的传统落后的经验管理方法,并创立了一套科学管理方法来代替经验管理,这是管理理论上的进步,也为管理实践开创了新局面。由于上述原因,工厂的生产效率提高了二至三倍,推动了生产的发展;由于管理职能与执行职能的分离,企业中有一些人专门从事管理,这就使管理理论的创立和发展有了基础。泰罗主要是解决生产操作问题,对企业供应、财务、销售、人事等方面的活动基本没有涉及。他把工人看成是"会说话的机器",是纯粹的"经济人",忽视企业成员之间的交往及工人的感情、态度等社会因素对生产效率影响,这是有局限的。

（二）法约尔的组织管理理论

泰罗的科学管理开创了西方古典管理理论的先河。在泰罗主义被广泛传播之时,欧洲也出现了一批古典管理的代表人物及理论,其中影响最大的首属亨利·法约尔及其一般管理理论。也可以说,泰罗在科学管理中的局限性是由法国的法约尔加以补充的,这就是以研究组织结构和管理原则合理化、管理人员职责分工的合理化为中心的组织管理理论。

亨利·法约尔(Henri Fayol, 1841—1925),法国人,1860年圣艾蒂安国立矿业学院毕业后,被任命为科芒特里矿井的工程师,历任矿井经理、综合经理、总经理;1888年,被任命为科芒特里—富香博采矿冶金公司总经理;1918年从总经理的位置上退休,但仍担任董事。由于早期就参与企业的管理工作,并长期担任企业高级领导职务,泰罗的研究是从"车床前的工人"开始,重点内容是提高企业内部各项具体工作的效率。法约尔的研究则是从"办公桌前的总经理"出发的,以企业整体作为研究对象。他认为,管理理论是"指有关管理的、得到普遍承认的理论,是经过普遍经验检验并得到论证的一套有关原则、标准、方法、程序等内容的完整体系";有关管理的理论和方法不仅适用于公私企业,也适用于机关和社会团体。这正是一般管理理论的基石。他对管理理论独一无二的贡献就在于把管理作为一种独立的职能并加以分析,这为通过职能分析来研究高层管理的整个现代化方法演进铺平了道路。退休后的7年,法约尔都用来传播他的管理理论。

法约尔的著述很多,1916年出版的《工业管理和一般管理》是其最主要的代表作,标志着一般管理理论的形成。其主要内容如下:

1. 从企业经营活动中提炼出管理活动

法约尔区别了经营和管理,认为这是两个不同的概念,管理包括在经营之中。通过对企业全部活动的分析,将管理活动从经营职能中提炼出来。经营好一个企业要改善有关经营的六个方面的活动,即技术活动、商业活动、财务活动、安全活动、会计活动和管理活动。

（1）技术活动，即设计制造。

（2）商业活动，即进行采购、销售和交换。

（3）财务活动，即确定资金来源和使用计划。

（4）安全活动，即保证员工劳动安全和设备使用安全。

（5）会计活动，即编制财产目录、进行成本统计。

（6）管理活动，包括计划、组织、指挥、协调、控制。计划，是管理人员要尽可能准确预测企业未来的各种事态，确定企业的目标和完成目标的步骤；组织，即确定执行工作任务和管理职能的机构；指挥，即对下属的活动给予指导，使企业的各项活动互相协调配合；协调，是使企业各部门及各个员工的活动走向一个共同的目标；控制，是确保实际工作与规定的计划、标准相符合。

法约尔还分析了企业中处于不同管理层次上的管理者的各种能力的相对要求。随着企业由小到大、职位由低到高，管理能力在管理者必要能力中的相对重要性不断增加，而其他诸如技术、商业、财务、安全、会计等能力的重要性则会相对下降。

2. 倡导管理教育

法约尔认为，管理能力可以通过教育来获得，"缺少管理教育"是由于"没有管理理论"，每一个管理者都按照他自己的方法、原则和个人的经验行事，但是谁也不曾设法使那些被人们接受的规则和经验变成普遍的管理理论。

3. 提出五大管理职能

法约尔将管理活动分为计划、组织、指挥、协调和控制等五大管理职能，并进行了相应的分析和讨论。

管理的五大职能并不是企业管理者个人的责任，它同企业经营的其他五大活动一样，是一种分配于领导人与整个组织成员之间的工作。

4. 提出 14 项管理原则

法约尔提出了一般管理的14项原则：劳动分工、权力与责任、纪律、统一指挥、统一领导、个人利益服从整体利益、人员报酬、集中、等级制度、秩序、公平、人员稳定、首创精神、团队精神。

法约尔的一般管理理论是西方古典管理思想的重要代表，后来成为管理过程学派的理论基础（该学派将法约尔尊奉为开山祖师），也是以后各种管理理论和管理实践的重要依据，对管理理论的发展和企业管理的历程均有着深刻的影响。管理之所以能够走进大学讲堂，全赖于法约尔的卓越贡献。一般管理思想的系统性和理论性强，对管理五大职能的分析为管理科学提供了一套科学的理论构架；来源于长期实践经验的管理原则给实际管理人员带来了巨大的帮助，其中某些原则甚至以"公理"的形式为人们所接受和使用。因此，继泰罗的科学管理之后，一般管理理论也被誉为管理史上的第二座丰碑。

在这一阶段及以后，德国的社会学家马克斯·韦伯、美国的企业家詹姆斯·穆尼以及英国的林德尔·厄威克在组织体系及组织原则方面又提出了若干新的理论。这些理论极大丰富了古典管理学的内涵。

二、行为科学管理理论阶段

行为科学是一门研究人类行为规律的科学，管理学家试图通过对工人在生产中的行为及这些行为产生的原因进行分析研究，来掌握人们行为的规律，找出对待工人的新手法和提高工作效率的新途径。其发展是从人际关系开始的。

（一）人际关系论

乔治·梅奥（George Elton Mayo，1880—1949），美籍澳大利亚人，逻辑和哲学硕士，1919年任昆士兰大学教授，1922年移居美国，1927—1932年参加"霍桑实验"。

传统的管理理论一直认为，工人是天生懒惰的，干活只是为挣钱。因此必须加强对工人的监督，同时用报酬来诱使工人多干活、干好活。1924年，美国管理学家、社会学家在西方电器公司霍桑工厂所做的实验打破了这种结论，使管理理论有了更新。实验表明，生产效率不仅受物理、生理的因素影响，而且受社会环境和社会心理的影响。霍桑实验促成了关于"社会人"的假说的提出。

1933年，主持霍桑实验的梅奥教授出版了《工业文明中的问题》一书，提出了新的管理理论，即以霍桑实验为基础的"人际关系理论"。主要内容如下：

（1）企业的职工是社会人，是复杂的社会系统的成员。

（2）必须从社会心理方面来鼓励工人，满足工人的社会欲望，提高工人士气，这是提高生产效率的关键。

（3）企业中实际存在着一种"非正式组织"，即企业成员在共同工作过程中，由于抱有共同的社会感情而形成的非正式团体。

（4）企业应采用新型领导方法，主要是要组织好集体工作，采取措施提高士气，促进协作，使企业的每个成员与领导真诚、持久地合作。

（二）需要层次论（人类动机理论）

梅奥的人际关系理论为管理学引入了以人为本的思想。在这一理论基础之上的进一步发展，便形成了管理学当中的行为科学学派。梅奥奠定行为科学的基础之后，西方从事这方面研究的人大量出现，主要是从心理学、社会学、生理学等方面来研究人的行为和动机，把人看成是"社会人"，试图建立各种激励理论，来最大限度地发挥人的积极性，以提高劳动生产率。

行为科学认为，需要是一切行为的起始点，需要是激发动机的主要因素，动机通过一定的行为指向目标。关于需要的理论很多，其中影响最大、最广的是美国人亚伯拉罕·马斯洛（Abraham H. Maslow，1908—1970）的需要层次理论。

马斯洛是美国行为科学家。他于1934年在美国威斯康星大学获心理学博士学位，并在该校任教5年，然后迁往纽约，在哥伦比亚大学和布鲁克林学院任教；1951年任布兰代斯大学心理系教授兼系主任。马斯洛一生著述颇多，其中最著名的是1943年发表的《人类动机理论》。正是在这部著作中，马斯洛提出了著名的人类基本需要等级论，即需要层次理论（hierarchy of needs theory）。

马斯洛将需要分成五级，即生理的需要、安全的需要、社交的需要、尊重的需要、自我实现的需要。这几种需要的重要程度的层次结构如图4-1所示。

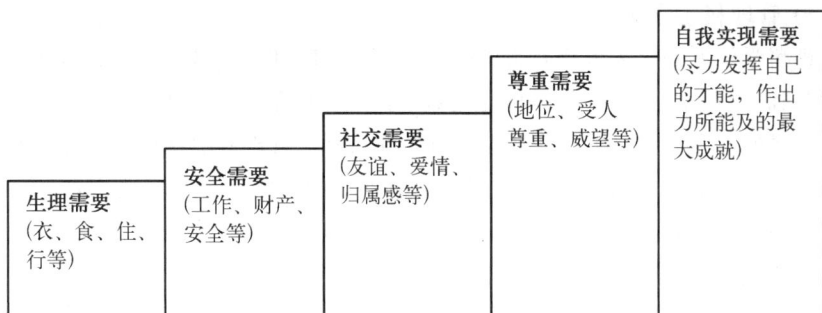

图 4 - 1

需要层次图

1. 生理需要

这主要是指人体生理上的各种需要。人活在世上,饿了必须吃,渴了必须饮,困了必须睡。人的吃饭、饮水、睡眠等本能的满足,是最起码的需要。

2. 安全需要

人吃饱、喝足、睡够以后,就想有稳定的收入,并想方设法使他的食物源源不断,使他的身体保持健康,使他的财产不受侵害,这些需要被称为安全需要。

3. 社交需要

人得到了安全保障,就想参加一定的社会活动,加入一定的团体,在团体中与伙伴们友好相处,得到别人的友情和喜欢,这些需要被称为社交需要,包括友谊、爱情、归属感等方面的需要。

4. 尊重需要

人在参加了社会活动并获得同伴的友情后,总想自己能胜任一定的工作,有一定的独立性,同时在同伴中有权威,受到同伴的尊敬和信赖。这些需要是尊重需要,比社交需要更高一层。

5. 自我实现需要

人还总是想实现自己的理想抱负,使自己的才能得到最充分的发挥,这样才会心满意足。这是最高层次的需要,马斯洛称它为自我实现需要。

因此马斯洛的基本论点有两个:(1) 人是有需要的动物,没有需要就没有动力,需要满足了也就不再成为一种激励力量。(2) 人的需要是分成不同层次的,并由低级向高级发展,在一定阶段,优势需要起支配作用。

三、管理理论丛林阶段

"丛林"这一名称来源于美国管理学家哈罗德·孔茨(Harold Koontz, 1908—1984)的"管理分析的模式:管理理论的丛林"①。这一时期的学派主要有:社会系统学派、决策理论学派、系统管理学派、经验主义学派、权变理论学派、管理科学学派、组织行为学派、社会技术系统学派、经理角色学派、经营管理理论学派等。我们主要介绍有代表性

---

① [美]哈罗德·孔茨.管理学.第九版.中译本[M].北京:经济科学出版社,1993:42.

的两个学派。

（一）管理科学学派

管理科学学派的代表人物是美国的伯法（E. S. Buffa, 1923—　　），其代表作是《生产管理基础》。该学派认为，管理就是用数学模式和程序来表示计划、组织、控制、决策等合乎逻辑的程序，求出最优解答，以达到企业目标。管理科学就是制定管理决策的数学模式和程序的系统，并通过计算机应用于企业，而较少考虑人的行为因素。这一学派的思想体系与泰罗的科学管理理论是一脉相承的，但不是简单的延续。

（二）决策理论学派

决策理论学派是从社会系统学派中发展出来的，以统计学和行为科学作为基础，代表人物是美国卡内基梅隆大学教授赫伯特·西蒙（Herbert A. Simon, 1916—2001），其主要观点有：

（1）管理就是决策。组织是由决策者个人所组成的系统。

（2）决策分为程序性决策和非程序性决策。所谓程序性决策就是指常见的、定型的、重复的、例行的、较为稳定的决策，非程序性决策就是指不常见的、不重复的、不稳定出现的决策。不同层次的管理者所要处理的主要决策类型是不一样的，优秀的管理者要善于将非程序性决策转化为程序性决策。

图 4 - 2

决策类型与组织层次关系

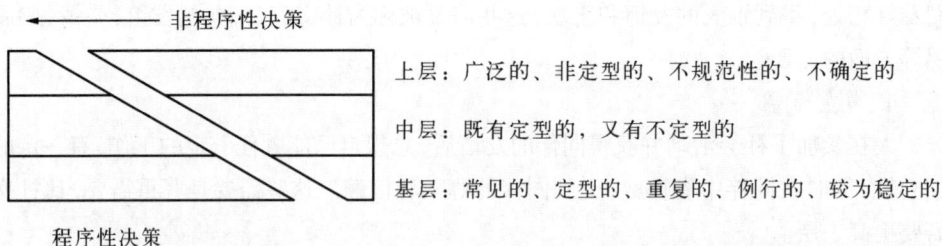

非程序性决策

上层：广泛的、非定型的、不规范性的、不确定的

中层：既有定型的，又有不定型的

基层：常见的、定型的、重复的、例行的、较为稳定的

程序性决策

四、西方管理理论整合阶段

20世纪80年代之后的20多年里，西方管理理论又有了极大的发展。进入21世纪，西方管理理论开始呈现整合的态势，出现了一些新的理论观点。

（一）企业文化理论

企业文化理论是一个全新的企业管理理论。它发祥于二战之后的日本，形成于20世纪80年代初的美国，是继古典管理理论、行为科学管理理论、丛林学派管理理论之后，世界企业管理史上出现的第四个管理阶段的理论，也称世界企业管理史上的"第四次管理革命"。企业文化理论在美国诞生之后，引起了美国企业界的高度重视，并被广泛应用。很多有远见的企业家已经逐渐达成共识：现代企业间的竞争，不仅是科学技术和经济实力的竞争，更是文化力量的较量。企业文化建设对于企业的生存和发展具有决定性的作用。肯尼迪和迪尔在《企业文化》一书中认为，企业文化由以下要素构成：

（1）企业环境，是指企业的性质、经营方向、外部环境、社会形象，以及企业与外界的联系等。它往往决定企业的行为。

（2）价值观，是指企业内成员对某个事件或某种行为的好与坏、善与恶、正确与错误及是否值得仿效的一致认识。价值观是企业文化的核心，统一的价值观使企业内成员在判断自己行为时具有统一的标准，并以此来选择自己的行为。

（3）英雄人物，是指企业文化的核心人物或企业文化的人格化。其作用在于作为一种活的样板，给企业中其他员工提供可供仿效的榜样，对企业文化的形成和强化起着极为重要的作用。

（4）文化仪式，是指企业内的各种表彰、奖励活动、聚会以及文娱活动等。它可以把企业中发生的某些事情戏剧化和形象化，来生动地宣传和体现本企业的价值观，使人们通过这些生动活泼的活动来领会企业文化的内涵，使企业文化"寓教于乐"。

（5）文化网络，是指非正式的信息传递渠道，主要是传播文化信息。它由某种非正式的组织和人群所组成，所传递出的信息往往能反映出职工的愿望和心态。

（二）全面质量管理理论

20世纪50年代末，美国通用电气公司的阿曼德·费根堡姆（Armand Feigenbaum，1920—　）和质量管理专家约瑟夫·朱兰（Joseph M. Juran, 1904—2008）提出了全面质量管理的概念，认为全面质量管理是为了能够在最经济的水平上，并考虑到充分满足客户要求的条件下进行生产和提供服务，是企业各部门在研制质量、维持质量和提高质量的活动中构成为一体的一种有效体系。60年代初，美国一些企业根据行为管理科学的理论，在企业的质量管理中开展了依靠职工"自我控制"的"无缺陷运动"（Zero Defects）；日本在工业企业中开展质量管理小组活动行，使全面质量管理活动迅速发展起来。全面质量管理的内涵主要包括以下几个方面：

（1）高度关注顾客。这里的顾客不仅包括购买企业产品或服务的外部个人或机构，还包括企业内部相互提供服务的部门。

（2）坚持持续改进。全面质量管理是一种永不满足的承诺，即使已经非常好也还不够，质量总是还能改进。

（3）关注过程。商品和服务质量的改进要求关注工作过程。

（4）改进组织各项工作的质量。全面质量管理采用广泛的质量定义，不仅涉及最终产品质量，而且涉及企业如何进行产品运输，如何对顾客抱怨作出迅速回应。

（5）精确测量。全面质量管理采用统计技术度量组织运营的每一个关键变量，并与标准或业界最佳基准进行比较。

（6）向雇员授权。全面质量管理吸收一线员工参与改进过程，团队作为授权的载体以及发现和解决问题的有效组织形式被广泛采用。

（三）学习型组织

学习型组织是美国学者彼得·圣吉（Peter Senge, 1947—　）在《第五项修炼》一书中提出的管理观念。他认为，企业应建立学习型组织，其含义为面临变化剧烈的外在环境，组织应力求精简、扁平化、弹性因应、终生学习、不断自我组织再造，以维持竞争力。主要包括：

（1）团队学习。团队学习是发展组织成员相互配合、整体搭配并实现共同目标的有效方法。主要包括深度会谈和讨论两个方面。

（2）建立共同愿景。愿景可以凝聚公司上下的意志力，通过组织共识，大家努力的方向一致，个人也乐于奉献，为组织目标奋斗。

（3）改变心智模式。组织的障碍多来自个人的旧思维，例如固执己见、本位主义，唯有通过团队学习以及标杆学习，才能改变心智模式，有所创新。

（4）自我超越。个人有意愿投入工作，能不断扩展生命中真正心之所向的能力，个人与愿景之间有种"创造性的张力"，正是自我超越的动力来源。

（5）系统思考。应通过资讯搜集，掌握事件的全貌，以避免见树不见林的情况，培养综观全局的思考能力，看清楚问题的本质，有助于清楚了解因果关系。

（四）知识管理

知识管理是网络新经济时代的新兴管理思潮和方法，它最早于1992年由美国著名的恩维星国际咨询公司首次提出。所谓知识管理，是指通过知识共享，运用集体智慧提高应变和创新能力，并为提高竞争力而对知识进行识别、获取和发挥其作用的组织运作过程。

进行知识管理可以遵循以下几个步骤：首先，要认识知识管理；其次，在充分认识企业需求的基础之上，对知识管理进行详细的规划，以确保知识管理的全面实施；再次，全面推行知识管理；最后，建立知识档期，使其制度化。

综上所述，内涵丰富的管理理论为会展管理提供了充足的理论支撑和方法，大大促进了会展管理的发展。我们希望会展从业人员加强基础理论的认识和修养。会展管理理论有两块基石，一块是会展业的实践总结，另一块是管理学基础理论，两者不可偏废。就管理学理论而言，不仅要学，而且要悟，尤其是要在实践中去学、去悟。

第二节　会展管理观念

会展管理的自身理论体系还处在形成当中，但是以管理学为基础的会展管理思想已经在实践中得到了一定的体现。

由于会展产业发展历史较短，会展管理思想还有许多不够成熟的地方，因此要有一个权威的说法是很困难的。再加上会展行业涉及面广，部门众多，层次复杂，因此系统地研究会展管理思想还有一定困难。我们仅从会展宏观管理和微观管理两个层面来谈谈会展管理者应该具备的一些观念。

一、会展宏观管理观念

会展宏观管理观念是指会展宏观管理者，如政府或行业协会所应该具备的观念。按照会展业的现状和未来发展要求，作为会展宏观管理者必须树立以下认识。

（一）产业观念

对于会展业是否是一项产业，在我国一直存在着不同的看法，有人认为"是一项文化活动"，有人认为"是贸易活动"，其实这些认识都有偏颇之处。会展是一项带有文化性质的经济产业，是第三产业的特殊行业，与第三产业中的其他行业相比，具有为经济社会发展提供服务这个共同特征，但也有许多不同的功能和特点。在世界经济普遍低迷的情况下，中国经济仍保持了7%左右的增长速度，GDP已经突破9万亿美元。加入世界贸易组织（WTO）后，中国与世界各国的经济贸易往来进一步加强，中国会展业进入年增长20％的快速发展时期。会展经济作为国家经济贸易的桥梁和载体，对国民经济发展起着积极的促进作用。

1. 会展业是市场需求日益旺盛的产业

国际研究资料表明，当前，会展发展非常迅速。世界经济和社会是在不断发展进步的，人们生活水平越高，会展需求就越旺盛，会展业就越发达。正因为如此，会展产业才被认为是"朝阳产业"。

2. 会展业是资源综合利用水平最高的产业

与工矿业相比，会展业没有原料消耗，资源可以持续利用，在环境保护与开发的关系上，会展业是冲突最少、目标最为接近的产业。所以在会展资源中，没有"贫矿"和"富矿"，而是强调利用的角度和综合性。

3. 会展业是关联功能很强的产业

据有关资料显示，会展部门每直接收入1元，相关行业的收入就能增加6元，会展部门每增加1000平方米展馆，就会创造出近100个就业机会。所以，世界上知名的国际大都市也都是会展业发达的城市。

（二）系统观念

系统是由若干相互联系、相互作用的部分组成，在一定环境中具有特定功能的有机整体。它具有集合性、层次性、相关性等特点。会展业是一个有机组合的系统，按照系统理论的原理，在展览中仅仅重视各个单元、各个要素的作用是不够的，应该把重点放在整体效应上，放在策划对象的系统上。

会展环境系统由自然环境、国际环境、政治环境、产业环境、企业环境、商品环境等子系统组成。在确定一个会展项目之前，必须研究大市场环境和小市场环境。研究大市场是指调查研究世界和中国经济贸易动向、走势、需求情况、技术发展等情况，尤其要分析研究我国经济发展方向、产业政策、了解五年计划、长期规划、地区计划及行业计划等这些大范围的市场情况，这样才能提出具有高水平的、针对性的展览会项目。研究小市场是指调查研究那些与展览会相关的厂商数量、招展情况、贸易活动范围、贸易流向、潜在参展者多少及供求关系等。会展业的相关主体通过市场调查研究，分析展览环境，判断拟办的展览会是否可办，是否具有好的市场前景，能否做到可持续发展。

现代会展是由若干相互联系的要素有机构成的一个系统，在这个系统中存在着五大基本要素：① 会展的主体（服务对象），即参展厂商（客户）；② 会展的经营部门（机构），即专业展览公司（展览组织者——主办单位）；③ 会展的客体（媒体），即展示场所（展厅、展场）；④ 会展市场，即信息（传播）；⑤ 观众，即最终用户（消费者）。

会展系统的基本功能有两方面：一是联系和沟通的功能，即在生产者和消费者之间完成联系和沟通的功能；二是加速流通的功能，即在生产再生产过程中起着加速流通的作用。会展在现实生活中的作用远不止这些基本功能，还有许多辅助功能，如：① 传播信息，沟通产销；② 集中市场，指导消费；③ 降低成本，增加利润；④ 促进（国际）贸易交往与技术交流。

因此，会展系统观要求，会展系统要素之间相互关系及要素与系统之间的关系，要以整体为主进行协调,局部服从整体,地方服从全国,使整体效果最优。会展产业要注重塑造会展整体形象,就是要把会展行业看成一个整体系统,全盘考虑。

会展系统是运动着的有机体,其稳定是相对的,而运动状态则是绝对的。会展系统的运动又是有规律可循的,因此,要勇于探索和预测会展系统的发展规律,树立起超前观念,减少偏差,掌握主动,使会展系统向着期望的目标发展。

会展系统是一个对外开放的系统,不是孤立存在的,它要与周围环境发生各种联系,会展产业必须有投入和产出,必须和外部环境不断进行交流,才能生存和发展;会展系统既要能够适应环境,也要能够改善环境,因此要求会展产业本身要发挥自己的主观能动性,不断进行创意性的战略筹划和战术策划,协调系统内外关系,使系统功能最优化。

(三) 法治观念

法律具有高度的权威性、明显的强制性、相对的稳定性和确切的规范性等特点,运用会展法律可以调整以下会展经济关系:

1. 调整会展者和会展业之间的经济关系

会展者支付会展费用,成为会展服务权利的享用者;会展业因此得到一定的会展收入,成为会展服务的义务承担者。这种权利和义务、服务与被服务的关系是通过买与卖实现的。这种经济形式应当符合会展经济立法的规定,通过会展经济合同的形式表现出来,以受经济司法的保护。

2. 调整会展业与有关行业的经济关系

会展业是一个综合性的经济产业,会展业同有关行业的经济交往活动,不论部门大小,其法律地位都是平等的,应当按照等价有偿的原则,体现各自的利益和要求,任何一方不得把自己的利益强加给对方。可见,制定和执行会展立法,可以从发展国家会展事业的全局利益出发,使会展业与有关行业能够各司其职,紧密配合,为共同发展会展事业作出贡献。

3. 调整会展业内部各地区、企事业单位的经济关系

会展业内部各地区、企事业单位要实现专业化协作,更好地满足客户的会、展、食、住、行、游、购、娱等方面的需要,把各种服务活动形成一个整体。但各地区的会展企事业单位又都在独立经营的基础上实行独立核算,用价值形式比较经营活动的成果,并取得赢利和依法纳税。因此,通过会展经济立法,就可以把会展业内部各地区、各会展企事业单位在专业化协作中应该享有的权利和承担的义务用法律的形式固定下来,依法协作,依法解决各种经济纠纷。

4. 调整本国会展企业和外国会展企业的经济关系

发展国际会展、出国会展都要涉及本国会展企业和外国会展企业的经济交往。通过会展立法,本国会展企业和外国会展企业才能进行经济洽谈,才能在平等互利的基础上开展国际会展活动。也只有这样,在国际会展的交往中,才能有效地维护会展经济秩序,保护会展企业的合法利益,促进国际会展经济的发展。

5. 调整国家与会展企事业单位的经济关系

国家为了发展会展业,不仅要制定方针政策、规章制度,而且要为兴建会展设施、培

养会展人才进行资金投入；会展企业单位也要通过自己的业务经营管理活动,依法纳税。会展立法可以把国家、集体、个人利益兼顾起来,把中央、地方、部门、企业和劳动者发展会展的积极性调动起来。

因此,用法律方法来管理会展业,即通过制定会展法规、确立和健全会展公证制度、确定调节制度、运用经济仲裁等手段协调控制会展业发展。依法治理会展行业,即通过适应社会主义市场经济的会展法规来协调行业发展,同时要注意运用涉外法律和国际惯例来规范行业发展,并加强宏观调控意识,避免市场失衡。

（四）科技观念

科学技术是实现会展业现代化的关键,它起以下几个方面的作用:

1. 促进会展业的现代化

现代化的建筑业、交通运输业和电子工业等科学技术的新工艺、尖端技术和科技成果,往往被首先运用到会展场馆开发、会展饭店建设、会展交通兴建、会展管理和服务上来。特别是电子计算机的广泛应用及高级建筑材料的使用,极大地加速了会展业的现代化。

2. 提高会展业的管理水平

就一个会展企业来说,应用现代科技手段,就可以随时掌握经营情况,及时作出决策；就整个行业来说,要作出正确的决策,如会展长期发展的战略设想,会展资源开发、利用,会展交通运输的兴建等,就必须考虑科学技术的因素。

3. 方便客人

电子计算机在会展业应用后,会展企业的预订、结账、统计等工作可以实现自动化。网络技术应用后,一个客人在世界任何地方利用一台电脑就可以享受到一系列的会展服务,这样不仅提高了劳动效率,也提高了会展声誉。

会展行业要加强对会展科技的认识,并做好会展科技的组织管理、规划、科研、成果转化和科技队伍建设等工作。

以上几个方面都是从一个长期发展、战略部署的角度探讨作为宏观管理者应具备的思想,这些方面并不是截然分开的。我们认为,应该坚持以科技为手段（科技观念）,以法律为工具（法治观念）,从而形成持续发展的会展产业体系（产业观念、系统观念）。

二、会展微观管理观念

会展微观管理观念主要是指会展企业管理者应该具备的观念,这些会展企业包括会议公司、展览公司、搭建公司、场馆公司等。管理思想对微观经营具有很重要的作用,是会展管理中至关重要的战术层面因素。会展管理者一般要牢固树立以下几种观念。

（一）服务意识

会展企业从根本上来说,只销售一样东西,这就是服务。提供低劣服务的会展企业是失败的会展企业,而提供优质服务的会展企业则是成功的会展企业。会展企业的目标应是向客人提供最佳服务,而会展企业根本的经营宗旨也就是为了使客人得到服务。我们认为,上述观点推及整个会展企业也是很有价值的。要想提供优质服务,必须具备良好的服务意识。

从心理学的解释看，意识一般是指自觉的心理活动，即人对客观现实的自觉反映，也就是有意识的反映。那么，服务意识的内涵应该包括以下四方面：① 预测并及时到位地解决客人遇到的问题；② 发生情况按规范化的程序解决；③ 遇到特殊情况提供专门服务、超常服务以解决客人的特殊要求；④ 不发生不应该发生的事情。

服务意识应是一种工作习惯，它体现在工作的每一个细节中，如礼节礼貌、仪容仪表、言谈举止、眼神笑容、工作环境、工作程序、工作规范、服务内容等。"优质服务"具有以下六层含义：① sincere（真诚），即诚心诚意替客人着想；② efficient（效率），即在规定的时间里完成一定的服务内容；③ ready（准备），即随时准备进行服务；④ visible（可见），即做好可见服务；⑤ informative（全员销售），即树立全员销售意识；⑥ courteous（礼节），即提供礼貌的服务。

做到以上六个方面，就是excellent，即优质服务，以上七个词汇的首个字母正好拼成英文"service"（服务）一词。

服务意识在管理实践中，还有另外一层含义就是，员工为顾客服务的同时，管理人员也要为员工提供服务，因为管理也是一种服务。

（二）产品观念

会展企业提供的是一种商品，它具备商品的一般特征。不过，会展企业的产品是一种特殊商品，其特殊性就在于这一商品的无形性。会展企业提供服务后，客人并没有带走什么东西，但并不等于说他没有得到一个商品，只是客人把商品就地消费了。这就是会展企业服务产品的生产、交换、消费的时空一致性。我们在会展企业的管理中需要牢固树立产品观念。

关于会展是一个什么样的产品，我们认为可以这样来理解：会展是一个服务产品，这一产品具有三个层次，即物质层次、技术层次和精神层次。物质层次即会展的硬件部分，如会展场馆及其设施等；技术层次即会展服务的工作程序和操作技能；而精神层次是指客人得到的享受，是由客人来评判的，即客人通过会展而得到的满意和愉悦。因此，会展服务产品相对于其他实物产品而言具有一些自身的特性：

（1）无形性。会展服务不是实物形态的产品，是"看得见摸不着"的经验性服务，如服务中的微笑与敬语、程序配套的正规化服务、特殊情况下的适应性服务等。

（2）不稳定性。会展服务受到人的素质、性格、技能熟练程度、心情等因素影响，产品质量自然不稳定。

（3）无专利性。会展企业的管理方法和优质的服务方式都是可以仿效的。

（4）不可储存性。会展服务产品不可能事先生产，更不能贮存，等消费者来购买。

（5）产销同步性。会展服务活动需要生产者和消费者来共同完成。

会展工作者在实际工作中要注意把握这些特点。随着社会的发展，市场经济体制的成熟，卖方市场转入买方市场，竞争加剧，服务产品的质量成为在市场竞争中取胜的重要因素，甚至成为市场竞争的主要方式。

（三）质量意识

质量是企业的生命，会展企业要推行全面质量管理。全面质量管理的基本含义是，会展企业全体员工和各个部门同心协力，综合应用现代管理手段和方法，建立完

整的质量体系,通过全过程的优质服务,全面地满足客户要求的活动。从中我们要树立以下认识:

(1)全面质量管理中,质量的含义是全面的。质量管理要从结果控制走向要素控制,也就是说,要保证服务质量的各因素是合格的。这样就改变了传统的事后检查,把质量管理的重点放在"预防"上。

(2)全面质量管理中,服务质量的范围是全面的。从前台到后台、管理到经营、销售到售后,是一个完整的过程,因此,要本着预防为主的原则和为客户服务的思想进行全过程的管理。

(3)全面质量管理中,服务质量管理的人员是全员性的。服务质量的优劣涉及各个部门、各个环节,涉及全体员工,要牢固树立"质量第一"的思想,人人关心服务质量,人人参与服务质量管理。

(4)全面质量管理中,服务质量管理的方法是全面多样的,如目标管理法、统计方法、PDCA 工作法、QC 小组等。

全面质量管理最终要落实到企业的效益上,也就是我们经常挂在嘴边的一句话:"以质量促效益。"

(四)规范观念

规范化即标准化,因此我们首先要对标准和标准化有一个认识。

1982年,国际标准化组织(ISO)对"标准"作了如下定义:"为了取得国民经济的最佳效果,依据科学技术和实践经验的综合成果,在充分协商的基础上,对经济技术活动中具有多样性、象征性特征的重复事物,以特定程序和特定形式颁发的统一规定。"

1991年,我国根据 ISO 的定义,给"标准化"所下的定义为:"在经济、技术、科学和管理等社会实践中,对重复性事物和概念,通过制定、发布和实施标准,达到统一,以获得最佳程序和效益。"

国际标准化组织(ISO)成立于1947年,是一个非政府性科技国际组织,是世界最大的国际标准制定和修订机构,也是联合国工业发展组织的甲级咨询机构。它有200多个专业技术委员会(TC),与质量管理密切相关的是质量管理和质量保证标准化技术委员会(TC176)。TC176于1987年发布了 ISO9000~9004《质量管理和质量保证标准》(简称 ISO9000 族标),我国对应的是 GB/T 19000 族标。1991年又发布了 ISO9004-2《质量管理和质量体系要素——第二部分:服务指南》(简称《服务指南》)。我国是 ISO TC176 的正式成员国,1994年成立了 ISO9000 工作委员会,目前在该委员会注册的认证机构已达20多家。

ISO9000 族最早应用于制造业,而后进入服务业、石化、电子、纺织、农业、房地产、医疗、教育……很多行业都先后采用了这一标准进行规范管理。

标准化对规范服务行业行为、提高服务产量、走质量效益型道路起到了积极推动作用。达不到国际标准,就进不了国际市场,甚至被挤出世界贸易圈而无法生存。标准的制定和沿用都是很复杂的问题,有很强的科学性和严密性,我们必须慎重对待,这样的标准才可能有指导意义。在此,我们只想提出标准化的问题。

作为20世纪90年代在我国逐渐发展壮大起来的会展业,在新世纪到来之时,也迎接着ISO9000族的检验。2000年,香港雅氏展览有限公司通过1994年版ISO9002品质管理认证,成为亚太地区首家获得该项认证的展览主办单位;2001年,上海现代国际展览公司成为大陆地区首家通过ISO9002国际质量体系认证的展览公司;2002年岁末,在2000年版ISO9000族质量管理体系认证标准发布之后,中国会展业实力雄厚的中国国际展览中心集团公司也历经半年时间通过了认证……

通过质量管理体系认证,可以给公司带来市场竞争优势:顾客流失率少,回头客增多,销售成本降低;公司的品牌忠诚度提高,对外宣传成本降低;产品和服务提供能够在顾客需要和需求产生之前预先定位,减少因错误决策而产生的人力、物力损失,长期收益将高于竞争对手;有更多的措施来预防新技术发展和顾客需求的转变带来的经营风险,而且一旦出差错,重新获得失去的顾客和市场机会的概率也大一些;相应地保持价格优势和行业中较高的销售利润率。

（五）品牌观念

对品牌,尤其是名牌,我们要有正确的认识。目前有些国内的会展企业对此没有足够的认识。其实,品牌对会展企业的发展有着十分重要的作用,具体如下:① 创名牌是企业开拓市场的立足点和根基。我们有些企业已经深刻地认识到了这一点,如海尔集团的营销口号就是"创牌比创汇重要"。② 名牌效应能给企业带来无穷的机遇和利益。这些效应包括:扩散效应、积累效应、放大效应、持续效应和刺激效应。③ 国内消费者越来越注重名牌消费。

从国外会展业的发展来看,其快速发展大多是采取了品牌化经营的发展模式,即通过一定品牌的连锁经营来逐步扩大市场份额。其中比较典型的就是国际上著名的三大会展公司,它们充分利用自己的品牌效应,通过在全球各地组织各种不同主题的展会以及与各地的会展企业联合经营等手段来实现快速扩张。因此,我们也可以通过品牌的运营来整合我国的会展资源,从而达到快速提升我国会展业市场竞争力的目的。

所以,创立品牌和名牌是发展我国会展企业的迫切需求。值得注意的是,培养一个品牌展览会并不容易,展览企业必须确立长远的品牌发展战略,从短期的价格竞争转向谋取附加值、谋取无形资产的长期竞争,用先进的品牌营销策略与品牌管理技术抢占展览市场的制高点。品牌战略成功的关键是贵在坚持。竞争策略大师迈克尔·波特（Michael E. Porter, 1947—　）认为:"只有在较长时间内坚持一种战略,而不轻易发生游离的企业才能赢得最终的胜利!"

（六）营销观念

现代营销观念认为,企业实现组织者诸目标的关键在于正确确定目标市场,即客源市场的需要和欲望,并且比竞争对手更有效地、更有利地提供客源市场所期望满足的产品和服务。也就是说,营销观念是一种客人需要什么样的产品,企业就提供这些产品的"以销定产"的观念。

营销观念的形成是以卖方市场转为买方市场为背景的,在今天会展企业竞争日趋激烈的大环境下,"以客人为中心"的营销观念对现代会展企业的经营者是大有裨益的。营销观念是对传统推销观念发起挑战而出现的一种企业经营哲学。"推销观念"和"营销观念"在企业考虑的重点、运用的方法、经营的目的上都有很大区别。推销观念以企业自身产品为出发点,注重推销方法和促销技巧,以通过销售使企业获得利润为目的;而营销观念以顾客需要为出发点,注重整体营销活动,以通过客人的满意使企业获得利润为目的。

营销活动涉及多种活动,如为了了解市场及客户而展开的调研活动;为了提供合适的产品、合理的价格和销售渠道及创造性的宣传促销而进行的设计和策划活动;为了让客户了解和购买适销对路的产品而开展的宣传促销工作;根据客户的消费情况,善于进行信息反馈,了解新老客户新的需要和要求,以便进行有效的再投资。

会展的营销策略主要集中在如何有效拓展营销的信息渠道,利用现代化的交流沟通工具为展览会服务,并在有效控制成本的基础上,实施销售计划,以达到吸引参展商和观众的目的。

因此,营销观念的形成和改变要从会展企业实实在在的经营管理工作中体现出来。

(七) 效益观念

会展企业是一个经济组织,经营活动的目的就是为了取得经营效益。经营效益应体现在经济、社会和生态三个方面。经济效益是社会效益、生态效益的基础,而讲求社会效益、生态效益又是促进经济效益提高的重要条件,管理者必须将三者有机结合起来。效益是经营管理的永恒主题,因此,管理活动要克服传统体制下"以生产为中心"的管理思想,以提高效益为核心,追求效益的不断提高,使其成为管理活动的中心和一切管理工作的出发点。追求效益要自觉运用客观规律,如学会运用价值规律,随时掌握市场情况,制定灵活的经营方针,以适应复杂多变的竞争环境,满足社会需求、市场需求、顾客需求。只有这样,才能获得更好的效益。

总之,在会展微观的管理过程中,会展服务产品(服务意识、产品意识)要讲求质量、标准和品牌(质量意识、规范观念、品牌观念),特别是要站在客人的立场上来设计产品(营销观念),从而获得会展企业的效益(效益观念)。

....

复习思考题

1. 科学管理理论的实质和主要内容是什么?
2. 怎样理解法约尔关于经营和管理的概念及其管理原则?
3. 人际关系学说的主要内容是什么?
4. 行为科学研究的主要内容是什么?
5. 怎样理解管理科学学派的主要观点?
6. 怎样理解决策理论学派的主要观点?
7. 西方管理思想整合的主要内容是什么?
8. 简述会展宏观管理观念的内涵。
9. 简述会展微观管理观念的内涵。

第五章

会展营销管理

本章主要探讨以下问题：

● 市场营销的基本理论

● 会展营销的概念和意义

● 会展营销过程

● 会展营销要素组合

会展营销在会展管理过程中越来越受到重视，这与会展市场化程度提高密切相关。2015年3月颁布的《国务院关于进一步促进展览业改革发展的若干意见》（国发[2015]15号）明确指出，推进市场化进程，充分发挥市场在配置资源中的决定性作用。因此可以预见到，基于市场化的会展营销会有很大的用武之地。会展营销的发展离不开营销学基本理论的指导，我们首先从市场营销学的基本理论入手来学习和探讨会展市场营销。

第一节　市场营销的基本理论

一、市场营销的概念

市场营销译自英文"marketing"，是从"market"（市场）一词引申出来的。市场营销是一个动态的概念，其含义随着市场营销学的演进而不断地发展和完善。几十年来，国内外学者对其定义提出了许多不同的表述。

1962年，美国市场营销协会委员会曾将市场营销表述为"是引导商品和劳务从生产者手中到达消费者手中所实行的一种商业活动"。这个表述有两层含义：第一，市场营销作为一种商业活动，是从生产过程结束时开始的，中间经过商品交换、广告宣传、推销、仓储、运输等一系列的活动才把商品传送到消费者手中；第二，这个表述是以企业生产的商品能够适合顾客需要为前提的，即它假定企业提供的所有商品都一定能够找到销路。

从社会角度来看，市场营销是个人和集体通过创造产品，并同他人自由交换产品和价值，从而获得所需东西的一种社会过程。这个定义包含了以下一些核心概念：需要、欲望和需求，产品、价值和满足，交换和交易，市场、营销和营销者。

随着市场营销活动的发展，现代市场营销活动的起点也越来越高，内容越来越复杂，其含义远远超过了美国市场营销协会委员会所下的定义。因为他们把市场营销活动仅看作流通领域中一种单纯的商品出售分配活动，范围过小，不能体现现代市场营销活动的本质特征。市场营销活动的范围应远远超出商品的流通领域，渗透到生产领域和消费领域。

因此，现代的市场营销是以满足顾客需求为出发点，从目标市场出发，采取有效的市场营销组合来创造利润，不仅如此，还有意地激发和引导需求，并进一步使顾客的潜在购买力转变为产品或服务的有效需求的管理过程。

在这里，有几组关于市场营销的核心概念是必须了解的，这也是以后学习会展市场营销的常用概念。

（一）需要、欲望和需求

需要、欲望和需求在现实生活中是很容易被人混淆的几个概念，但在市场营销中有必要对它们加以区分。

需要（needs）单纯指生理或心理的一种匮乏状态。为了生存，人们需要食物、衣服、住所等，这类需要不是社会和营销者所能创造的，它们是人类天性中的一个基本部分。越是高度发达的社会，需要就越呈现多样化和多层次性。营销者的任务之一就是在各种不同的消费者中确立和产品相关的主要需要，然后通过推广满足需要的产品并将其转化为消费者的购买欲望。

欲望（wants）是指人们得到某种东西的愿望。人的需要并不是很多，但人的欲望却是无止境的。人类的欲望强烈地受到它所处的周围社会环境的影响。需要是客观的，但欲望却是主观的。当某人看到别人每天出入豪华宾馆、乘坐豪华轿车，虽然迫于自己现在的情况他买不起，但他会有强烈的欲望得到它。

需求（demands）是指有支付能力的购买欲望。这种欲望的实现必须具备两个基本条件：一是消费者的购买意愿，二是有足够的支付能力。两者结合才会有需求的出现。人们总是依据自己的愿望和经济能力来选择能最大限度地满足其欲望的产品。

（二）产品

产品（product），在营销学中是一个广义的概念，是指能引起消费者注意的，通过交换、消费、使用能满足需要的任何事物，既包括有形的东西，也包括无形的服务，甚至包括能满足消费者需求的一切载体。提起产品，人们往往想到的是有形的实体，其实随着社会和市场的发展，以及体验经济和眼球经济的来临，消费者从关注实体产品本身，转移到关注服务、体验等自己的主观感受上来。

现代市场营销理论提出整体产品的概念，它分为三个层次：核心产品、有形产品和延伸产品。其中，最基本的是核心产品，它是指产品的使用价值，也即人们购买该产品能给别人带来什么样的用途。它回答了"购买者真正要购买的是什么"这个问题。

有形产品是指产品的外部形态，是核心产品借以实现的形式。质量水平、特点、风格、品牌名称以及包装是有形产品必要的五个特征。需要指出的是，服务产品也可能具备这五个特征。有形产品内在的五个特征也正是普通消费者选择产品的依据，因此对于产品的销售有着决定性的作用。所以营销者应该在满足核心产品功能的基础上尽可能地提高有形产品的品质。

延伸产品是指消费者购买产品时所获得的全部附加利益和服务，如产品或企业的信誉和保证、送货上门与储存、安装调试、售后服务等。在实体同质化的程度日益加深的今天，实体方面的相同或可替代性产品的竞争使得随同产品提供的服务越来越重要。IBM公司明确地提出"我们出售的是服务"。正如美国营销学者西奥多·莱维特（Theodore Levitt，1925—2006）所言："新的竞争不是发生在各个公司生产什么样的产品，而是发生在其产品能提供的附加利益上。"

（三）交换

交换（exchange）是营销的核心概念，因为营销是伴随着人们的交换行为发生的。所以营销意义上的交换指两方或多方把有价值的东西交给另一方以满足需要的过程。交换必须具备以下几个条件：① 交换的主体至少有两方或更多；② 交换各方认可对方产品的价值，即能给自己带来效用；③ 双方都可有接受和拒绝对方产品的自由；④ 双方可以进行信息沟通和货物的传送；⑤ 各方协议受到法律的保护。只有满足上述条件，交换才有可能发生。随着市场营销的发展，交换的概念有了更新的发展，交换双方交换的只是彼此拥有的价值，只要双方认为是有价值的东西都可以进行交换，而不仅限于某种产品或服务。有时甚至是一个创意都可以进行交换。

（四）市场

市场（market）是指有某种特定需要或欲望并有支付能力的全体潜在消费者。市场原来的概念是指进行商品交易的场所,如集市、商场等。从营销的角度来讲,购买者的集合形成市场,因此市场的大小取决于有着某种需要和欲望、购买力及购买意愿的消费者的人数。缩略词MAD-R充分说明了以上观点:金钱(money)、权力(authority)、愿望(desire)和响应(response)。具备MAD-R特性的人群越多,企业面对的潜在消费者就越多,即市场就越大,因而也被称为目标市场。

(五)营销组合

营销组合(market mixes)是1964年美国哈佛大学教授尼尔·鲍顿(Neil H. Borden)首先提出来的,现已成为市场营销中一个非常重要的概念。所谓营销组合是指企业为了满足目标市场的需要,综合考虑各个可控因素后制定的一整套市场营销方案。在消费者行为理论里,传统营销组合通常由4P理论或者4C理论组成。

1. 4P理论

美国密西根大学教授杰罗姆·麦卡锡(E. Jerome McCarthy)于1960年在其《基础营销学》(Basic Marketing)一书中第一次将企业的营销要素归结为四个基本策略的组合,即著名的"4P理论":产品(Product)、价格(Price)、分销(Place)、促销(Promotion)。由于这四个词的英文字头都是P,再加上策略(Strategy),所以简称为"4P's"。从一定意义上来说,现代的市场营销学基本上是以市场营销组合的产品策略、价格策略、分销策略、促销策略及其构成的整体营销战略为主要内容的。

(1)产品(Product)

产品是营销组合中的最重要的因素,也是开展一切营销活动的基础。前面已经对产品的概念作了详细的介绍。

(2)价格(Price)

价格是指消费者为了获得产品而支付的金额,价格对购买的可能性会造成影响,所以企业在定价时必须考虑产品的成本、竞争对手的产品价格、国家法律等因素。定价策略也有相应的新产品定价策略、折扣定价策略、心理定价策略和地理定价策略等,其中又可以分为许多方法。

(3)分销(Place)

分销是指产品从生产领域到消费领域所经过的路线。分销包括两个方面的内容:① 分销渠道,指产品从生产者手中到达消费者之间所有的经营环节,包括制造商、中间商(批发和零售商)、消费者等;② 实体分配,指产品从生产者到消费者的运输和贮存过程,反映的是产品实体运动的空间路线。

(4)促销(Promotion)

促销活动是指为促进消费者购买产品而设计的各种活动。企业要使产品与服务尽快地为顾客接受,就必须与顾客进行有效的沟通。常见的方式有直接推销(上门推销、电话推销)、广告(电视、电台、互联网)、公关活动和销售推广活动等。

市场营销组合是企业竞争的重要手段,它的制定必须符合特定目标市场的性质和需要,必须将产品、价格、分销、促销四个要素有效地整合,使其发挥最大的效用。同时,要注意市场营销组合不是一成不变的,它必须随着企业外部环境和内部环境的变化而适当地作出调整,它是一个不断变化的动态组合。

2．4C理论

4C理论是由美国营销专家罗伯特·劳特朋（Robert F. Lauterborn, 1936—　　）教授在1990年提出的，它以顾客需求为导向，重新设定了市场营销组合的四个基本要素，即顾客（Consumer）、成本（Cost）、便利（Convenience）和沟通（Communication）。它强调企业首先应该把追求顾客满意放在第一位，其次是努力降低顾客的购买成本，然后要充分注意到顾客购买过程中的便利性，而不是从企业的角度来决定销售渠道策略，最后还应以消费者为中心实施有效的营销沟通。与产品导向的4P理论相比，4C理论有了很大的进步和发展，它重视顾客导向，以追求顾客满意为目标，这实际上是当今消费者在营销中越来越居主动地位的市场对企业的必然要求。

（1）顾客（Consumer）

顾客是指有需求的消费者。企业直接面向顾客，因而更应该考虑顾客的需要和欲望，建立以顾客为中心的零售观念，将"以顾客为中心"作为一条红线，贯穿于市场营销活动的整个过程。企业应站在顾客的立场上，帮助顾客组织挑选商品货源；按照顾客的需要及购买行为的要求，组织商品销售；研究顾客的购买行为，更好地满足顾客的需要；更注重对顾客提供优质的服务。

（2）成本（Cost）

成本是指顾客在购买某一商品时，所耗费的资金、时间、精力和体力的总和。由于顾客在购买商品时，总希望把有关成本包括货币、时间、精力和体力等降到最低限度，以使自己得到最大限度的满足，因此，企业必须考虑顾客为满足需求而愿意支付的"顾客总成本"，努力降低顾客购买的总成本，如降低商品进价成本和市场营销费用从而降低商品价格，以减少顾客的货币成本；努力提高工作效率，尽可能减少顾客的时间支出，节约顾客的购买时间；通过多种渠道向顾客提供详尽的信息，为顾客提供良好的售后服务，减少顾客精神和体力的耗费。

（3）便利（Convenience）

便利是指为顾客提供最大的购买和使用方便。最大限度地便利消费者，是目前处于过度竞争状况的企业应该认真思考的问题。如上所述，企业在选择地理位置时，应考虑地区抉择、区域抉择、地点抉择等因素，尤其应考虑"消费者的易接近性"这一因素，使消费者容易消费。

（4）沟通（Communication）

沟通是指企业同顾客之间的有效的交流。企业为了创立竞争优势，必须不断地与消费者沟通。与消费者沟通包括向消费者提供有关位置、商品、服务、价格等方面的信息；影响消费者的态度与偏好，说服消费者光顾和购买商品；在消费者的心目中树立良好的企业形象。

二、市场营销理念的演进过程

随着科学技术的发展、生产力的提高、竞争的日益加剧，现代市场营销的方式更加多样化、复杂化和隐秘化。伴随着营销方式转变的是营销理念的不断发展，至今已经经历了生产导向阶段、销售导向阶段、市场营销阶段、社会营销导向阶段和大市场营销导向阶段。其中从销售导向阶段向市场营销阶段是一次质的飞跃，表明企业将注意力从自己的产品转向消费者。而营销理念也经历了生产理念、推销理念、市场营销理念和社会营销理念的发展。

（一）生产理念

在生产导向阶段，人们以生产为中心，只考虑产品生产而不关心产品的销售和顾客的需求。企业注重内向型经营管理，认为影响企业经营的关键因素在于企业内部，其中尤以产品为重，于是只考虑专业分工、扩大生产、降低成本和提高产量。同时还认为只要拿出价廉物美的产品，顾客就会自动找上门来，即"好的产品会推销自己"。

（二）推销理念

20世纪30年代，西方国家发生了经济大危机，生产过剩，商品销售困难。这时企业面临的不是供不应求的卖方市场，而是供大于求的买方市场。企业的全部注意力集中于如何把生产出来的产品最大限度地卖出去，于是市场营销理念发展到推销阶段。所谓推销理念就是消费者不会主动地大量购买企业的产品，企业必须经过大量的推销活动，来刺激消费者购买产品。

推销理念重视的是把产品卖出去，而不是与顾客建立一种长久的合作关系。所以这种理念的风险很高，它的假定前提是顾客对所购买的产品满意，如果他们不满意该产品的话，不仅以后自己不会再次购买本企业的产品，还会将这次购买经历告知周围的亲友，进而影响更多的人不购买本企业的产品。

（三）市场营销理念

20世纪50年代，伴随着世界大战的结束、经济环境的平稳，这时市场的基本趋势还是供过于求，企业由原来重视产品生产、产品销售转化为重视顾客。在这一阶段，众多的学者提出了"市场组合"、"市场细分"、"4Ps理论"等，使得市场营销面临一次革命性的变化。它要求企业通过满足消费者的需求来获取利润，更加重视在消费过程中的顾客满意度。它有以下两个特点：

（1）明显的顾客导向原则。市场营销理念重视消费者的感受，通过双向交流了解顾客的需要，发展能满足顾客需要的产品和服务，以此代替以前劝说顾客购买现有产品的单向交流方式。

（2）顾客满意原则。企业通过向顾客出售自己的产品使顾客满意，与顾客建立一种积极的、长期的合作关系，将企业的长期利益建立在顾客满意的基础上。

（四）社会营销理念

随着工业化高度发展，全球面临着环境破坏、资源短缺、人口爆炸等一系列全球性的问题，所以近年来一些营销学家对现有的营销观念提出了质疑：是否高度工业化的社会就是高度文明的社会？基于这个方面的考虑，他们提出了社会营销的观念，主要理念是企业在有效地满足消费者需要的同时，必须增进社会的整体福利，强调企业的利益和社会的整体利益共同提高，不仅要满足消费者本人的当前利益，还要考虑到消费者的长远利益和社会上其他人的利益。例如，为了告知人们"吸烟有害健康"，许多香烟生产商纷纷在自己的香烟盒上标明"吸烟有害健康"的字样，同时采用过滤嘴技术，并降低焦油的含量，这样不仅满足了消费者吸烟的需要，而且尽可能地降低吸烟给消费者带来的危害。

三、市场营销的发展新理念

自1912年美国哈佛大学教授赫杰特齐(J. E. Hagerty)的《市场营销学》一书问世,市场营销学被作为一门独立的科学列了出来。经过几十年的发展,市场营销理论有了突飞猛进的发展,其间有许多理念和思想不断出现。近年来,随着科学技术的发展和人们环保意识的提高,营销思想又有了新的发展方向。

(一)绿色营销

1998年,英国作家出版了《绿色消费指南》一书。该书呼吁人们提高绿色消费意识,推介了一系列绿色标准,倡导开展绿色消费运动。随之,绿色消费成了一种环保浪潮。这种绿色消费意识提供和带来了巨大的商机。绿色营销很快成为市场营销中的一个新亮点。所谓绿色营销是指以保护环境和回归自然为主要特征的一种营销活动。这种营销活动的主要特征是:

1. 提倡绿色消费意识

近年来,绿色产品被炒得沸沸扬扬。然而,许多人并不了解其真正内涵。真正意义上的绿色产品,不仅质量合格,而且生产过程、使用和处理、处置过程都符合特定的环境保护要求,与同类产品相比,具有低毒少害、节约资源等环境优势。它重视资源回收利用和产品的环境性能,不但要求尽可能地将污染消除在生产阶段,而且也最大限度地减少产品在使用和处理、处置过程中对环境的危害程度。绿色营销的核心是提倡绿色消费意识,进行以绿色产品为主要标志的市场开拓,营造绿色消费的群体意识,创造绿色消费的宏观环境,促销绿色产品,培育绿色文化。这种绿色消费意识,适应了人们保护和改善生态环境、实现全球经济可持续发展的要求。因此,这种绿色营销得到了快速的发展。

2. 实行绿色促销策略

由于绿色营销对企业提出了环保的要求,这就促使企业的促销策略发生了重大转变。企业的注意力将从单纯追求利润,转变到"在营销中要注重生态环境的保护,促进经济与生态的协调发展"上来。因此,企业在获取自身利益的同时,必须考虑环境的代价,不能以破坏环境来达到企业赢利的目的。目前,绿色营销的浪潮席卷全球。绿色消费意识得到了各国消费者的认同。一项调查显示,75%以上的美国人、67%的荷兰人、80%的德国人在购买商品时考虑环境问题,有40%的欧洲人愿意购买绿色食品。

3. 采用绿色标志

采用绿色标志是绿色营销的重要特点。它产生于西方在20世纪90年代初提出的"利于环境"的思想。环保主义者提倡进行利于环境的消费,从最早的废旧电池回收,到自备购物袋,开始只是约束消费者自身的购物、消费行为。后来,有识之士认识到生产过程涉及环节众多,因此更要进行环保监控。于是,诸如"绿色标志"就成为衡量生产企业环保生产的标准。

我国现行的绿色标志,是由国家指定的机构或民间组织依据环境标志产品标准(也称技术要求)及有关规定,对产品的环境性能及生产过程进行确认,并以标志图形的形式告知消费者哪些产品符合环境保护的要求,对生态环境更为有利。

4. 培育绿色文化

绿色营销的发展推动了绿色文化的建设，绿色文化的建设成了绿色营销的支撑。随着绿色营销的开展，绿色文化出现了以下几个明显的特点：绿色文化成为企业文化的中心内容；在绿色文化的建设中，企业目标开始与环境目标融合；企业管理理念、营销理念开始与绿色生态理念融合。这种融合适应了时代的要求，反映了企业管理理念，特别是现代营销理念的新进展。

（二）知识营销

知识营销是知识经济迅速发展的必然结果。知识营销的出现为企业赢得竞争优势、提高市场占有率提供了强有力的武器。随着知识经济的到来，在21世纪的市场上，企业只有大力开发知识营销，才能在日益激烈的市场竞争中争取主动，从而获得更好更快的发展。

知识营销是指企业在营销过程中，注入知识含量，帮助广大消费者增加商品知识和提高消费者素质，从而达到销售商品、树立品牌形象、开拓市场的目的。与传统的市场营销相比，知识营销具有以下特征：

1. 增加营销活动的知识含量

商品知识是蕴含在商品中的科学技术和文化内涵。随着科技的不断进步，新产品、新技术层出不穷。一方面，顾客在购物的过程中越来越重视商品的质量、性能、技术特点、使用和维护的知识。因此，企业在营销活动中尽量使消费者从中学到更多的知识，这样将使消费者感到同样的付出会有更多的获益，从而有助于产品销售。另一方面，随着经济的发展、物质生活的富裕，消费者在购买商品时不仅只考虑其使用价值，而且关注它所带来的观念价值。例如，"金利来"在广告中展示其高雅、庄重、严谨的风范，与一些专业人士的价值取向形成共识，获得了这部分消费者的青睐。

2. 注重与顾客建立一种结构层次性的营销关系

产品与顾客之间在技术结构、知识结构、习惯结构上建立起的最稳固的关系，称为结构层次性的营销关系。这种营销关系有利于使顾客成为企业长期、忠实的消费者。就企业而言，忠诚的顾客意味着最大的财富。《哈佛商业杂志》1991年的一份研究报告指出："再次光临的顾客可以为公司带来25%—85%的利润，吸引他们再次光临的首要因素是服务质量的好坏，其次是产品本身，最后是价值。"在传统营销中，企业以产品作为联结顾客的物质纽带，而知识营销则重视和强调知识作为一种精神纽带的作用，通过商品知识的宣传介绍来打动顾客，与其建立起牢固的联系，以谋求企业长远的发展。

3. 强调顾客让渡价值的最大化

顾客是价值最大化的追求者，他们有自己的价值期望和判断，顾客是否真正满意，取决于企业让渡价值的大小。但是在购买过程中，除了支付货币成本以外，顾客往往还要为掌握商品信息而花费大量的时间、精力等非货币成本。知识营销的首要任务就是消除企业和消费者之间的信息不对称，减少消费风险，这就使得消费者购买商品所获得的效用增加了。企业通过知识营销活动承担了原来由顾客支付的信息搜寻成本，向顾客提供了更多的让渡价值，因而更能赢得顾客的信任。

4. 以培训知识推进营销活动

产品的文化技术含量越高,就越需要用知识去赢得顾客。因此,企业要以培训顾客为媒介,让越来越多的人了解商品使用知识,明白使用效益,从而扩大销售。同时,产品的智能化、个性化也是知识经济时代的特点,营销策略要针对不同类型的顾客进行特定的设计,使推销的产品、服务适应顾客的消费特点、文化品位和价值观念。要做到这些,营销人员必须根据消费者不同的状况特征推销不同的产品,向顾客作详尽的解释,从而大大提高消费者对产品的满意度,增加顾客对本企业的依赖度。所以,要重视营销队伍建设,以培训知识为中介,使营销活动更适应文化科技产品的销售和产品智能化、个性化发展的要求。

(三) 关系营销

关系营销,又称为顾问式营销,指企业在赢利的基础上,建立、维持和促进与顾客和其他伙伴之间的关系,以实现参与各方的目标,从而形成一种兼顾各方利益的长期关系。关系营销把营销活动看成是一个企业与消费者、供应商、分销商、竞争者、政府机构及其他公众发生互动作用的过程,正确处理企业与这些组织及个人的关系是企业营销的核心,是企业经营成败的关键。面对日益残酷的竞争挑战,许多企业逐步认识到:保住老顾客比吸引新顾客收益要高;随着顾客的日趋大型化和数目不断减少,保住每一个客户显得越发重要;随着交叉销售的机会日益增多,更多的大型公司正在形成战略伙伴关系来对付全球性竞争,而熟练的关系管理技术是必不可少的;购买大型复杂产品的顾客正在不断增加,销售只是这种关系的开端,正如美国营销大师菲利普·科特勒(Philip Kotler, 1931—)所说:"善于与主要顾客建立和维持牢固关系的企业,都将从这些顾客中得到许多未来的销售机会。"关系营销具有以下特征:

(1) 关系营销注重留住顾客,以产品利益为导向,高度强调为顾客服务,积极促进顾客的参与,发展与顾客的紧密关系,认为质量是所有方面都要考虑的问题,重视环境的影响及长期的积累。

(2) 关系营销将营销组合扩大为产品、价格、销售渠道、促销、进程及人员六个方面。各个子系统间应加强联系,保证信息畅通、准确、及时,以便在瞬息万变的市场中保持快速灵活的状态,掌握先机,主导市场。

(3) 关系营销从根本上改变了传统营销将交易视作营销活动关键和终结的狭隘认识。企业应在主动沟通、互惠互利、承诺信任的关系营销原则的指导下,利用亲缘关系、地缘关系、业缘关系、文化习惯关系、偶发性关系等与顾客、分销商及其他组织和个人建立、保持并加强联系,通过互利交换及共同履行诺言,使有关各方实现各自的目的。

(4) 关系营销以系统论为基本指导思想,将企业置身于社会经济大环境中,考察企业的市场营销活动,认为企业营销乃是一个与消费者、竞争者、供应商、分销商、政府机构和社会组织发生互动作用的过程,正确处理这些个人和组织的关系是营销的核心,是企业成败的关键。关系营销的指导思想是怎样使消费者成为自己长期的顾客,并共同谋求长远战略发展,其核心在于消费者与企业间的一种连续性的关系。关系营销的目的在于同顾客结成长期的、相互依存的关系,发展顾客与企业产品之间连续性的交往,以提高顾客对品牌的忠诚度,以此来巩固市场,促进产品持续销售。

（四）整合营销

整合营销传播（Integrated Marketing Communicatins，IMC），其核心思想是将与企业进行市场营销相关的一切传播活动一元化。唐·舒尔茨（Don E. Schultz, 1934—　）等学者认为，整合营销传播，就是一种适用于所有企业中信息传播及内部沟通的管理体制。而这种传播与沟通就是尽可能地与其潜在的客户和其他一些公共群体（比如雇员、立法者、媒体和金融团体）保持一种良好的积极的关系。整合营销具有以下特征：

1. 战术的连续性

这是指所有通过不同营销传播工具在不同媒体传播的信息都应彼此关联呼应。它强调在一个营销战术中所有包括物理和心理的要素都应保持一贯性。譬如，在一个营销传播战术中可以使用相同的口号、标签说明，以及在所有广告和其他形式的营销传播中表现相同的行业特性等。

2. 战略的导向性

它是通过设计来实现战略性的企业目标。许多营销传播专家虽然制作出超凡的创意广告作品，能够深深地感动受众甚至获得广告或传播大奖，但是未必有助于企业战略目标的实现，例如销售量、市场份额及利润等目标。能够促使一个营销传播战术整合的就是其战略焦点，信息必须通过设计来实现特殊的战略目标，而媒体则必须通过有利于战略目标实现来对其进行选择。

整合营销传播一方面把广告、促销、公关、直销、CI、包装、新闻媒体等一切传播活动都涵盖到营销活动的范围之内；另一方面则使企业能够将统一的传播资讯传达给消费者。所以，整合营销传播也被称为"用一个声音说话"（speak with one voice），即营销传播的一元化策略。整合营销包括七个层次：

（1）认知的整合。这是实现整合营销传播的第一个层次，它要求营销人员认识或明了营销传播的需要。

（2）形象的整合。它涉及确保信息与媒体一致性的决策。信息与媒体的一致性主要体现在两个方面：一是广告文字与其他视觉要素之间要达到的一致性；二是在不同媒体上投放广告的一致性。

（3）功能的整合。这是指把不同的营销传播方案编制出来，作为服务于营销目标（如销售额与市场份额）的直接功能。也就是说，每个营销传播要素的优势和劣势都经过详尽的分析，并与特定的营销目标紧密结合起来。

（4）协调的整合。这是指人员推销功能与其他营销传播要素（广告公关促销和直销）等被直接整合在一起。这意味着各种手段都用来确保人际形式的营销传播与非人际形式的营销传播的高度一致，如推销人员所说的内容必须与其他媒体上的广告内容协调一致。

（5）基于消费者的整合。企业必须在了解消费者的需求和欲求的基础上锁定目标消费者，在给产品以明确的定位以后才能开始营销策划。换句话说，营销策略的整合使得战略定位的信息直接到达目标消费者的心中。

（6）基于风险共担者的整合。营销人员应当认识到目标消费者不是本机构应该传播的唯一群体，其他共担风险的经营者也应该包含在整体的整合营销传播战术之内，如本机构的员工、供应商、配销商以及股东等。

(7)关系管理的整合。它被认为是整合营销的最高阶段,是指企业要向不同的关系单位作出有效的传播,必须发展有效的战略。这些战略不只是营销战略,还有制造战略、工程战略、财务战略、人力资源战略以及会计战略等。也就是说,企业必须在每个功能环节内(如制造、工程、研发、营销等环节)发展出营销战略以达成不同功能部门的协调,同时对社会资源也要作出战略整合。

(五)游击营销

"游击营销"的鼻祖提出这个概念,初衷是为缺乏营销经费的广大中小企业提出一条与大企业对抗的方法,教它们如何用很少的钱达到吸引消费者注意力的营销目的。随着消费者越来越疏离大众广告,游击营销现在已成为最热门的营销名词。

1984年,杰伊·康拉德·莱文森(Jay Conrad Levinson)发表了著名的《游击营销:小企业创造高额利润的秘诀》一书,正式提出了"游击营销"这一名词。杰伊·康拉德·莱文森是美国最著名的营销专家之一,他最为人熟知的案例就是为菲利普·莫利斯公司策划了"Marlboro Country"的营销活动,塑造了万宝路的雄性形象,让万宝路品牌从美国排名第31位的烟草品牌,上升为美国最畅销的烟草品牌。

游击营销成为"非传统和反传统营销方式"的代名词,并由此衍生出了"偷袭营销"、"病毒营销"、"街道式营销"、"包围式营销"、"口头宣传营销"、"无遮盖营销"、"释放营销"等一系列的反传统营销战术,大有与传统的大众营销分庭抗礼之势。现在,游击营销已经日趋成为主流,丰田、耐克、百事、宝洁等跨国企业也越来越重视游击营销的应用与威力。游击营销包含以下几个特征:注重与消费者建立个性化的联系;大多不借助单向的、被动式的传统传播媒介,而是采用具有互动性的传播路径;强调体验;营销费用低。

传统的营销手法主要包括在大众媒介上做广告、促销和公关活动。而游击营销的主要目标是通过与受众建立独特、长久的联系来确立自己的品牌,所以一般不采用以价格为主要驱动力、以短期内提升销量为主要目的的终端促销行为。因此,游击营销与传统营销的区别主要集中在媒介选择和品牌公关活动上。在媒介选择上,传统营销手法比较依赖电视、报纸、户外广告牌等被动式的大众媒体,用这种"推"(push)或者是"强行销售"(hard sell)的方式来建立品牌认知度和美誉度;而游击营销选择媒介的主要标准是费用和与目标消费者的互动,这使得它们基本上不考虑大众媒体,而是倾向于自己创造独特的传播路径。在公关活动上,传统营销倾向于利用大型的、有声势的活动吸引公众的视线,如赞助大型社会公开活动,采用的是正面进攻的方法;而游击营销对冠名权、赞助等形式则"敬而远之",偏重于创意活动。

经过近20年的营销实践和理论完善,以杰伊·康拉德·莱文森为首的游击营销专家总结出了游击营销有别于传统营销的11点区别。这些区别充分显现出了在当今市场环境中游击营销的优势,正是这些优势使得目前西方国家大有传统营销向游击营销发展的趋势。这些区别是:

1. 营销经费不菲 VS 费用低廉

传统营销要求企业在整个营销过程中投入大量的营销经费,这些营销经费主要用在大众媒体上；游击营销的费用则少得多，营销预算主要集中在营销活动的创意和独特的传播路径上。传统营销钟情于那些花费高昂的营销武器，用它们来推销企业的品牌和产品；游击营销却善于利用那些低价，甚至完全免费的营销武器，并能用它们来提升企业的品牌和利润。

2. 销售额 VS 利润

传统营销衡量营销效果的主要标准是销售额；游击营销衡量营销效果的主要标准是创造的利润。

3. 人口统计学指标 VS 生活形态指标

传统营销对消费者的划分主要依靠人口统计学的粗线条划分，往往建立在营销人员以往的经验和判断上；而游击营销在细分市场时主要依靠生活形态指标，建立在消费者心理研究和消费者行为研究法则上。

4. 多元化 VS 一元化

传统营销建议，企业先要努力扩大生产和销售规模，然后实行多元化；游击营销却建议摈弃多元化的想法，把企业的精力投入到某一点上，在某个领域做到最出色。

5. 线性的单一成长 VS 发散型的发展

在传统营销中，企业是靠不断建立新的关系获得更多的消费者，客户数量呈线性的单一成长；而游击营销鼓励发散型的发展，利用消费者后续追踪和出色的服务，使现有的消费者变成企业的宣传人员，让他们向企业潜在消费者进行营销宣传活动，利用一个旧关系发展若干个新的关系。

6. 打击竞争对手 VS 协作共赢

传统营销要求企业和营销人员不断寻找机会打击竞争对手；游击营销则要求企业和营销人员暂时忘掉竞争对手，努力寻找机会与其他企业进行协作，互惠互利，以共同赢得更大的利润。

7. 销量 VS 消费者关系

传统营销要求营销人员每个月都要检查企业的销售额度，注意销量的变化；游击营销则要求营销人员每个月都要检查本月企业与消费者建立了多少联系，这些消费者关系将会带来多大的潜在利润。

8. "自我"为中心 VS "他人"为中心

传统营销是一种以"自我"为中心的营销手段（"me" marketing），着眼于"我们企业"和"我们的产品"；而游击营销是一种以"他人"为中心的营销手段（"you" marketing），着眼于能够提供给消费者什么样的产品、优惠和服务等。

9. 消费者群 VS 单个消费者

传统营销主要针对群体，它比较看重用各种标准划分的、同质化的消费人群；而游击营销主要针对单个消费者，把注意力集中在一些微小的细节上。

10. 程式化 VS 细节

传统营销一般都是"无意识的"、"无意而为的"（unintentional），因为它主要依靠大众媒体，营销方式比较程式化；而游击营销一般都是"有意识的"、"故意而为的"（intentional），因为它很清楚营销过程中的每一个细节。

11. 深奥复杂 VS 人性化

传统营销有许多"清规戒律",往往让人觉得很深奥、很复杂,甚至让职业经理人都感到害怕,只得小心翼翼;游击营销则恢复营销的本来面目,倡导人性化和与生活的融合。

(六)网络营销

网络营销是企业整体营销战略的一个组成部分,是为实现企业总体经营目标所进行的以互联网为基本手段营造网上经营环境的各种活动。据此定义,网络营销的核心思想就是"营造网上经营环境"。所谓网上经营环境,是指企业内部和外部与开展网上经营活动相关的环境,包括网站本身、顾客、网络营销服务商、合作伙伴、供应商、销售商、相关行业的网络环境等。网络营销的开展就是与这些环境建立关系的过程,这些关系处理好了网络营销也就卓有成效了。

第二节　会展营销概述

一、会展营销的概念和意义

会展营销就是试图用营销学的基本理论来解决会展业发展中的具体问题,是营销学理论在会展业中的具体应用。因此,会展营销的基本理论框架就是这两者的集合。由于会展业涉及面宽,综合性强,营销主体多,具体应用时必须有所侧重。

目前我国的会展业发展非常快,但整体上仍处于初级阶段,因此有必要借鉴会展发达国家的成功经验,来提高中国会展业营销的整体水平。以前业界一提到营销就认为只是办展企业的事情,而事实上会展营销的主体包括政府、会展企业、参展商,甚至还有媒体。无论主体是谁,会展营销的主要目的都是为了促进销售。会展营销的对象不仅包括会议、展览、节事、场馆,甚至包括会展城市等。对于不同的营销对象所表现出来的意义也会有所不同。总的说来,会展营销对于不同的主体有不同的作用,具体如下:

1. 对于会展公司

会展企业可以通过会展营销宣传自己的品牌会展,会展虽然卖的是服务,但是它也同有形的产品一样,需要开展营销才能被广大的参展商所熟悉。"酒香不怕巷子深"的年代已经过去,尤其现在国内的大小展会鱼龙混杂,使人目不暇接,而且参展商还缺乏辨别展览会好坏的能力,所以迫切需要企业站出来营销自己的产品。这对于提高企业自身形象和宣传自己的产品有很大的作用。

2. 对于参展商

会展营销可以给参展商提供一个本行业目前展览会的信息,也许这样的营销活动不止一个,但他们可以以此为依据,从中选出一个自己认为适合当前企业发展的展览会参加,减少上当受骗的概率。

3. 对于展览馆

一次好的会展活动对于提升展览馆的知名度也有一定的好处。现在在国内除了北京、上海两个城市以外,其他城市的展览馆的空置率都很高,这就造成极大的浪费。所以,场馆方应该积极主动地联系会展公司,帮它们做好展会宣传和营销工作,这样就可以利用知名展会提高自己场馆的利用率和知名度。

4. 对于国家和城市

展览会被称为"城市的面包"、"经济的晴雨表"、"助推器"等。美国有一位市长说过"如果在一个城市举办会展，就好比一架飞机在该城市上空撒美元"，可见会展活动对于城市发展的重要性。所以，城市和国家也应积极行动起来，加强会展营销，开展会展目的地形象设计。这样不仅提升了会展本身的知名度，而且也给该城市赢得了一次"撒美元"的机会。

二、会展营销的特征
（一）会展营销活动主体的综合性

会展业是一项综合性的行业，举办一次会展活动牵涉的利益主体很多。会展企业也不仅仅指承办展览会或会议的专业会展公司，它还包括会议中心、展览场馆、展品运输公司等一系列为会展活动服务的机构。所以，我们在这里指的会展营销体系不同于一般企业的营销体系。

1. 国家、地区、城市

从大的方面来讲，一个国家、地区、城市也是会展活动的利益主体。一个地区或城市通过举办一次大型的活动或国际会议可以迅速提高其知名度。这方面的例子可谓举不胜举，如德国的汉诺威，在几十年前还是一个名不见经传的小城市，通过举办一系列高质量的展览活动，使它为世界所知晓。

2. 展览和会议策划服务公司

在所有的利益主体中，展览和会议策划服务公司是直接进行会展营销的，所以会展营销对于它们的重要性也就不言而喻了。一次活动的成功与否，在很大程度上取决于承办单位的宣传力度和服务水平。当活动的前期宣传营销工作做得很到位时，不仅会引起很多媒体的关注，而且参展商也很愿意参加展览。这样不仅保证了会展公司的赢利，更主要的是创造了自己的品牌会展。

3. 展览场馆和会议中心

展览场馆和会议中心是仅次于会展公司的次利益主体，它们与会展公司的合作有两种形式：一是以会托馆，典型的例子有2001年的APEC会议，会议的级别、影响力使得上海国际会议中心成为全球瞩目的焦点，使它成为上海举办大型会议的首选场所。在这种情况中，展览中心和会议中心必须与会展公司密切合作，才能提高自己场馆的利用率，尽快收回投资；同时会展公司也只有和场馆方友好合作，才能提高自己的会展服务质量，实现双赢。二是以馆衬会，如在上海由于场馆有限，但展览活动很多的情况下，场馆呈供不应求之势，所有展览公司在展览旺季都想在新国际博览中心办展，但迫于现实情况，新国际博览中心只能挑选一些水平高、信誉好的展会举办。这样无形之中，使得新国际博览中心成为一个展览会的品牌，许多参展商只要看到是在新国际博览中心举办的展览便会毫不犹豫地参展。

4. 参展商

会展业发展到今天，会展公司和参展商再也不是一种对立关系，而是一种长期合作的关系。虽然在今天仍有很多恶性骗展事件发生,但随着行业制度和会展法规的完善,这类事件会慢慢被杜绝。会展公司希望通过办展赢利,而参展商需要通过参展获取自己想要的信息、推介自己的产品、提升自己的企业形象。会展公司只有提供很好的服务,参展商才能得到自己想要的东西,才会觉得参加展览确实物有所值,同时会展公司也会赢利。

5. 观众

这里的观众包括普通观众和专业观众,一次好的展览会对于专业观众来说,既是增长见识,又是交流信息的一个平台。专业观众也非常看重展会的质量,尤其对于会议市场来说,某些协会的会议因为要收一定的会费,会员交了钱参加会议更希望得到自己关注的信息,所以近年来专业观众对于展会质量的要求越来越高。

(二)会展营销手段的多样性

会展营销的主体复杂和内容广泛的特点决定了展览会必须综合利用各种手段来开展营销,以达到预期的营销目的。从传统的广播、电视、报纸,到各类行业杂志、专业会展杂志,再到面向大众的路牌广告、地铁或出租车广告,以及已经渗透到各行各业的互联网,会展营销主体正以平面或立体的方式,将大量的信息最快、最直接地传递给大众。

(三)会展营销内容的整体性

展览会的举办时间、地点、主题及内容等都是参展商和专业观众所关心的,任何一个环节如有不妥都可能导致展会的失败。因此,会展营销的内容必须具有整体性,既包括举办会议或展览会的外部环境,如城市安全状况、旅游综合接待能力等,又包括会议或展览会的创新之处,能够给观众带来独特利益,以及配套服务项目与水平等,这一切都会影响到参展商的购买行为——是否考虑参展。

(四)会展营销对象的参与性

在许多时候,会展活动的主办者虽然策划并操作会议和展览会,但对行业的认知程度可能并不深刻,因而在整个过程中必须广泛地听取与会者和参展商的意见,并根据自身能力及与会者和参展商的要求尽可能地调整营销内容,以更好地满足与会者和参展商的要求。另外,在会展活动中,与会者和参展商的参与性都很强,主办者必须与其实现互动,才能提高与会者和参展商的满意程度。

理解会展营销的上述特征对于我们正确地制定会展营销计划非常重要,它可以告诉我们会展营销的着眼点和重点在哪里,会展营销要满足目标客户的需求在哪里等。这样,我们就不会盲目地去套用传统的产品营销方法来经营会展,也不会在会展营销时偏离正确的方向。

三、会展营销的目标

(一)财务目标

会展企业财务目标是指会展企业财务活动在一定的环境和条件下应该达到的根本目的,是评价会展企业财务活动是否合理的标准。财务目标是财务决策的准绳、财务行为的依据、理财绩效的考核标准。

（二）销售目标

所谓销售目标，是指企业在预期销售的时间内，通过一定的销售方式达到的销售额。会展的销售目标主要有两个方面：一是销售门票收入，二是销售展位费收入。

（三）市场占有率目标

所谓市场占有率目标，是指企业通过一个阶段的销售，占到市场上的一定份额。会展企业应该追求扩大市场占有率，通过扩大会展规模，提高会展档次。

（四）产品知名度目标

所谓产品知名度，是指公司通过各种销售途径、广告宣传等形式，让顾客了解该产品。品牌建设，可以是以公司为单位建设公司品牌，也可以是产品品牌。在会展行业，产品高度同质化，会展公司与竞争对手的差异则应更多地体现在服务上。通过服务提升公司和展会的知名度。当然，产品知名度离不开广告，但决不可陷于广告即知名度之误区。广告可提高知名度，但不一定形成认可度和忠诚度。认可度和忠诚度需以合适的会展产品和周到的服务赢得口碑，才能获得知名度。

（五）会展形象目标

一个好的产品不仅可以为企业带来可观的收益，与此同时也可以提升企业在市民心中的形象，树立起一个品牌，为以后的新产品销售打下一定的基础。这是一笔看不见的财富，但也是十分重要的。

四、会展营销的过程

会展活动由于参与主体的复杂性，要及早开展营销活动，而且各个部门要统一协调，做好方方面面的工作，包括协调好和政府、媒体、参展商、海关等方面的关系。会展营销活动一般包括以下几个步骤。

（一）会展营销调研

在销售任何产品之前，都要在了解自身产品的同时进行详细的市场调研，它是制定市场营销计划的第一步。会展公司可以从以下几个方面进行市场调研：

（1）目前国内及国际此行业发展的现状，如举办一个医疗器械展，必须了解国内及国际医药行业的发展状况。

（2）了解本行业的一些行规及相关的一些法律法规，这样可以有效地降低举办会展的风险。

（3）了解当前国内或国际有无同类型的展会，若有，则它们的规模、举办地、举办时间、类别等都需要进行调研。

（4）如果在本地开展一次展览会，是否有会展市场（是否靠近生产商、参展商），对本地较其他城市的优势作一次分析。

（二）选择会展目标市场并进行定位

无论综合性还是专业性的会展活动都有其特定的目标受众，对于会议市场来说，进行市场定位更为重要。会展公司只有在进行市场细分和确定自己的目标市场后，才能针对自己的市场选择和实施一定的营销组合策略。

以会议市场为例，会议可按规模、形式分为大会、讨论会、代表大会、论坛、讲座等15

种之多。对于不同的会议类型,营销的手段是不同的。例如,协会会议由于是会员自愿参加的,所以会议带有很大的不确定性,为了吸引会员来参加,在进行会议组织的时候,许多协会团体会同时召开展览会,这样一方面可以增加会议的吸引力,另一方面可以降低会议的风险。而对于公司会议来说,因为它是强制参加的,没有人员变动的风险,所以会议服务公司只要在自己的服务水平方面和性价比方面下功夫就可以。对于国际组织和政府会议,在此期间许多领导人会同时出现在某个地方,所以会议举办地的安全被列为第一个要考虑的要素,这时的营销重点就转向了安全。

(三)制定和执行会展营销计划

在前面两个步骤的基础上,接下来的工作就是要制定和执行市场营销计划了。制定一个可行的市场营销计划是会展营销的精髓所在,具体内容应包括以下几个方面:

(1)既定目标市场综述,即对会展目标市场的营销现状作出分析,并针对此次活动做出"SWOT"分析。

(2)对目标顾客进行详细的记录,包括参展商的公司名称、地址、邮编、联系人、电话号码、传真等。

(3)确定市场营销的目标,并针对目标提出合理的营销组合策略。

(4)确定营销费用预算,并对营销活动提出一定的控制和规划方案。

执行营销计划是指将营销计划付诸实施的过程。在执行中,可以检验会展企业的营销计划是否能确保实现营销的目标,及时发现偏差。

(四)评估和调整会展营销计划

由于市场上存在许多的不确定因素,所以随着外部环境的变化,要对市场营销计划作出调整。调整的前提首先是对市场营销计划作出准确的评估,然后再进行适当的调整。活动组织者应重点从以下几个方面考察:

(1)营销活动是否起到了预先设想的作用:告知行为、影响潜在参展商参展、提升公司品牌或形象等。

(2)营销活动对公司的销售额起到多大的影响作用(营销活动前后的销售额变动百分比)。

(3)通过营销活动是否真正对之前确定的目标市场起到应有的作用(预订展位、主动地和办展机构进行沟通)。

(4)如果营销活动没有起到以上的作用,那么外部市场环境有可能已经发生了改变,因此公司的市场营销计划也应作出相应的调整。

第三节 会展营销要素组合

一、会展营销组合的要素构成

营销要素组合是企业在市场环境变化的条件下,依据其营销战略对营销过程中的各项因素进行配置和系统化管理的活动。传统的营销要素组合4P(Product, Price, Place, Promotion)是根据制造业情况而定的,而服务业产品的非实体性决定了它并不完全适用于服务行业的特征。会展业属于第三产业,有自身的特殊性,其营销组合也不一样。这里依照营销学家布姆斯(Booms)与毕特那(Bitner)针对服务业提出的7P营销理论,概括了会展营销组合的构成要素,即产品(Product)、价格(Price)、渠道(Place)、促销(Promotion)、人员(Participant)、有形展示(Physical evidence)、服务过程(Process)。此外,公共关系(Public relation)也是会展营销组合的构成要素之一。由此构成了会展营销组合的八要素。

二、会展营销组合八要素简析

(一)产品

服务行业的产品与制造业实体产品有很大不同,涵盖了产品质量、服务项目、服务水平、品牌名称、售后服务等内容。

会展产品的具体表现形式是展位,同时也是多层次、多功能、多形式的服务复合体。服务是展会竞争的筹码,一个展会就是一个服务系统工程。只有不断提高会展服务质量,不断进行服务创新,会展产品才有旺盛的生命力。

和实体产品一样,会展产品也要注重品牌。品牌展览会是指具有一定规模,能反映某种类型展览会的发展动态及趋势,能对此类展览活动起指导作用并具有较大影响力的展览会。对于会展业来说,品牌意味着高附加值、高利润、高市场占有率,它是展会生存和发展的关键。

会展服务与品牌两者相辅相成,没有令人满意的服务,展会的品牌无从谈起,而知名的品牌展会必然在服务上更胜一筹。

(二)价格

组展商对会展产品的定价,也就是参展商要支付的购买会展产品的费用,这一价格有赖于众多因素的平衡。组展商组织展会所要考虑的问题涉及方方面面,包括:展会的场租、广告、企业成本等展会成本费用;创品牌的经营策略;参展企业的经济承受能力;综合来自各方面的信息对展会的运作情况进行评估;等等。

会展产品的价格制约因素包括:会展行业的竞争状况和企业的竞争能力,会展企业成本状况,会展市场需求状况及水平,会展企业项目周期,市场发展情况及市场环境,会展企业定价目标,会展企业整体经营价格。[①]

价格方面要考虑的因素除价格水平外,还包括折扣、付款条件、顾客的认知价值、信用等。参展商在选择展会的时候,主要考察的是展会能否对企业产品销售、品牌维护起作用,以及该展会的性价比,等等。价格的不稳定和过度折扣会影响到客户对展会品牌的信任度,因此展览会价格不宜轻易改动。严格控制成本和选择适当的经营模式是每个公司在每个时期都应注意的事情,但为了吸引更多的潜在客户而利用各种可能的方式降低展览会报价是不可取的。合理的成本节约是有限度的,一味地追求低成本必将引起行业内价格战的恶性循环。

(三)渠道

会展服务提供者的所在地以及其他地缘的可及性是会展营销渠道的重要因素。目

---

① 刘松萍,梁文.会展市场营销[M].北京:中国商务出版社,2004.

前展会分销渠道主要有以下几种模式：一是组织者自主招展；二是项目代理制，由专业公司负责展会具体操作，组织方负责协调；三是自主招展和项目代理相结合的模式。目前国内大多数的展会采取的是第三种模式。企业要根据客户性质，有效地匹配销售渠道。

无论是自主招展还是代理招展，都要求宣传充分，选择慎重。做好招展组团工作的基本条件和要求是：项目要合适，宣传要充分，标准要实际，选择要慎重，管理要认真，切忌目光短浅和利用欺骗手段获利。

随着互联网的日益普及，网络在扩大展览会影响和知名度方面起到了愈来愈重要的作用。会展企业可以利用多种搜索方法获取有用的信息和商机，同时还可运用定向邮件搜索等技术手段，寻找网上营销目标，扩大宣传，提高知名度。网络信息的扩散范围、停留时间、表现形式、延伸效果、公关能力、穿透能力都是最佳的，而且网上信息发布以后，可以对其动态地跟踪，并进行回复后的再交流和再沟通。传统经济时代的经济壁垒、地区封锁、人为屏障、交通阻隔、资金限制、语言障碍、信息封闭等，都阻挡不住网络信息的传播和扩散。网络图文并茂、声像俱显的昭示力，地毯式发布和爆炸式增长的覆盖力，整合为一种综合的信息影响力。这一切使得网上招展成为当今应用最普遍的招展方式之一。

（四）促销

促销包括广告、人员推销、销售促进、宣传、公关等市场沟通方式。会展行业比较常用的有效促销方式有：

1. 展会营销

这是指利用其他展览会促销自己的展会。可以通过参加在国外的展会，以展商的身份为自己的展会进行宣传和销售，利用这个时机举办自己展会的座谈会、新闻发布会等，效果较好。

2. 媒体宣传

媒体宣传首先可利用专业内较权威的国际性杂志。其优点是受众群体专业、广泛，且可信度大。

3. 其他常用方式

邮寄也是很有效的营销手段之一，其中寄明信片是最简单有效的，可在营销所在地寻找邮政代理开展这项工作。制作展览会的宣传影碟也是比较普遍的一种营销方式，影碟一定要突出展览会的特点。还有以公共关系维护和拓展为主的促销手段，通过公关话题和事件的策划，能够将展会信息直达目标客户及受众，从而起到良好的效果。

除了传统的广告、邮寄、电子邮件等手段外，还有在国外设立代表处或寻求代理商，为展览会组织各种形式的促销活动，组织专门人员到国外招展、拜访重要客户或召开新闻发布会等，都能起到很好的作用。

（五）人员

把人员作为营销组合的因素之一，主要有三方面的含义：

1. 会展需要全能型人才

所谓全能型人才是指具有对展会所涉及的行业的了解能力、对展会的整体策划能力、对宏观市场的把握能力、及时根据市场变化调整展会组织方案的整体控制能力、销售能力、展会各方面的协调能力等的人才。

2. 会展需要展览服务人才

展会服务人员在展会现场工作，直接面向参展商、参观者，他们的言行举止、服务规范、服务质量，直接影响着服务水准和顾客的满意度。在顾客眼中，他们其实就是会展产品的一部分，担任着服务表现和服务销售的双重任务。

3. 参展商也需要会展人才

具体到参展商所需的会展人才，则更强调具备良好的沟通能力，目的是能够帮助企业与组展商进行交流沟通，协助企业选择最适合自己企业需求的展会，充分利用展会这一现代营销手段最大限度地为产品推广、企业宣传服务。

（六）有形展示

在会展业中，有形展示的部分会直接影响顾客对会展企业的评价。展台可以说是企业的名片，展台的大小、设计、外观必须符合竞争标准，才能使企业在展览会中立于不败之地甚至脱颖而出。展览会上评价一个参展商是否成功的标准不是看它的展台是不是很华丽、很奢侈，而是看它的沟通能力，它所表达的概念以及展台所确定的功能和展品本身的内涵。

展览会不是摆摊推销卖货，不是孤立地展示个别的产品，而是以产品为载体通过综合的手段展示企业整体、企业的能力、企业的档次，因此展台的设计应体现和提升企业形象，反映企业精神。围绕这个中心，须做到以下几点：

（1）充分利用各种可能的要素。例如，展台的形式、材料、音响、光线、色彩和其他装潢用品，要不断给观众以新鲜感，刺激其好奇心，使他们对展台产生兴趣，进而产生与展览者谈话的愿望。

（2）展台的设计要强调个性，同时要在空间上和气氛上方便交谈，使人在此既有"别有洞天"之感，又有宾至如归的感觉。

（3）展台要素的配套使用还应有助于增强工作人员谈话内容的说服力，使顾客的瞬间好感在有限的时空内能够得到反复证实和加强，为展览会后的联系打下基础。

（4）展台设计还要考虑到与展览会期间企业计划举办的其他活动配套。展会期间可能同时举行各种各样的会议、研讨会、表演或招待会等活动，这对展台搭建提出了新的要求。[①]

每个参展企业都希望以最小的资金投入获得最好的展示效果。只在展示结构和展示环境上做文章，已无法满足各具特色的参展企业的需要。因此，如何在不增加成本的前提下，更新传统布展手段，丰富展示设计语言，成为广大参展企业关注的焦点问题。

（七）服务过程

服务过程包括产品和服务交付给顾客的程序、交付过程中的义务以及服务提供者的日常工作。对于会展业而言，服务过程的重要性尤其突出，因为"会展就是一种服务"。服务过程的变化情况主要取决于人员，因此服务过程和人员也是紧密联系在一起的组

---

① 如何通过展览会和展台设计体现企业形象. 中展网 http://sales.ccnf.com.

合要素。

1. 牢固树立客户至上的观念，加强展前、展中、展后的全过程服务工作

会展企业要以优质的服务赢得市场。比如，会展前要加强对参展效果的调研，及时发布来展、出展信息，引导企业的参展活动，避免企业盲目参展、办展，为参展商及广告客户提供广告制作、说明书印制、展台搭建等服务；会展期间要帮助客户组织信息交流会、贸易洽谈会及行业技术研讨会等，为买家和卖家创造商机；会展后要进行现场调查，询问参展商对展会的看法、意见，并把展览会的总结材料提供给参展商，征求他们的意见，了解他们下一届继续参展的信心及希望解决的问题。

2. 会展服务向专业化、规范化、全能化方向发展

一个品牌展会，必须将服务内容规范化、服务项目专营化、服务网络集团化，才能真正全方位地提高服务质量。会展业优质的服务工作是办好展会至关重要的条件之一。规范化的会展业服务工作的进一步强化，有利于会展业的健康发展。

3. 细节之处体现出"以人为本"的经营意识

办展会还需要重视很多细节，如展会的布局完全以展品大类来划分，为参观者和参展者提供便利；为使参观者看有选择、购有目标，展会还应编印一份不同文字的参观指南，对前来参观的顾客免费赠送；同时，展会内还应专门开设出就餐中心、休息场所、方便通道，在宽敞处和休息场所设置一些方便顾客休息的躺椅等。

（八）公共关系

公共关系是指某一组织为改善与社会公众的关系，促进公众对组织的认识、理解及支持，达到树立良好组织形象、促进商品销售目的的一系列公共活动。它本意是社会组织、集体或个人必须与其周围的各种内部、外部公众建立的良好的关系。它是一种状态，任何一个企业或个人都处于某种公共关系状态之中。

会展经济是一种多产业汇合在一起的综合性经济。会展既是一项商业活动，也是一种有大量公众参与的社会活动。公共关系对会展的组展、筹备、开展和服务等多个环节都会产生重大影响，很多时候，能否搞好公共关系将直接关系到会展能否如期成功举办。会展业对公共关系的重视程度要高于很多其他产业。

会展营销要在成本、环境和竞争者的约束下，将上述八要素有机结合起来，进行科学配置和有效组合，制定出科学的营销策略。

展览会的成功与否在很大程度上取决于对营销策略运用的好坏。任何一种产品需要有效地销售出去，必须运用合适的、有效的营销方法和策略，才能更好地宣传自身的产品，尤其是特殊的服务产品。因为服务产品具有许多特性，使得在营销中需要运用相应的服务营销技巧。而在会展营销这项特殊的服务产品中，营销策略更应不断创新，以适应会展经济的发展。

....

复习思考题

1. 简述市场营销的含义。

2. 简述市场营销理念的发展过程。

3. 市场营销的新理念有哪些?
4. 如何理解会展市场营销的作用?
5. 简述会展营销的特征。
6. 简述会展营销的目标。
7. 会展营销活动的主体有哪些?
8. 简述会展市场营销过程。
9. 简述会展营销的要素组合。

本章主要探讨以下问题：

● 会展组织设计步骤

● 会展人力资源计划的影响因素和基本程序

● 会展人力资源招聘及其策略

● 会展人力资源培训及其过程

● 会展人力资源绩效考核及其程序

● 会展人力资源激励及其方法

由于会展是一个新兴行业,目前大多数从业者都是半路出家的。这些人员虽然有一定的实践经验,但专业底子薄,对国际展会运作模式也了解不够。因此专业人才缺乏、专业队伍建设滞后,已成为会展业快速前进的瓶颈。另外,会展专业人员的流动性强也是影响会展业发展的一个重要因素。

要解决上述问题,一方面要依靠专门院校和机构的教育培训,例如德国、美国、英国等国家在大中专院校都设有展览专业,向学员系统地讲授展览理论知识和实践技能。另一方面,提高会展公司的人力资源管理水平也应该得到足够的重视。目前,我国相当数量的展览公司只是一个招牌两三个人经营,根本谈不上有专门的人力资源计划和管理部门。那么怎样加强会展企业人力资源的管理呢? 本章运用人力资源管理理论,从计划、招聘、培训、考核和激励等视角进行分析。

第一节 会展组织设计

会展企业需要通过组织设计为决策和计划的有效实施创造条件,具体步骤如下。

一、确定目标

会展企业应在分析环境的基础上确定目标,即研究设计出一个反映企业目标和计划的理想的组织形态。例如,要设计的组织是组展公司、场地公司,还是临时性的项目公司;在组展公司中,是一个国际展览公司,还是一个国内展览公司。只有明确这一定位,才能为下面的工作确定方向。当然,要确定目标,环境分析非常重要。环境分析内容包括企业内外部经济技术、政治社会、公共关系、地理位置、心理等诸方面现有的和未来变动的因素。同时,组织结构的设计必须满足实现本企业目标的要求。

二、部门分工

部门分工即分析各种活动,按主次顺序详细列举,将相关的活动并为一个职能部门,并把各职能部门和业务部门的职能组合起来,建立相应的管理机构。这样各主要职能部门能平衡地、综合地组织成为一个有机的系统。会展组织的部门划分包括会展企业的部门划分和展会活动的部门划分。

(一)会展企业的部门划分

以展览公司为例,部门分工的方法最常见的有两种:一是按项目分部(项目负责制),如图6-1所示;二是按职能分部,如图6-2所示。此外,还有一种事业部组织形式,一般适用于大型会展管理公司和跨地区的会展集团公司。

按项目分部是将同一项目集中在相同的部门进行的一种形式。其优点是:多元化经营与专业化经营相结合,有利于及时调整企业方向,有利于促进企业内部竞争,有利于培养高层管理人才。其缺点是:对人员的能力要求较高,各部门可能过分强调本部门利益,增加管理成本。

按职能分部是根据业务活动的相似性来设立管理部门的一种形式,是一种传统的、普遍的组织形式,往往用于企业发展初期,品种简单、规模较小时。其优点是:专业化分工明确,有利于维护组织的统一性,有利于人员培训。其缺点是:不利于指导产品结构的调整,不利于高级管理人才的培养,部门之间活动不协调。

事业部制是在一个企业内对具有独立产品市场、独立责任和利益的部门实行分权管理的一种组织形式。其优点是:① 责、权、利划分比较明确,能较好地调动经营管理人员的积极性;② 以利润责任为核心,能够保证公司获得稳定的利润;③ 事业部门的独立生产经营活动,能为公司不断培养出高级管理人才。其缺点是:① 需要较多素质较高的专业人员来管理事业部;② 管理机构多,管理人员比重大,对事业部经理要求高;③ 分权可能会架空公司领导,削弱对事业部的控制;④ 事业部间竞争激烈,可能会发生内耗,协调也较困难。

实行事业部制的会展企业,需具备以下几个条件:① 各个事业部的业务独立程度较高,能独立进行经营;② 事业部间相互依存,不硬性拼凑;③ 保持事业部之间适度的竞争;④ 公司有较为完善的管理机制,尽量避免单纯使用行政手段;⑤ 适时而动,即根据外部环境好坏,来决定是否实行事业部制,如果外部环境不好,应集中力量渡过难关,而不宜实行事业部制。

图 6 - 1

按项目分部的组织结构

图 6 - 2

按职能分部的组织结构

(二) 展会活动的部门划分

大型会议展览都有一个组织筹备委员会,专职处理所有相关事宜。筹备委员会下有执行委员会,常设机构为秘书处,下设各种工作小组,如图6-3所示。展会一般根据项目的要求设置部门,具有临时性,项目一旦完成,组织机构也就完成其使命。

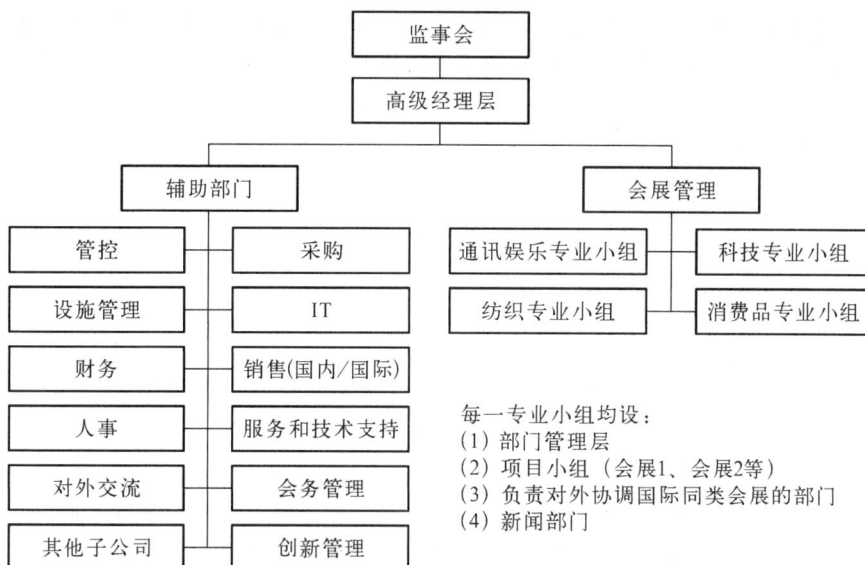

法兰克福会展公司

监事会

高级经理层

辅助部门

管控	采购
设施管理	IT
财务	销售(国内/国际)
人事	服务和技术支持
对外交流	会务管理
其他子公司	创新管理

会展管理

| 通讯娱乐专业小组 | 科技专业小组 |
| 纺织专业小组 | 消费品专业小组 |

每一专业小组均设:
(1) 部门管理层
(2) 项目小组（会展1、会展2等）
(3) 负责对外协调国际同类会展的部门
(4) 新闻部门

（案例来源:法兰克福会展公司）

案例6－1

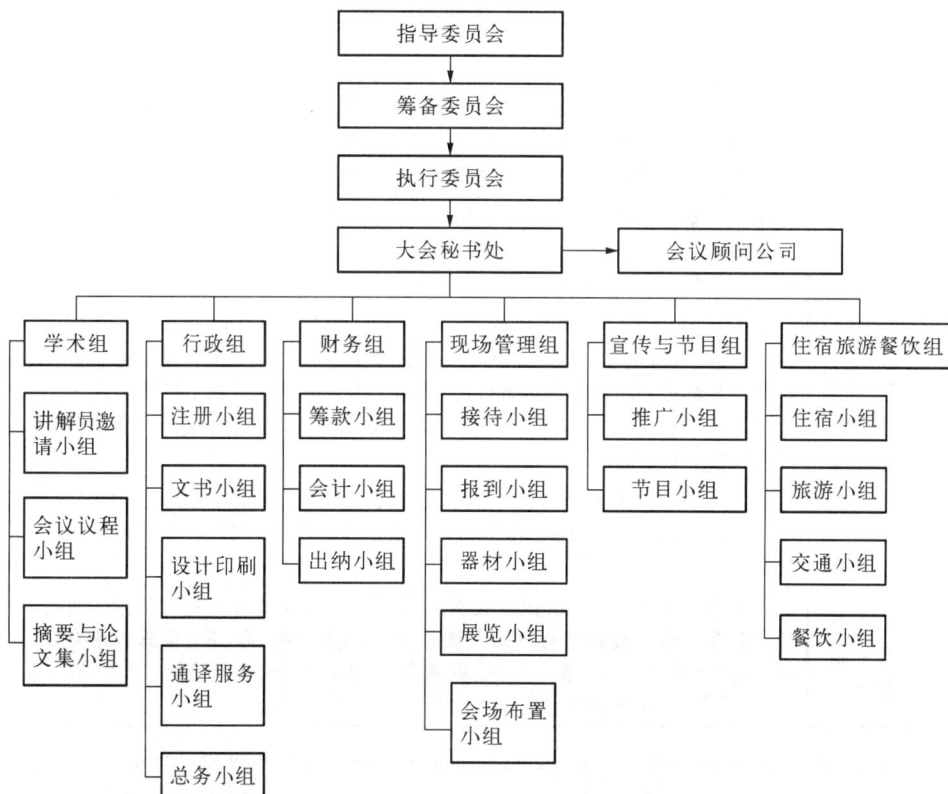

图6－3

大型会展组
织结构图

指导委员会

筹备委员会

执行委员会

大会秘书处　→　会议顾问公司

学术组	行政组	财务组	现场管理组	宣传与节目组	住宿旅游餐饮组
讲解员邀请小组	注册小组	筹款小组	接待小组	推广小组	住宿小组
会议议程小组	文书小组	会计小组	报到小组	节目小组	旅游小组
摘要与论文集小组	设计印刷小组	出纳小组	器材小组		交通小组
	通译服务小组		展览小组		餐饮小组
	总务小组		会场布置小组		

案例6-2

广交会组织结构与职责划分

"中国进出口商品交易会领导委员会"由中华人民共和国商务部、广东省人民政府、广州市人民政府领导，各交易团团长、各展馆馆长、有关部门领导共同组成，下设大会秘书处、业务办公室、外事办公室、政治工作办公室、保卫办公室、新闻中心、卫生保障办公室、证件服务中心和广交会客户联络中心，统一组织和领导广交会的各项工作。

大会秘书处	负责广交会总体协调；负责广交会重大活动的组织与协调；负责商务部领导及嘉宾到会接待工作；落实部、司领导交办事宜。负责广交会有关信息的编号、上报；负责广交会各机构之间的文件流转和机要、保密等文秘管理工作；统筹现场展览服务和通信、财务等配套服务；负责后勤保障等日常工作。
业务办公室	组织、布置进出口成交工作，负责外贸政策研究、形势分析，指导进出口成交统计工作；指导广交会展览成效评估工作，研究制定广交会组展工作方案；组织开展有关广交会改革发展调研；负责有关业务信息编报（包括广交会总结等）；指导查处违规转让和倒卖展位以及知识产权侵权行为；联系交易团、商协会，协调有关展览工作；指导和推动信息化工作，建立完善的广交会电子政务系统、电子商务系统和信息服务系统等。
外事办公室	负责广交会对外交往、外事活动的组织安排，包括安排广交会领导的外事活动；接待应邀来访的外国政府及经贸代表团；邀请或协助邀请外方主讲人、驻华使（领）馆官员、商会团体或公司代表等参加在广交会期间举办的相关会议。
政治工作办公室	负责广交会思想政治工作的组织、管理和协调；负责违规转让和倒卖展位的检查工作。
保卫办公室	负责广交会展馆和重要活动的安全保卫工作；负责对到会采购商、国内与会人员的住所及主要活动场所的安全保卫工作实行统一的组织指挥，包括制定广交会保卫方案、协调各级公安部门行动、维护广州地区的社会治安，为广交会创造安全良好的社会环境；负责展馆的防火安全；负责维护广交会展馆及其附近道路交通秩序，保障交通畅顺。
新闻中心	负责广交会期间记者邀请、接待、重要采访活动的安排以及组织召开新闻发布会；负责编辑出版《广交会通讯》中文版；负责跟踪媒体报道，编辑《舆情快报》和《每日舆情摘要》；负责宣传品发放管理。
卫生保障办公室	负责统一领导和指挥广交会卫生保障工作。与卫生行政部门保持密切联系，了解和掌握卫生动态，制定卫生保障工作方案和卫生防疫情况宣传口径；检查卫生保障措施落实情况；接受病情报告，处理卫生保障工作中的突发事件；组织、协调卫生防疫力量及相关工作；汇总广交会卫生防疫情况信息，编写简报。
证件服务中心	会同外贸中心有关部门，负责广交会证件的印证、制证、发证，采集、分析、汇总采购商信息数据；负责规划完善办证系统、培训使用办证系统和现场管理。
广交会客户联络中心	广交会客户联络中心是为与会客商提供广交会及日常展览相关信息的统一服务平台。提供与会一站式服务，可接受中、英、西、法、俄五种语言咨询；受理展会信息、展品导航、办证咨询、客商与会、仓储运输、审图、交通、展具预订、设备预租、宽带接入、报障、投诉等业务。

（案例来源：http://www.cantonfair.org.cn/html/cantonfair/cn/about/2012-09/123.shtml）

三、确定管理层次

确定管理层次,即从上到下明确各级、各部门的关系,使管理层次和机构大小相适应。管理层次受管理幅度制约,管理层次与管理幅度呈反比关系。管理幅度是指一名管理人员有效地管理下属的人数,其确定可根据以下原则:① 直接关系的上下级双方能力。能力强的,管理幅度可大些,反之应该小些。② 工作的复杂性和相似性。工作内容和部门管理复杂的,管理幅度可小些,反之则大些。③ 工作的程序性和标准化程度。经常性、重复性、模式化的工作,管理幅度可大些,反之则小些。④ 组织内部沟通与信息传达的方式和能力。组织内部沟通较好,信息传递迅速准确,则管理幅度可宽些,反之则小些。⑤ 外部环境改变的速度。环境变化快,势必造成管理人员集中较多精力研究环境,不可能花太多的精力研究下属,管理幅度应小些,反之则大些。

管理层次是从组织最高主管到具体工作人员之间的层次,它受到组织规模和管理幅度的影响,与组织规模成正比,与管理幅度成反比。

管理层次与管理幅度的反比例关系决定了两种基本的会展组织结构形态:扁平结构形态和锥形结构形态。

1. 扁平结构形态

扁平结构是一种会展组织规模已定、管理幅度较大、管理层次较少的组织结构形态。其优点是:较大的管理幅度使主管人员对下属不可能统得过死,从而迫使上级授权,有利于下属主动性和创造性的发挥;会展组织必须制定明确的政策,否则不容易控制局面;必须慎重选择下级人员,特别是要选择有一定自觉性和创造精神的下属。其缺点是:上级主管人员负担过重,容易形成决策"瓶颈";管理幅度过宽,下属太多,上级管理人员对其有失控的危险;对管理人员素质要求较高。

2. 锥形结构形态

锥形结构是一种管理幅度较小、管理层次较多的高、尖、细的金字塔形态。其优点是:管理人员对下属有严密的监督和控制;人员数量少,上下级之间联络迅速。其缺点是:上级会过多参与下级的工作,甚至出现越级指挥的现象;管理的多层次会引起高费用,特别是由于管理人员比例的增加,会带来过高的管理费用;高层次与低层次距离过长,影响了信息传递,每次信息传递都被各层次主管人员加进了许多自己的理解和认识,进而造成信息在传递过程中的失真。

会展公司一般规模都不大,因此管理层次都不宜太多,特别是随着管理信息化手段的应用,其组织结构逐渐向扁平化发展。而展览会组织,特别是大型国际展览会,往往规模大、人数多、涉及机构庞杂,所以管理层次比较多,锥形结构特征明显。

四、工作设计

工作设计具体包括职务分析和职务说明书的制定。职务分析是工作设计的过程,职务说明书是工作设计的结果。

1. 职务分析

职务分析一般从以下八个要素(6W2H)着手:

(1)Who:谁从事此项工作,责任人是谁,对人员的学历及文化程度、专业知识与技能、经验以及职业化素质等有什么资格要求。

（2）What：做什么，即本职工作或工作内容是什么，负什么责任。

（3）Whom：为谁做，即顾客是谁。这里的顾客不仅指外部顾客，也指企业内部顾客，包括与从事该职务的人有直接关系的人，如直接上级、下级、同事、客户等。

（4）Why：为什么做，即职务对其从事者的意义所在。

（5）When：工作的时间要求。

（6）Where：工作的地点、环境等。

（7）How：如何从事此项工作，即工作的程序、规范以及为从事该职务所需的权力。

（8）How much：为此项职务所需支付的费用、报酬。

2. 职务说明书

职务说明书是一种陈述工作任务、职责的文件。职务说明书应简要地描述企业期望员工做些什么、怎么做和在什么样的情况下履行职责。具体包括以下内容：

（1）职务概况，包括职务的名称、所属部门、等级、汇报关系、职务编号。

（2）职务分析日期，目的是避免使用过时的职务说明文件。

（3）职务职责，说明本职务的工作任务、培训、指导、服务、计划、沟通等方面的职能及责任。

（4）任职资格，即从事该项职务必须具备的基本资格条件，主要有学历（文化程度及所学专业）、年龄、相关经历、个性特点、能力、基本技能、知识要求、其他特殊条件等。

工作设计是一项复杂的系统工程，主要由企业的高层管理人员负责，企业人事部门只是协助高层管理人员来从事这项职务。企业进行工作设计必须统筹规划，分阶段、按步骤地进行。

会展组织的工作设计往往会体现出"一人多岗"的综合性要求，所以在设计岗位时，既要体现出"分工"，又要体现出"合作"和"整体"；既要具体细致，又要把握全局。

五、配备人员

配备人员就是将组织结构具体化，确定管理人员和全体职工的人数和比例。在会展组织中，必须配备一定数量训练有素的人员，以保证经营活动的正常开展。

第二节　会展人力资源的计划

一、会展人力资源计划的影响因素

会展人力资源计划，是指会展企业根据发展规划，对企业未来的人力资源的需要和供给状况进行全面的分析和估计，并以此为依据进行职务编制、招聘和甄选、人员配置、教育培训等活动。在制定人力资源计划时，应考虑多方面的影响因素，以作出既符合企业发展需要又对员工发展有利的全面规划。

（一）会展企业外部的影响因素

1. 宏观经济形势

会展经济被称为国民经济发展的"晴雨表"，会展业的繁荣与否在一定程度上是总体经济形势或某个行业发展情况的反映,所以其人力资源供给情况受宏观经济形势的影响。经济萧条时期,人力资源获得成本和人工成本低,但是会展业也相应萎靡,提供的就业机会少;通货膨胀阶段,劳动力成本高,企业会因为成本原因而减少用人数量。

2. 人才市场供求状况

目前就国内而言,会展人才还是属于紧缺人才。比如在上海,由于2010年世博会的原因,会展人力资源的供求缺口更大。因此,会展企业从外部补充人力资源受到一定的限制,这也在一定程度上影响了会展企业的人力资源计划工作。

3. 政策因素

政策因素包括政府的政策法规、户籍制度、住房制度和社会保障制度等。政府的政策法规,如政府有关人员招聘、工作时间、最低工资的强制性规定,会影响企业的人力资源计划。而户籍制度、住房制度和社会保障制度会影响人力资源的流动及使用等,对企业的人力资源计划也有影响。

4. 技术与媒体

计算机网络等技术的产生、更新,使得人力资源管理发生变化,如运用计算机网络技术作为招聘媒体就可以大大增加信息覆盖面,提高信息传播速度,借助于计算机技术的人力资源信息系统(HRMS)也将对传统的人力资源管理活动产生深远的影响。

(二)会展企业内部的影响因素

1. 企业的一般特征

企业的行业属性、产品的组合结构、产品的销售方式等,决定企业对人力资源数量和质量的要求。而就会展公司而言,对人力资源的综合素质的要求很高,这对会展公司员工的招聘和培训都具有重要意义。

2. 企业的发展目标

会展企业规模的扩大、展览类别或性质的改变以及受众的转移等,会导致企业人力资源层次、结构及数量的调整。企业的人力资源计划要服务于企业的发展目标。

3. 企业文化

如企业的凝聚力强、员工的进取心强、员工的流动率较小,则企业可立足于对现有员工进行培训和晋升,来满足企业发展对人力资源质量上的新需求。由此,企业人力资源计划的重心必须放在培训、晋升和生涯规划上。

二、会展人力资源计划的制定程序

会展企业必须根据自己的发展战略目标和任务来制定人力资源计划。一般来说,会展企业制定人力资源计划要经过以下几个阶段。

(一)前期准备

通过调查研究,取得人力资源所需的信息资料是这一阶段的主要任务。所要获得的信息内容包括企业外在环境的变化趋势、企业经营战略的发展、企业内部情况分析以及人力资源现状分析。其中,对于内部人力资源的现状进行分析是人力资源计划中最重要的部分。企业要核查现有的人力资源状况,包括现有人力资源的数量、质量、结构及分布状况。这一部分工作需要结合人力资源管理信息系统和职务分析的有关信息来进行。

(二)预测企业未来人力资源的供给状况,制定人力资源供给计划

通过对企业内部现有的各种人力资源进行测算,并对照企业在一定时期内人员流动的情况,即可测算出企业在未来一定时期里可能提供的各种人力资源的状况。

1. 对本组织内现有的各种人力资源进行核查

核查内容包括:各种人员的年龄、性别、工作简历和学历、技能等方面的资料;目前,本组织内各个工作岗位所需要的知识和技能以及各个时期人员变动的情况;员工的潜力、个人发展目标以及工作兴趣爱好等方面的情况。

2. 分析组织内人员流动的情况

企业组织中现有员工的流动可能有这样几种情况:① 留在原来的岗位上;② 平行岗位的流动;③ 在组织内的提升或降职;④ 辞职或被开除出本组织;⑤ 退休、工伤或病故。

会展企业的人力资源供给预测就是为满足企业的人力资源需求,而对将来某个时期内,企业从其内部和外部所能得到的员工的数量和质量进行预测。一般包括以下几方面内容:① 分析企业目前的职工状况,如企业员工的部门分布、技术知识水平、工种、年龄构成等,了解企业的人力资源现状;② 分析目前企业员工流动的情况及其原因,预测将来员工流动的态势,以便采取相应的措施避免不必要的流动,或及时给予替补;③ 掌握员工提拔和内部调动的情况,保证工作和职务的连续性;④ 分析工作条件(如作息制度、轮班制度等)的改变对职工供给的影响;⑤ 掌握员工的供给来源和渠道,职工可以来源于内部,也可以来源于外部。

(三)预测企业未来对人力资源的需求,制定人力资源需求计划

人力资源需求预测,主要是根据企业的发展战略规划和内外部条件选择预测技术,对人力资源需求的结构、数量和质量进行预测。在预测人力资源需求时,应充分考虑各种因素对人力资源需求在数量、质量以及构成上的影响。预测者及其管理判断能力对预测的准确与否影响很大。

会展人力资源需求预测受到许多因素的影响。总的说来,进行人力资源需求预测时,需要考虑的因素主要包括:① 组织结构和职位的设置;② 员工的质量与性质(如工作情况、定额及劳动负荷等);③ 可能的员工流动率(辞职或终止合同);④ 企业的发展目标。

(四)进行人力资源供需方面的分析比较,制定招聘和培训计划

这一阶段的内容是将企业人力资源需求的预测数与在同期内组织本身仍可供给的人力资源数进行对比分析。从比较分析中可预测出对各类人员的需求数,这可以为企业的招聘和培训提供依据。

(五)制定人力资源总体计划

在上述基础上,制定出人力资源的总规划,并将有关的政策和措施呈交给最高管理层审批。

(六)人力资源计划的实施、评价与反馈

在人力资源总体计划及各项分类计划的指导下,确定实施计划的步骤、方法、保障措施等,是这一步的主要内容。另外,应该建立一整套报告程序来保证对计划的监控。由于不可控因素的影响,常会发生令人意想不到的变化或问题,如果不对计划进行动态的监控和调整,人力资源计划最后就可能成为一纸空文,失去指导意义。因此,对计划的评价并将信息反馈给决策者是最后一项工作。

评价要客观、公正和准确，同时要进行成本—效益分析，以及审核计划的有效性。在评价时，一定要征求部门经理和基层管理人员的意见，因为他们是计划的直接受益者，最有发言权。另外，要注意使评价保持连续性。

案例 6-3

某公司年度人力资源管理计划

一、职务设置与人员配置计划

根据公司年度发展计划和经营目标，人力资源部协同各部门制定了公司年度的职务设置与人员配置计划。公司将划分为 4 个部门，其中行政副总负责行政部和人力资源部，财务总监负责财务部，营销总监负责销售部。具体职务设置与人员配置如下：

1. 决策层（4 人）

总经理 1 名、行政副总 1 名、财务总监 1 名、营销总监 1 名

2. 行政部（5 人）

行政部经理 1 名、行政助理 1 名、行政文员 1 名、司机 1 名、接线员 1 名

3. 财务部（4 人）

财务部经理 1 名、会计 1 名、出纳 1 名、财务文员 1 名

4. 人力资源部（4 人）

人力资源部经理 1 名、薪酬专员 1 名、招聘专员 1 名、培训专员 1 名

5. 销售部（12 人）

销售部经理 1 名、销售组长 2 名、销售人员 8 名、销售助理 1 名

二、人员招聘计划

1. 招聘需求

根据年度职务设置与人员配置计划，公司人员数量应为 29 人，到目前为止，公司只有 22 人，还需要 7 人，具体职务和数量如下：财务总监 1 人、财务文员 1 人、销售人员 4 人、行政文员 1 人。

2. 招聘方式

财务总监：社会招聘

财务文员和销售人员：社会招聘和学校招聘

行政文员：学校招聘

3. 招聘策略

学校招聘主要通过参加应届毕业生洽谈会、在学校举办招聘讲座、发布招聘张贴、网上招聘等四种形式；社会招聘主要通过参加人才交流会、刊登招聘广告、网上招聘等三种形式。

4. 招聘人事政策

（1）本科生

a. 待遇：转正后待遇 2500 元，其中基本工资 1500 元、住房补助 500 元、社会保障金 500 元左右（养老保险、失业保险、医疗保险等）。试用期基本工资 1500 元，满半月有住房补助。

b. 考上硕士研究生后协议书自动解除。

c. 试用期三个月。

d. 签订三年劳动合同。

（2）硕士研究生

a. 待遇：转正后待遇5000元，其中基本工资4000元、住房补助500元、社会保险金500元左右（养老保险、失业保险、医疗保险等）。试用期基本工资4000元，满半月有住房补助。

b. 考上博士研究生后协议书自动解除。

c. 试用期三个月。

d. 公司资助员工攻读在职博士。

e. 签订不定期劳动合同，员工来去自由。

f. 成为公司骨干员工后，可享有公司股份。

5. 风险预测

由于今年本市应届毕业生就业政策有所变动，可能会增加本科生招聘难度，但由于公司待遇较高，可以基本回避该风险。另外，由于优秀的本科生考研的比例很大，所以在招聘时，应该留有候选人员。

三、绩效考评政策调整计划

上年度已经开始对公司员工进行绩效考评，每位员工都有了考评记录。

今年，绩效考评政策将作以下调整：

（1）建立考评沟通制度，由直接上级在每月考评结束时进行考评沟通。

（2）建立总经理季度书面评语制度，让员工及时了解公司对他的评价，并感受到公司对员工的关心。

（3）加强考评培训，减少考评误差，提高考评的可靠性和有效性。

四、培训政策调整计划

公司培训分为岗前培训、管理培训、岗位培训三部分。

岗前培训在上年度已经开始进行，管理培训和技能培训从今年开始由人力资源部负责。

今年，培训政策将作以下调整：

（1）加强岗前培训。

（2）管理培训与公司专职管理人员合作开展，不聘请外面的专业培训人员。该培训分成管理层和员工两个部分，重点对公司现有的管理模式、管理思路进行培训。

（3）技能培训根据相关人员申请进行，采取公司内训和聘请培训教师两种方式进行。

五、人力资源预算

1. 招聘费用预算

（1）招聘讲座费用：计划在4个学校分别给本科生和研究生做招聘讲座，共8次，每次费用300元，预算2400元。

（2）交流会费用：参加交流会4次，平均每次400元，共计1600元。

（3）宣传材料费：2000元。

（4）报纸广告费：6000元。

> 2. 培训费用
> 上年度实际培训费用3.5万元,按20%递增,预计今年培训费用为4.2万元。
> 3. 社会保障金
> 上年度社会保障金共交纳 × 元,按20%递增,预计今年社保金总额为 × 元。

第三节　会展人力资源的招聘

一般来说,会展是低投入、高回报的行业,它主要靠会展主办者和参展方人员的布展技术和业务素质,来获得商品营销中的隐性高回报。有了好的会展经营人才,会展就成功了一半。因此,各会展主办单位特别注重会展人才的选聘。会展员工招聘的基本程序包括制定招聘计划、制定招聘策略、甄选、聘用、招聘评估五个步骤。

一、制定招聘计划

企业根据自己的人力资源计划,在掌握各类有关人员的需求信息,明确有哪些职位空缺的情况后,就可以编制企业招聘计划。企业的招聘计划通常包括招聘人数、招聘标准、招聘对象、招聘时间和招聘预算等内容。

在招聘过程中,企业通常会吸收到比空缺职位更多的求职者。但究竟吸引到的申请者应该比录用的人数多多少才合适,这就需要计算投入产出的比例。投入是指全部申请者的数量,而产出则是招聘结束后最终到企业报到的人数。估算产出比的一个有效工具是招聘产出金字塔,利用这种方法可以知道,最终要获得一定数量的人员,必须吸引多少个申请者才能有保证。例如,某会展公司需要在明年招聘两名财会人员,而在劳动力市场上,接到录用通知的人与实际报到的人数比为2∶1,被邀请面谈的应聘者与被提供职位的应聘者的比例为3∶2,被邀请参加面谈的人与实际参加面谈的人的比例为4∶3,而这些被邀请面谈的人又是从最初的被吸引的申请者中产生出来的,假如其比例为6∶1,那么这个公司最初吸引的申请者应为48人。

当然,在不同的国家、不同的时期,甚至在同一个国家的不同地区,每一步的产出率都是不一样的。这些比例的变化与劳动力市场供给有很大的关系。劳动力供给越充足,比例会越小;需要的劳动力素质越高,剔除比例越小。另外,在招聘广告中,如果招聘要求说明得非常详细,那么就可以提高申请阶段的产出率。

二、制定招聘策略

招聘策略是为了实现招聘计划而采用的具体策略,具体包括招聘地点的选择、招聘时间的确定、招聘渠道和方法的选择等。

(一)招聘地点的选择

为了节省开支,会展公司应将其招聘的地理位置限制在最能产生效果的劳动力市场上。一般来说,高级管理人员应在全国范围内招聘;中级管理人员应在跨地区的劳动力市场上招聘;一般办事人员常常在企业所在地的劳动力市场上招聘。另外,招聘地点也应该有所固定,因为经常在某个市场上招聘,就会熟悉情况,有利于招聘,这样也能节约招聘成本。

(二)招聘时间的确定

一般说来,招聘日期的计算公式如下:

招聘日期 = 用人日期 − 培训周期 − 招聘周期

例如,某公司的用人日期为2015年7月1日,培训周期为两个月,招聘周期为一个半月,则按上述公式计算,应从2015年3月15日开始着手招聘。

(三)招聘渠道或方法的选择

任何一种确定的招聘方案,对应聘者的来源渠道以及企业应采取的招聘方法都要作出选择,这是招聘策略中的主要部分。

1. 招聘渠道的类型

招聘渠道有内部渠道和外部渠道两种。利用哪种招聘渠道取决于会展公司所在地的劳动力市场,招聘职位的性质、层次和类型,以及公司的规模等一系列因素。

(1)内部招聘

说到招聘,大多数人想到的是从外部招聘员工,而忽略了公司的现有员工也是一个重要的来源。内部招聘包括:① 内部提升。当企业中有比较重要的职位需要招聘工作人员时,让企业内部符合条件的员工从一个较低的职位晋升到一个较高的职位的过程就是内部提升。② 工作调换。它也称为"平调",是指员工的职务和职别不发生变化,而工作岗位发生变化。工作调换可为员工提供从事组织内多种相关工作的机会,为员工今后提升到更高的职位做好准备。

对于现有员工而言,内部招聘是一种重要的晋升渠道,它有以下许多优点:可以对员工起到激励作用,提高组织的绩效和员工士气;公司对应聘人的情况有比较充分的了解,使得职位与人选的匹配成功率较高;被提升的员工对公司的历史、现状、目标和使命以及存在的问题了解较为清楚,可以缩短适应期,较快地胜任工作;内部招聘可以节约大量的招聘费用,还可以节约相应的培训费用。

但是内部招聘也有其自身的缺点,具体如:内部招聘可选择的范围较小,如果片面地强调内部招聘,可能会使组织失去招聘到更合格人才的机会;内部提升的职位相对有限,一些条件相当的申请者因为没有得到提升,积极性可能会受挫,同时也有可能在员工中产生嫉妒、攀比等心理,甚至导致拉帮结派等现象,影响公司的绩效;由于公司员工习惯了组织内的一些做法,不易带来新观念,容易使组织墨守成规,缺乏创新意识,导致组织受挫。

(2)外部招聘

由于内部招聘选择范围有限,往往无法满足组织用人的需要,尤其是在公司初创或需要大规模招聘员工时,仅通过内部招聘是无法解决人力资源短缺问题的,必须借助于外部的劳动力市场。外部招聘渠道主要有:媒体广告、职业介绍机构(公共职业介绍机构、专职猎头公司)、学校招聘、员工推荐、顾客推荐、网络招聘。

外部招聘的优点是：可以提供较为广泛的人才资源，组织选择的余地较大，可以挑选到高素质的人员；外来员工可以为组织带来新的管理思想和管理技能，补充新生力量，避免组织的僵化和停滞；外部公开招聘可以避免组织内部因为没有得到提升而导致的员工积极性受挫，避免造成因不平衡心理而产生的嫉妒和拉帮结派现象。

但是，外部招聘也有一些缺点：若公司中有胜任者而没有得到提升，外部招聘就会打击内部员工的积极性和士气，产生与组织不合作的态度；由于外来者对组织的历史、现状、目标和使命以及存在的问题等缺乏了解，需要较长时间的磨合；在外部招聘中，由于招聘者对应聘者的判断主要是借助于应聘者自身提供的一些资料，对应聘者的实际工作能力和技能无法准确了解，可能会造成招聘失误；另外，相对内部招聘而言，外部招聘所需的时间和费用都较多。

2. 招聘渠道的选择

在选择招聘渠道时，会展公司应通盘考虑自身情况，如公司的办展方向、办展的方针、公司现有人力资源的状况（结构、数量等）、会展人才的供给情况（数量和来源）等等。

另外，招聘渠道与职位的类型、级别有很大的关系。技能及管理层次越高的职位，越需要在大范围内进行招聘，如在区域性的、全国性的人才市场甚至跨国范围内进行。发达国家的一些研究表明，职位的类型是决定使用哪一种渠道的重要因素。例如，对管理职位来说，使用最多的是内部招聘、报纸广告，其次是专门的中介机构，如猎头公司等；对于专业和技术职位来说，使用最多的是校园招聘，其次是报纸、专业杂志广告；对于展位销售人员，企业使用最多的是报纸广告。当然，现在各类专业招聘网站也为会展企业招聘提供了好的渠道。

总之，任何一种招聘渠道都既有优点又有缺点，公司应全面考虑各种因素，综合利用各种渠道，这样才能尽可能地招聘到需要的员工。

3. 招聘中的组织宣传

企业在"推销"自己提供的职位时，应该向求职者传递准确有效的信息。一般来说，职位薪水、工作类型、工作安全感等是影响人们选择工作职位和工作单位的最重要因素；其次为晋升机会、企业的综合实力等。此外，企业的管理方式、企业文化、工作条件、同事、工作时间等也是不可忽视的因素。企业应该以诚实的态度传递信息，否则，不仅不能给企业带来好处，反而可能会产生负面影响。

三、甄选

甄选候选人是招聘过程中的一个重要组成部分。其目的是将不合乎职位要求的申请者排除。主要的甄选手段包括面试、智力测试、个性测试、情景模拟测试等。

甄选过程就是根据既定的标准对申请人进行评价和选择，它是招聘过程中的重要阶段。企业能否最终选择到合适的人选，很大程度上取决于这一步。甄选一般包括以下工作。

（一）资格审查与初选

资格审查即人力资源部门通过阅读申请人的个人资料或申请书，将明显不符合职位要求的人员排除，然后将符合要求的应聘者名单与资料交给用人部门，由用人部门进行初步选择。初选工作的主要任务是从合格的应聘者中选出参加面试的人员。

(二) 面试

对于公司初选的应聘人员,真正直接了解其具体情况并对众多的应聘者作出比较,最直接的方法就是面试。面试在会展公司的人员招聘中起着非常重要的作用。

根据面试的组织形式,可以将面试分为结构式面试、非结构式面试和压力面试。结构式面试是指在面试之前已有一个固定的框架(或问题清单),面试主持人根据面试框架控制整个面试过程,严格按照问题清单对应聘者进行提问。非结构式面试没有固定的模式,面试主持人只要掌握组织、职位的情况即可,问题多是开放式的,着重考察应聘者的理解与应变能力。压力面试是向应聘者提出一个意想不到的问题,通常具有敌意性和攻击性,借此考察应聘者的反应。这种方法主要考察应聘者承受压力、调整情绪的能力,同时还可测试应聘者的应变能力和解决紧急问题的能力。

另外,还有两种较新的面试形式,即BD面试和能力面试。BD面试即行为描述面试(behavior description interview),它是基于行为连贯性原理发展起来的。通过这种面试可以了解两方面的信息:第一,应聘者过去的工作经历,判断他选择本组织的原因,预测应聘者未来在本组织的行为模式;第二,了解他对特定事件所采取的行为模式,并将其行为模式与组织空缺职位所要求的行为模式进行比较。而能力面试着重考察的是应聘者如何去实现所追求的目标。能力面试的过程大致如下:先确定空缺职位所需的责任和能力,明确它们的重要性;然后,询问应聘者过去是否承担过类似的职位,或是遇到过类似的情景;若有类似经历,则再确定他们过去负责的任务,进一步了解一旦出现问题时他们所采取的行动,以及这项行动的结果。

(三) 测试

测试是在面试的基础上对应聘者进行深入了解的一种手段。其主要目的是通过这种方式,消除在面试过程中面试主持人因主观因素对面试的干扰,提高招聘的公平性,剔除应聘资料与面试中的伪信息,提高录用决策的准确性。常见的测试类型包括:

1. 智力测试

智力测试所测试的能力不只是一个单独的智力特征,而是一组能力,包括观察能力、记忆能力、想象能力、思维能力等等。智力的高低直接影响到一个人在社会上是否成功,测试智力的工具是智商。但要注意的是,智商所反映的只是一个人相对于平均智力水平的程度,不能绝对化,如果绝对化了,智力测试就会进入误区,甚至有可能招到高分低能的人员。因此,智力测试要与其他测试方法结合使用。

2. 个性测试

虽然个性并无优劣之分,但却是施展才华、有效完成工作的基础。许多研究都表明,个性特点与工作行为关系极大。会展公司对员工的吃苦耐劳的精神、主动性和创造性以及沟通能力等都有较高的要求,所以个性测试对于会展人员的招聘具有重要意义。

常用的个性测试方法主要有自陈式测试和投射式测试两类。自陈式测试常常借用由美国心理学家雷蒙德·卡特尔(Raymond B. Cattell, 1905—1998)提出的"卡特尔16种个性特征问卷"进行。该测试由187个问题组成,通过对应聘者问题回答的分析,得出个人个性特征剖面图,以此进一步分析个人的心理健康、创造力和成长能力等状况。

投射式测试依据的原理是,人的一些个性特征与倾向性是深藏于意识深层,而自己没有明确认识到的。投射式测试向被测者呈现一些意义不明确的图形,被测者根据自己的体验来形容看到什么,即将自己的个性特点投射到刺激中去。测试本身不显示任何目的,被测试者不会有意做出虚假反应,测试结果较为可信。

3. 情景模拟测试

情景模拟测试是根据被测试者可能担任的职务的特点,设计一种与实际工作近似的情景,让被测试者置身其中处理有关事务,以此来测试其素质和能力。这类测试的主要形式有:

(1) 无领导小组讨论法

该方法由美国管理学家迈克尔·米修斯(Michael Methues)提出,是指一组被测试者开会讨论一个实际经营中存在的问题,讨论并不指定由谁来主持会议,只是在讨论中观察每个被测试者的发言和表现,以便了解他们的心理素质和潜在能力的一种测试方法。此种方法可以测试被测试者的领导能力、说服能力和协调能力等。

(2) 公文处理模拟法

这是一种专门为招聘到合格的管理人员和部门领导者而设计的测试方法。在测试时,向应聘者提供在担任职位的工作中可能遇到的各类公文,有下级呈上的报告、请示、计划、预算、统计部门的备忘录,上级的指示和批复,各种来电、传真等等,要求被测试者在规定的时间和条件下进行处理,并根据他们处理公文的速度、质量和处理公文的轻重缓急等指标进行评分。这种方法比较科学和公平,近年来采用较多。

(3) 访谈法

访谈法主要有三种形式,分别为电话沟通、接待来访者和拜访有关人士。电话沟通可以反映受试者的心理素质、文化修养、口头表达能力和反应能力等;接待来访者和拜访有关人士可以考察受试者待人接物的技巧、驾驭谈话和处理问题的能力,以及应付各种突发事件的能力等。

(4) 企业决策模拟法

此方法的具体做法是:应聘者4至7人组成一个小组,该小组就是模拟中的企业,小组在协商的基础上规定好每人应担任的职务,各个“企业”根据组织者提供的统一的“原材料”,在规定的时间内“生产”出自己的产品,再将这些产品“推销”给组织者。这种方法可以测试应聘者的综合素质,如进取心、主动性、组织计划能力、沟通能力、群体内协调能力、创造能力等。

另外,招聘测试还包括体格测试、兴趣测试、专业技能和知识测试等,各种测试都各有侧重点,应根据企业的具体情况、招聘职位的特点和要求,科学地选择测试方法,并注意各种方法的综合应用。

四、录用

对经过甄选合格的候选人,应作出聘用决策。这一决策包括聘用和不聘用两个方面。对决定聘用的求职者要发出正式通知,并与之签订劳动合同,对不予录用者也要致函表示歉意。

五、招聘评估

招聘评估包含两方面的内容：一是招聘结果的成效评估，主要是从成本和效益两个方面来分析；二是录用人员的评估，主要是从录用人员的数量和质量角度进行分析。

（一）招聘的成本效益评估

1. 招聘成本

招聘成本包括招聘总成本和招聘单位成本。招聘总成本是指本次招聘所花费的所有成本。其中包括直接成本，即招聘费用、选拔费用、录用员工的家庭安置费用和工作安置费用等，还包括间接费用，如间接相关人员的工资。招聘单位成本指的是每招聘一名员工所花费的费用，即招聘总成本与录用人数之比。招聘总成本和单位成本越低，录用效果越好。

2. 成本效用评价

这是对招聘成本所产生的效果进行分析。它主要包括：招聘总成本效用分析、人员录用成本效用分析。计算方法如下：

$$总成本效用 = 录用人数 \div 招聘总成本$$
$$人员录用成本效用 = 正式录用的人数 \div 录用期间的费用$$

在公式中，分子越大，或分母越小，效用越大；反之，则越小。

（二）录用人员的评估

这一评估是对录用人员从数量和质量两方面进行评估，是判断招聘工作质量的另一个重要指标。录用人员评估主要的计算公式如下：

$$录用比 = 录用人数 \div 应聘人数 \times 100\%$$
$$招聘完成比 = 录用人数 \div 计划招聘人数 \times 100\%$$
$$应聘比 = 应聘人数 \div 计划招聘人数 \times 100\%$$

录用比越小，相对来说，录用者的素质越高；反之，则录用者的素质可能较低。如果招聘完成比等于或大于100%，则说明在数量上全面或超额完成计划。如果应聘比越大，说明发布招聘信息的效果越好，同时说明录用人员可能素质较高。

第四节　会展人力资源的培训

一、会展人力资源培训概述

（一）会展人力资源培训的内涵

会展人力资源培训是指在组织发展目标和员工个人发展目标相结合的基础上，有计划、有系统地组织员工从事学习和训练，增长员工的知识，提高员工的技能，改善员工的工作态度，激发员工的创新意识，提高员工的整体素质，保证员工能够按照预期的标准或水平完成正在承担或将要承担的工作与任务的活动。从某种意义上说，它是企业人力资产增值和企业组织效益提高的重要途径。

（二）会展人力资源培训的必要性

会展业是高收入、高盈利、前景广阔的朝阳产业，对相关经济有极大的带动作用，因而，近年来会展业快速发展。以上海为例，目前，上海的会展数量每年以20%左右的速度递增，会展企业剧增。特别是随着2011年国家会展中心（上海）落户上海以来，仅青浦区相继诞生会展及相关企业183家，再加上外国外地会展企业进入，上海会展业竞争可见一斑。

然而，目前会展公司专业人才缺乏、专业队伍建设滞后。目前的从业人员中，管理层大多是行政配备、半路出家；会展设计人员多由其他专业转行而来；展会项目的招展营销人员虽具备一定的外语水准，但很少有人是经济学或管理学出身；工程、制作、施工人员更是来自各行各业，远未形成会展的专业化队伍。因此，会展人力资源培训日益受到会展企业的青睐。

（三）会展人力资源培训的特点

1. 培训内容的针对性、实用性和应用性

培训内容的选择要根据工作内容和职位要求而定，要有利于提高员工的实际工作能力。盲目的培训只会浪费大量的时间和精力，降低工作效率。

2. 培训形式的灵活性和多样性

要根据公司的实际情况、工作性质以及员工的自身特点，灵活地选择培训形式，不仅要相对稳定，更要注意弹性和灵活性，做到反应迅速、适应性强。

3. 培训时间上的经常性、长期性和速成性

现代社会经济和科学技术的日新月异，要求人们接受继续教育和终身教育，这就决定了培训的经常性和长期性。另外，培训是为工作服务的，是为了解决工作中遇到的问题，所以要求培训周期短，具有速成的特点，以便解决好工作和学习的矛盾。

4. 培训的全员性

员工培训是全员性培训，凡是在职的公司员工，无论是一般员工，还是经营管理者；无论是资深的老员工，还是阅历较浅的年轻员工，都有要求和接受培训的权利与义务。

二、会展人力资源培训的过程

为了保证培训活动能最大限度地改善员工个人与组织的绩效，培训活动应是一个科学安排的系统化的过程，这个过程包含以下三个阶段。

（一）培训需求评价阶段

这是整个培训工作的基础，它主要解决为什么培训和培训什么的问题。在这个阶段主要进行培训的需求分析与评价，以及确定培训的内容与目标。

会展公司在作出培训决定之前应认真、详细地分析企业的特点，如经营战略、所处区域、主要承办的展览的性质及目标受众，以及目前员工的知识和技能情况，然后根据分析作出培训决策。具体需从组织、任务、个人三个层面进行分析。

1. 组织需求分析

组织需求分析是指对在企业的经营战略指导下所决定的培训的分析，目的是保证培训符合组织的整体目标与战略要求。具体要对组织的经营战略，人力资源现有种类、数量和质量，员工流动率，组织的生产效率等进行分析。这一分析是使企业能够从战略高度来认识培训工作。

2. 任务需要分析

任务需求分析包括任务确定及对需要在培训中加以强调的知识、技能和行为进行的分析。任务分析的结果是有关工作活动的详细描述,包括员工执行任务和完成任务所需要的知识、技术和能力的描述。例如,展览公司首先要确定哪些是策划人员的任务,哪些是招展人员的任务,哪些是展台设计人员的任务,各类人员完成工作任务所需要的各种知识和技能是怎样的,最后再决定哪些人需要培训,这些人需要什么样的培训。

3. 个人需求分析

个人需求分析是将员工目前的实际工作绩效与公司的员工绩效标准进行比较,或者将员工现有的技能水平与预期未来对员工技能的要求进行对照,从而确定哪些人需要培训,其目的是为员工提供个性化的培训。

(二)培训方案设计和实施阶段

这个阶段主要完成两项工作,即设计培训方案和培训实施。具体地说,就是在培训需求评价阶段的基础上,精心选择恰当的学习原则和培训方法以及具体实施培训的过程。它主要解决怎样教和怎样学的问题。

(三)培训方案评价阶段

该阶段是解决培训得怎么样的问题,即效果问题。它通过比较员工接受培训前后的绩效差异来考核培训工作的效果。该阶段必须提供一个连续的反馈信息流,以便于重新评价培训需求,为下一轮员工培训提供信息。

三、会展人力资源培训的方法及实施

选择培训方法要全面考虑培训的目的、培训的需求、培训的内容与教材、受训人员的层次与水平等诸多因素,充分权衡加以利用。

(一)会展人力资源培训的主要方式

1. 培训班

培训班是目前会展人力资源培训的主要方式。培训班有不同的类型,按组织者分,有行业协会和高校联合的培训班,还有政府组织和外国研究机构合作的培训班;按时间分,有长期培训班和短期培训班;按性质分,有认证性培训班和进修性培训班;按培训地点分,有国内培训班和国外培训班。

培训班可以比较全面地讲授会展业的相关专业知识,帮助会展从业人员加强对会展业的宏观认识。但是,很多培训班缺乏系统的教材和教学内容,只是邀请学术界和行业内的专家做做报告,缺乏操作性。

2. 研讨会

研讨会是指邀请各方学者和企业成功人士作报告,共同探讨发展中的突出问题,交流实际工作中的成功做法,以各取所长、共同发展。研讨会可增强人们对于会展发展的宏观性、战略性问题的认识,但对于基本知识和技能的培养帮助不大,而且可以参加研讨会的人毕竟是少数,范围有限。

3. 到国外知名的会展公司进行短期工作

这种实地学习的方式可以让员工更加直接、真切地感受国外会展的运作模式,掌

握先进的管理经验和操作技巧,以及国外办展的先进思想。但是要注意把国外的先进思想和经验与自己国家、地区和公司的实际情况相结合,切忌盲目照搬。

4. 师傅带徒弟

这是目前会展公司对新员工的最常见的培训方式。这有利于新员工迅速熟悉和适应工作和环境,但是却不利于公司员工向更高层次发展。

(二)其他形式

1. 工作轮换

工作轮换是指将员工由一个岗位调到另一个岗位,可以拓宽其知识范围,提高其技能,丰富其经验,使其胜任多方面的工作,同时,可以增加培训工作的挑战性和乐趣。会展业既需要专才又需要通才,通过这种方式,可以让员工接触不同的工作领域,从而掌握比较全面的方法和技巧。但是这种方法容易造成受训人及其同事的短期化行为,很难形成专业特长。

2. 导师制

导师是指一个经验丰富、工作卓有成效的高级管理人员或技术人员,一般不是受训者的直接上司,与受训者没有紧密的利害关系。导师制,即由导师负责引导和培养受训者。这种方法主要应用在管理人员和专业技术人员的培训中。信任、合作、尊重和责任感是此种方法成功的重要条件。

3. 设立"助理"职位

选择有潜力的员工,让其在一段时间内担任某职务的助理,增强对这一职务的了解,帮助他增加工作经验和培养胜任这一职务的能力,直到受训者能够独立承担这一职务的全部职责。

4. 建立学习型组织

单纯地依靠培训是被动的表现,企业应致力于建立学习型组织,引导员工积极主动地学习。学习型组织以信息和知识为基础,实行目标管理,其成员能够自我学习、自我发展和自我控制。学习型组织的建立需要一定的制度和相应的企业文化的支持。

以上列举的八种方法各有优势和不足,适用于不同的组织、人员和需求。会展企业应根据各自的企业特点、人员状况作出正确的选择,进行合理的组合和运用。

案例 6 - 4

会展职业培训反思录

通过对国内各种会展培训活动所做调查分析发现,主要存在几个问题:培训主题不够鲜明,不能够完全结合企业的实际需求,或理论与实践没有必然的联系,或由国外主讲人讲学,脱离中国市场实际需求,或业内之间做很表面化的经验交流,散点式培训,缺乏点面结合,还没有把中国会展职业培训上升到系统化阶段。主要的表现有:

1. 扣准主题不够,由主讲者自由发挥。

2. 教材不统一，无大纲和讲义教材，培训后学员觉得意犹未尽。

3. 针对课程内容提出重点、难点问题讨论时间不足。

4. 使用的案例不够典型或者太陈旧。

5. 大部分时间用于推介自己企业。

6. 技能技巧的训练时间不够。

7. 学员的提问得不到重视，师生间互动式交流不足。

8. 没有当场讲评培训结果。

9. 缺乏系统化的培训效果评估。

针对上述问题我们采取的措施有：

1. 选择适当的实务性课程主题。

2. 聘请业界知名人士为主讲者（拥有开阔的思想、活跃的思维、丰富的经验、骄人的业绩、良好的表达和人际沟通能力）。

3. 课程设计标准化（标准备课案）。

4. 培训课程特色化：由"主题＋实务＋案例＋讨论＋专业考察"五方面构成课程。

5. 加强与学员的互动交流，留出足够的时间进行提问、讨论。

6. 及时评估学员的培训效果。

7. 重点课程培训时间3小时以上。

实现成功职业培训的六个步骤：

第一步，设计独特的培训课程，洞悉此次培训活动和与其他培训相比的不同需求点，对学员技能性改进的需要做重点备课。

第二步，坚定不移地实施既定讲学计划。

第三步，赋予学员高度的自豪感，使之明白培训对自我发展的重要价值。

第四步，提供与业务有关的含有足够复杂信息和较新颖的典型案例。

第五步，巧妙应用各种适当的教授方法和表达工具（图、表、影像、游戏等）。

第六步，强化、复习重点难点学习内容，及时评估学习效果（讲评、活动沟通方式、测验等）。

其中任何一步被忽略，整个实施过程就极有可能失败。人是目的性很强却有惰性的动物，即使很多人都清楚自己的工作需要实现现代化、国际化、信息化、专业化，他们也不一定会真正去实施，毕竟改进是困难的。要使得他们从自身的需求出发对自己的行为进行改造，我们有必要帮助他们明白：培训对我本人会带来什么好处。

从心理学分析可知，大多数学员是抱着"等着瞧"的态度参加学习的，人们一般很难主动调整自己的工作方式，即使有调整，也往往按照自己的方式来进行。故而，培训主讲者不积极投入，学员会认为培训只是一种形式，一种意义不大的游戏，会因此而对培训重视不够，导致整个培训活动失败。

因此，一个能真正兑现、确定保证学员通过培训达到自我发展目的的培训实施计划是培训成功的关键。所以，凡是受到欢迎的培训活动，都能帮助学员明白参加培训与其利益息息相关，把握学员内心渴望的培训需求，满怀信心地去通过我们准备充分的讲学，切实指导学员掌握改进工作的方式、提高其工作技能技巧，在思维上给予其启发、措施上切合其工作实际需求。

　　培训中的实际演练部分，如案例或者录像，是帮助学员巩固所学知识、技能的一个步骤。培训课程一旦被很好地设计并且教授，大部分的实际演练都是能够顺利进行的。在备课时做好技巧情景预设，提供强化培训技巧的工具，让学员进行演练，有助于实现技能性培训的目标。

　　（案例来源：应丽君2003年7月的报告）

第五节　会展人力资源的考核

一、会展人力资源考核概述

　　对于公司整体而言，工作绩效就是任务和目标在数量、质量及效率等方面的完成情况；对于员工个人而言，工作绩效则是上级和同事以及员工自身对自己工作状况的评价。

（一）绩效考核的意义

　　有效的绩效考核可以提高员工工作绩效，为制定雇员政策提供信息，如加薪、升职、解雇、降职、调动、培训和试用等，从而保证企业的雇员在一个公平、进步和有朝气的工作氛围中工作，提高生产率，增强公司竞争优势。具体来说，绩效考核有以下意义：

　　1. 控制意义

　　绩效考核可以为各项人事管理提供一个客观公正的标准，并依据考核结果决定晋升、奖惩、调配等。这样会使企业形成事事按标准办事的风气，使各项管理工作能够按计划进行，而且可以使员工牢记工作职责，养成按照规章制度工作的自觉性。

　　2. 激励意义

　　绩效考核能产生一种心理效应，即对员工有激励、监督和导向的作用。工作绩效突出者，通过绩效考核得到肯定和鼓舞，会继续朝着好的方向努力；工作绩效落后者，会从比较中更强烈地认识到自己的不足而在以后的工作中加以改进。

　　3. 沟通意义

　　绩效考核是一种双向行为，一方面，管理层对员工进行考核；另一方面，管理层还要听取员工对考核结果的申诉和想法。这就提供了管理者和员工之间的沟通机会，有利于增进了解，更加有效地协力工作。

　　4. 开发意义

　　绩效考核可以帮助公司和员工更加清楚地认识员工的长处和不足，为公司培训计划的制定提供根据；另外，绩效考核有利于公司根据员工的能力和长处安排工作，既能提高工作效率，又能更好地实现员工价值。

（二）影响绩效考核的因素

　　1. 考核者的状况

　　考核过程中，考核者的主观因素会对考核结果产生较大的影响，如个性、态度、智力、价值观及情绪等。另外,考核者对被考核者的工作情况及职务的了解程度,对考核结果也有影响。

2. 与被考核者的关系

考核者和被考核者关系的亲疏、考核者对被考核者印象的好坏,对考核结果的影响往往较大。

3. 考核标准与方法

考核的标准是否恰当、是否相关和全面、是否具体明确对考核结果都有影响。另外,不同的考核方法有不同的优点和缺点,考核的具体内容也不同,所以,考核方法的选择和综合运用情况也将在很大程度上影响考核的结果。

4. 考核的周期

考核的周期太长,对员工的绩效反馈太迟,会使考核的功能不能充分发挥,甚至流于形式;反之,周期过密不但浪费时间,还会给员工造成过多不必要的干扰和心理负担。考核一般以半年一次为宜,可把两个半年考核得分的平均值作为全年的总分。

二、会展员工绩效考核的一般程序

(一)制定考核标准

对员工进行绩效考核,最重要的前提是制定有效的考核标准。一般来说,考核标准包括两个方面: ① 员工应该做什么,其任务、职责、工作要点是什么; ② 员工应该做到什么样的程度,达到何种标准。

(二)考核信息来源的选择

考核信息的来源渠道对于考核结果的有效性有很大的影响。每一种信息渠道都有优点和缺点,任何一种渠道都是代表某一方的意见,所以被考核者以及与其有关的人员都应该成为考核信息的来源渠道。

1. 管理者

管理者对于公司的目标以及下属的工作要求有全面的了解,并且他们有机会对员工进行观察,对员工的工作情况较为了解。下属的绩效优劣与管理者的利益有很大的关系,因此管理者有很大的动力去对下属的工作作出精确的评价。但是,在某些工作中,管理者没有足够的机会来监督下属员工的工作。在这种情况下,员工就会努力把他最好的行为表现给上级,而造成一种假象。另外,管理者的主观因素在绩效考核中起相当大的作用,如管理者对于某一特定员工的偏见会直接影响考核的客观性。

2. 同事

被考核者的同事与其处于相同的工作环境中,对工作要求比较了解,而且与被考核者交往最为紧密,能够作出更加准确、全面的评价。但是同事之间关系的亲疏好坏会直接影响评价的客观性。如果两人之间存有成见,那么一人对另一人的评价就会偏低。

3. 下属

下属常常是最有权利来评价他们的上级管理者是如何对待他们的,而一些管理者也非常看中下属对他们的评价,因为这直接关系到工作是否能够顺利开展。但是这种方法赋予了下属评价上级管理者的权利,会导致管理者更为重视员工的满意度而不是工作的生产率。另外,有些员工为了讨好管理者或担心管理者的报复,会有意对管理者作出虚假评价。所以为了取得更有效的信息,下属评价应该采用匿名的方式,并且每次至少要有三名员工对同一管理者作出评价。

4. 被考核者本人

让被考核者对自己的行为进行评价,可以调动其积极性和参与性,而且可以使员工更加容易地认可和接受考核结果。但在自我评价过程中,个人往往会夸大自己的行为和绩效,尤其是评价的结果被用于管理决策(如加薪)时,这种情况会更加明显。自我评价最好用在绩效反馈阶段的前期,以帮助员工思考一下他们的绩效,从而将绩效面谈集中在上级和下级之间存在分歧的地方。

5. 顾客

顾客是会展服务产品的消费者,是企业管理和服务的归宿,因此对企业提供的服务及其相关工作人员的工作表现最具有发言权。在实际工作中,我们往往通过调研和访谈的办法来获取顾客的评价资料。这种方法如果使用得当,特别是调查总量达到一定的数量时,评价就会有很强的客观性和导向性。

(三)考核方法的选择

考核方法很多,根据考核的性质不同,可以分为主观评价法和客观评价法;根据考核的内容不同,可以分为品质评价法、行为评价法和工作成果评价法。会展公司应根据自身的性质、具体情况、人员构成、发展目标以及考核标准选择合适的考核方法。会展公司常见的考核方法有:

1. 等级评估法

等级评估法是绩效考核中常用的一种方法。根据工作分析,将被考评岗位的工作内容划分为几个相互独立的模块,在每个模块中用明确的语言描述完成该模块工作需要达到的工作标准,同时将标准分为几个等级选项,如"优"、"良"、"合格"、"不合格"等。考评人根据被考评人的实际工作表现,对每个模块的完成情况进行评估,所得的总成绩便为该员工的考评成绩。

2. 目标考评法

目标考评法是根据被考评人完成工作目标的情况来进行考核的一种绩效考评方式。它主要包括两方面的内容:① 必须与每一位员工共同制定一套便于衡量的工作目标;② 定期与员工讨论其目标完成情况。目标考评法能够发现具体问题和差距,便于制定下一步的工作计划,因此非常适合于用来给员工提供反馈意见和指导。另外,其评价标准直接反映员工的工作内容,结果也易于观测,因此很少出现评价失误。但是这种方法需要花费较多的时间和资金,成本很高,而且要注意员工目标与组织目标的统一。

3. 序列比较法

序列比较法是对相同职务员工进行考核的一种方法。在考评之前,首先要确定考评的模块,但是不确定要达到的工作标准。将相同职务的所有员工在同一考评模块中进行比较,根据他们的工作状况排列顺序,工作较好的排名在前,工作较差的排名在后。最后,将每位员工几个模块的排序数字相加,就是该员工的考评结果。总数越小,绩效考评成绩越好。序列比较法便于使用,能够避免居中趋势,但是序列比较法可能会引起员工的不同意见,尤其当所有员工的绩效事实上都较为优异时,会造成不公平。

4. 相对比较法

与序列比较法相仿,它也是对相同职务员工进行考核的一种方法。所不同的是,它是对员工进行两两比较,任何两位员工都要进行一次比较。两名员工比较之后,工作较好的员工记"1",工作较差的员工记"0"。所有的员工相互比较完毕后,将每个人的成绩进行相加,总数越大,绩效考评的成绩越好。与序列比较法相比,相对比较法每次比较的员工不宜过多,范围在5至10名即可。

5. 小组评价法

小组评价法是指由两名以上熟悉该员工工作的管理人员组成评价小组进行绩效考评的方法。小组评价法的优点是操作简单、省时省力,缺点是容易使评价标准模糊、主观性强。为了提高小组评价的可靠性,在进行小组评价之前,应该向员工公布考评的内容、依据和标准。在评价结束后,要向员工讲明评价的结果。在使用小组评价法时,最好和员工个人评价结合进行。当小组评价和个人评价结果差距较大时,为了防止考评偏差,评价小组成员应该首先了解员工的具体工作表现和工作业绩,然后再作出评价决定。

6. 关键事件法

关键事件法是指负责考核的主管人员把员工在完成工作任务时所表现出来的特别有效行为和特别无效行为记录下来形成的一份书面报告,每隔一段时间(通常为6个月),主管人员和其下属人员面谈一次,根据记录的特殊事件来讨论员工的工作绩效。所记载的事件必须比较突出、与工作绩效直接相关,而且应该是具体的事件与行为,而不是对某种品质的评判。关键事件法有助于确认员工的何种绩效较为"正确",何种绩效较为"错误",但是该方法难以对员工之间的相互绩效进行评价或排列,所以该考评方法一般不单独使用。

7. 强制比例法

强制比例法是按实物"两头小、中间大"的正态分布规律,先确定几个等级在总数中的比例。它可以有效地避免由于考评人的个人因素而产生的过分偏宽、偏严或高度趋中等偏差。但是此种方法缺少具体分析,在总体偏优或偏劣的情况下难以作出实事求是的评价。强制比例法适合相同职务员工较多的情况。

考核者要实事求是以及因地、因时、因人制宜地选择最适合的考评方法。只有对各类绩效考评的方法进行综合运用,才能提高绩效考评结果的客观性和可信度。

(四)实施考核

实施考核就是对员工的工作绩效进行考核、测定和记录,并且把考核记录与既定标准进行对照来做分析与评判,从而获得考核结论。

考核结果必须及时反馈给员工,使其了解组织对自己工作的看法和评价,从而发扬优点、克服缺点。在考核结果反馈的过程中一定要注意工作方法。对于绩效考核结果差的员工要给予适当的批评,批评时一定要维护员工的面子和价值感。批评只局限在员工和上级两个人在场时,而且要以建设性的态度来进行。要根据员工具体的行为表现,提出相应的改进建议。另外,当员工被指责为工作表现差的时候,员工的第一反应往往是防御性的。他通常会为自己找各种各样的客观原因,甚至会变得非常愤怒和带有攻击性。这时,管理人员要明白防御性的行为是非常自然的,绝对不要批驳员工的防御反应,而要列举员工的工作表现,并以开放的态度倾听员工的解释,或者是延迟处理,因为稍后员工自然会做出更为理性的反应。

根据考核结果,管理部门将对被评估人员采取有关措施,如进行培训,调整工资、奖金待遇,调整级别或职位等。同时,管理人员与员工共同针对考核中未达绩效的部分分析原因,制定相应的改进措施和计划。管理人员有责任为员工实施绩效改进计划提供帮助,并跟踪改进效果。

三、会展企业绩效考核的特殊性

会展企业的绩效考核同其他企业的绩效考核相比,有一定的特殊性。主要表现在以下几个方面。

（一）主要以部门或团队绩效考核为主

会展企业的绩效考核一般是以部门或团队考核为主,这主要是因为会展项目基本上是以团队为单位进行运作的,考核也必然以团队或部门作为考核对象,而很少把个人作为主要的对象。

（二）以结果和利润为导向的考核为主

由于会展企业机构大部分较小,并以项目方式与客户结算,因此,具有明显的以结果和利润为导向的考核特征。客户的满意与否往往通过结算过程的尾款支付来体现,因此,基本上就是以客户最终的结果评判作为衡量依据,并且考核的主要目的也是以利润的最终分配为主导。

（三）采用的方法相对简单、指标相对单一

由于会展企业考核的目的性很明确,大部分情况下是为了针对利润的分配所进行的考核,因此,采用的考核方法相对比较简单,不会使用过于复杂的考核方法。在指标选择方面也主要集中在利润指标的完成方面,虽然也包括一些客户满意度的指标,但指标相对比较单一。

（四）绩效考核功利性过强,太过注重短期效益

会展企业的特殊性导致会展业相当部分的机构绩效考核功利性过强,太过于强调利润指标而忽视其他方面,如团队合作、研发等,而且也过于注重短期效益,颇有一种"今朝有酒今朝醉"的感觉。

归纳起来,目前会展企业绩效考核的普遍特性是由于机构规模较小、从业水平不高等原因所致。这也是未来会展业所努力的重点所在。

第六节　会展人力资源的激励

要调动员工的积极性,就必须把握员工的心理,从而制定相应的激励措施,最终实现组织的目标。

一、会展人力资源激励的原则

(一)激励要因人而异

激励取决于内因,是员工的主观感受。由于不同员工的需求不同,相同的激励政策起到的激励效果也会不尽相同。即便是同一位员工,在不同的时间或环境下,也会有不同的需求。所以,激励要因人、因时、因地而异。

在制定和实施激励政策时,首先要调查清楚每个员工真正需要的是什么,将这些需要整理、归类,然后来制定相应的激励政策帮助员工满足这些需求。

(二)奖惩适度

不适度的奖励和惩罚都会影响激励效果,同时增加激励成本。奖励过重会使员工产生骄傲和满足的情绪,失去进一步提高自己的欲望;奖励过轻会起不到激励效果,或者让员工产生不被重视的感觉。惩罚过重会让员工感到不公,或者失去对公司的认同,甚至产生怠工或破坏的情绪;惩罚过轻会让员工轻视错误的严重性,从而可能还会犯同样的错误。

(三)公平性

公平性是员工管理中一个很重要的原则,员工感到的任何不公的待遇都会影响其工作效率和工作情绪,并且影响激励效果。取得同等成绩的员工,一定要获得同等层次的奖励;同理,犯同等错误的员工,也应受到同等层次的处罚。如果做不到这一点,管理者宁可不奖励或者不处罚。

管理者在处理员工问题时,一定要有一种公平的心态,不应有任何的偏见和喜好,要一视同仁,不能有任何不公的言语和行为。

二、会展人力资源激励的方法

(一)物质激励

经济人假设认为,人们基本上是受经济性刺激物激励的,金钱及个人奖酬是使人们努力工作最重要的激励,企业要想提高职工的工作积极性,唯一的方法是提高其经济性报酬。虽然随着人们生活水平的显著提高,金钱与激励之间的关系渐呈弱化趋势,然而,物质需要始终是人类的第一需要,是人们从事一切社会活动的基本动因。所以,物质激励仍是激励的主要形式,如采取提高工资的形式或任何其他鼓励性报酬、奖金、优先认股权、公司支付的保险金,或在员工做出成绩时给予奖励。

(二)目标激励

目标激励,就是确定适当的目标,诱发人的动机和行为,达到调动人的积极性的目的。目标作为一种诱因,具有引发、导向和激励的作用。一个人只有不断产生对高目标的追求,才能引发其奋发向上的内在动力。每个人实际上除了金钱目标外,还有权力目标或成就目标等。管理者就是要将每个人内心深处的这种或隐或现的目标挖掘出来,并协助他们制定详细的实施步骤,在随后的工作中引导和帮助他们努力实现目标。当每个人的目标强烈和迫切地需要实现时,就会对企业的发展产生热切的关注,对工作产生强大的责任感,从而不用别人监督就能自觉地把工作做好。这种目标激励会产生强大的效果。

（三）员工参与

现代人力资源管理的实践经验和研究表明,员工都有参与管理的要求和愿望,创造和提供一切机会让员工参与管理是调动他们积极性的有效方法。适合于会展公司员工的参与方式主要有以下几种:

1. 直接参与式

直接参与式管理,是指在组织决策中,员工分享其直接监督者的决策权。它最明显的特征是对共同决策的使用。当组织中的工作变得非常复杂,管理者不能了解员工所做的一切,且单靠个人系统很难解决问题时,允许最了解工作的员工直接参与管理决策。这不仅可以更有效地解决问题,而且可以提高员工的工作积极性、自主性和满足感,起到激励作用。

但这种方式并不适合于任何公司或部门,员工参与管理的能力、参与时间、参与问题与员工利益的相关性、组织文化等都会影响员工直接参与管理的成效。

2. 质量控制环

质量控制环是由在同一领域进行工作的3至15个人所组成的一个小型团体,他们定期举行会议,讨论分析并解决影响其工作领域的问题。

在质量控制环领导的带领下,其成员聚集在一起,运用头脑风暴法提出问题以及提高绩效的建议,经讨论后,便选择一个观点或问题进行工作。与解决问题有关的各种职责被分配给成员,在得出解决办法之前他们要碰几次面。得出解决办法后,他们通过管理代表向管理层提出建议。管理层一般保留建议方案实施与否的最终决定权。在许多情况下,管理部门唯一要做的就是提供资金。

（四）培训和发展机会激励

随着知识经济的到来,当今世界日趋信息化、数字化、网络化。知识更新速度的不断加快,使员工知识结构不合理和知识老化的现象日益突出。他们虽然在实践中不断丰富和积累知识,但仍需要对他们采取资格认证考试、进高校深造、出国培训等激励措施,来充实他们的知识,培养他们的能力,给他们提供进一步发展的机会,满足他们自我实现的需要。

（五）荣誉和提升激励

荣誉是众人或组织对个体或群体的崇高评价,是满足人们自尊需要、激发人们奋力进取的重要手段。从人的动机看,人人都具有自我肯定、争取荣誉的需要。对于一些工作表现比较突出、具有代表性的先进员工,给予必要的荣誉奖励是很好的精神激励方法。荣誉激励成本低廉,但效果很好。

（六）负激励

按照激励中的强化理论,激励并不全是鼓励,它可以采用处罚的方式,即利用带有强制性、威胁性的控制技术,如批评、降级、罚款、降薪、淘汰等来创造一种令人不快或带有压力的条件,以否定某些不符合要求的行为。

会展项目经理的能力与培养

在会展业务中,项目经理是充满活力的、带来生命力的元素,他们是会展项目的核心人物,也是项目成功的关键。会展项目经理需要具备下列三种能力。

（一）团队领导能力

会展项目经理首先必须是一个合格的团队领导者,他所肩负的责任就是领导他的团队准时、优质地完成全部工作,在不超出预算的情况下实现项目目标。这就需要会展项目经理必须具备良好的信誉,使项目团队成员觉得他是一个有诚信、有效率、有能力的项目经理;必须具有灵活的人际关系,善于在各团队成员之间和公司各支持部门之间进行协调;必须具有广泛的经营常识(不要精通,但要全面),知道各个团队成员所负责工作的功能和经营管理方法,能够正确确定哪些工作应由团队内部的哪些人员完成,哪些工作应交给承包商完成;必须具有卓越的指导能力,能够协助团队成员解决问题,或者懂得什么时候需要聘请外部专家来解决问题;必须具有高度的学习意愿与创新意图,因为他是团队内部营造创新环境、推动创新观念的关键人物。最后,也是最重要的一点是,他还必须具备激励团队士气、为团队成员创造工作意义的能力。

（二）项目经营能力

很多会展项目经理认为自己是一个执行者而不是计划者,当接受一项任务时,第一个反应就是着手开始解决这个问题。然而在会展经济不断国际化、全球化的今天,会展项目的成功必须依靠创新精神与创新能力。因此,项目经理必须具有与高层一同研拟策略、设定目标并排列目标优先顺序的能力。项目经理还是会展项目的设计师,他必须正确设定会展主题、精心设计节目。项目经理必须善于着眼于"大画面"的事务,如项目的生命周期、工作分工结构的开发、管理流程变动的实施,等等。

（三）项目管理能力

项目经理要有规划技巧。项目经理进入项目执行之前,首先要制定一份完备的工作进度表,对展前、展中、展后各个阶段,在什么时间完成什么事进行详细的规划,并在项目实施过程中监督执行。会展项目的各项工作是环环相扣的,哪些工作可以"并行",哪些工作必须"串行",哪些工作需要多少资源,都必须认真规划,并在执行过程中做到任务、进度、资源三落实。同时,要知道再完美的计划也会时常遭遇不测,项目经理应该能够预测变化并且能够适应变化,在项目发生变化时能够及时作出调整。

一个项目经理最重要的特质就是辨识和解决问题的能力。这同时也决定了项目经理要有风险管理能力,能够在信息不完备的情况下作决定,预先进行风险确定、风险冲击分析以及制定风险应对计划,并在危机事件发生时正确进行处理。另外,还要有质量管理能力,熟悉基本的质量管理技术,如制作和说明质量控制图,尽力达到零缺陷等;合同管理能力,要求掌握较强的合同管理技巧,了解签约中关键的法律原则;交流能力,能与上级、客户、厂商及下属进行有效的交流;成本管理能力,处理诸如成本估计、计划预算、成本控制、资本预算以及基本财务结算等事务;国际事务处理能力,了解国际惯例和相关国家的语言、文化、习惯、法令规章等等。

以上所谈到的项目经理的能力相当广泛，那么，有意从事会展项目经理职业的人如何取得这些能力呢？

一是学校的正规训练。目前全国已经有20余所院校开设了会展专业或会展方向的学历教育，并且有专科、本科、研究生各个层次，绝大多数是会展管理类，会展项目经理是其主要培养目标。但是，作为会展专业在校就读的学生来说，最重要的还是要学好基础课程，搞好基础训练，选修管理、营销、法律、经济等相关课程，不能只重视实用性的课程。有了牢固的基础，各种实用科目在到职后能够在正规与非正规的在职培训中学到。应该说，大学并不是学习管理实务的最佳场所，特别是对于对实际工作没有感性认识的在校学生，把工夫花在实用课程上，往往事倍功半。

二是职业训练班和职业继续教育。在职会展项目经理，特别是外国语学院毕业的会展项目经理，应该通过参加各种职业训练班或职业继续教育补充与会展项目管理有关的课程。研究表明，缺乏基础训练的项目经理，在接受企业内部在职训练时效果往往不佳，自我学习时也缺乏吸收能力。

三是在职训练。在工作过程中不断学习新知识、提高新能力，是会展项目经理成长的必要条件。正规的在职训练是指企业内部设立的有讲师、有讲义、有正规课程的训练班。现在越来越多的会展企业开始重视正规训练，项目经理要争取每一个接受正规训练的机会，吸收最新知识。企业内部还有大量的非正规训练的机会，包括观摩他人作业、聆听别人的经验介绍、听取他人意见等。不要因为工作忙而推辞参与其他项目的讨论，善于帮助别人就是帮助自己。一个一到下班时间就盯着表看的人和一个主动找工作做的人，很快就能分出高下。

四是自我学习。自我学习是会展项目经理提高自身能力的重要方式。有人说，一个人的成就关键看他的业余时间用来做什么。自我学习的方式主要是阅读相关书籍和专业杂志。会展行业的杂志仍然非常少，并且多数都是信息性的，最近创办的一些非信息性杂志以及报纸的会展专刊，则是会展项目经理自我修炼的必读材料。

此外，会展项目经理还要做到以下几点：

第一，选择你认为值得作为学习模范的人，主动拜访他，请他担任你的导师，定期不定期请教他工作上的各项事务，由他介绍你认识行业前辈，指引你的发展道路。

第二，建立广泛的人际网络，在需要时可以获得专业帮助。如果能够在企业内部或者同行业中结交一些能够敞开心扉讨论问题的同仁，经常进行沙龙式聚会，形成一个"智慧圈"，则极有利于会展项目经理的在职提高。

第三，经常上网，寻找新知识、新技术。利用电子邮件向其他专业人士请教、沟通、交换意见。在相关BBS上交流，对工作有很大的助益。它突破了人们交流方面的时空障碍，使大量信息在很小的空间中聚集，可以在更大范围内直接互动、讨论和交流，有利于拓展想象力，从他人的发言中获得启发，及时克服谬误和思维惯性，并相互提供心理支持。

终身学习是会展项目经理的必然选择，否则就会在激烈的竞争中遭到淘汰。

（资料来源：根据http://wenku.baidu.com《会展项目经理的能力与培养》一文整理）

复习思考题

1. 简述会展组织设计的步骤。
2. 简述会展人力资源计划的主要内容。
3. 如何进行会展人力资源的招聘?
4. 请简要比较内部招聘和外部招聘的优缺点。
5. 会展人力资源的培训内容有哪些?
6. 如何进行会展人力资源的考核?
7. 简述会展企业绩效考核的特殊性。
8. 简述会展公司人力资源激励的主要方法。

本章主要探讨以下问题：

● 会展企业财务管理的概念和内容

● 会展企业预算管理及其内容

● 会展企业成本管理

● 会展企业财务报表分析

企业管理必须追求财务评价指标,会展企业也不例外。因此,财务管理是会展企业管理的重要内容。但是,企业财务管理又是一项非常专业的内容,作为会展管理者必须对其高度重视。

对于财务管理,会展企业里有两个认识误区:一是把财务管理看成会计核算,只是做数字统计工作,而不善于对会展企业经营作分析,提出各方面的措施和对策;二是把财务管理看成财务部门的事情,当然,这里有一个很重要的原因就是,有相当一部分管理人员不懂财务,甚至连财务报表也看不懂,自然一推了之。现代会展企业财务管理要求每一个员工,尤其是管理人员要参与其中,而且将其作为计划管理的核心内容。有了财务意识,计划管理才会落到实处。

第一节 会展企业财务管理概述

一、会展企业财务管理的概念

我国《企业财务通则》指出,企业财务管理的基本原则是,建立健全企业内部财务管理制度,做好财务管理基础工作,如实反映企业财务状况,依法计算和缴纳国家税收,保证投资者权益不受侵犯。企业财务管理的基本任务和方法是,做好各项财务收支的计划、控制、核算、分析和考核工作,依法合理筹集资金,有效利用企业各项资产,努力提高经济效益。

会展企业财务管理就是会展企业遵循客观经济规律,根据国家计划和政策,通过对会展企业资金的筹集、运用和分配的管理,从而利用货币价值形式对会展企业的经营活动进行综合性的管理。会展企业财务管理过程如图7-1所示。

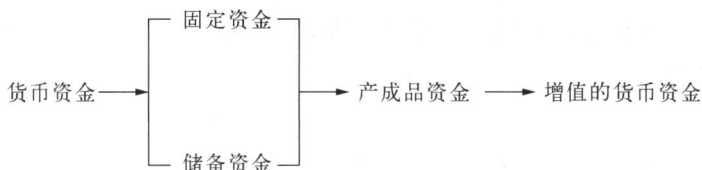

图7-1 资金运动过程

第一阶段:筹资供应过程,是使货币资金转化为固定资金和储备资金形态,具体工作表现为筹资和采购。

第二阶段:经营服务过程,是使固定资金和储备资金转化为产成品资金形态,具体工作表现为成本管理。

第三阶段:货币回收过程,是使产成品形态恢复到货币资金形态,具体工作表现为收入管理和利润管理。

会展企业财务管理从计划开始,通过对整个经营过程实施必要的控制,以求达到预定目标,并且通过对会展企业财务状况的分析,对经营情况作出评价。因此,会展企业财务管理具有财务预算、财务控制和财务分析三项职能。

二、会展企业财务工作的主要特点

1. 收入信息量大

会展企业的收入包括摊位费、会务费、报名费、赞助费、代办费等,内容多、弹性大,如果不加以审计控制,很容易出差错。

2. 业务范围已超出纯会计业务

财务部包括会计部、成本控制部和采购部,具体工作还有收银、收入审计、总出纳等岗位。会展企业的业务范围不单单停留在会计业务上,而有更多的管理内涵。

3. 成本控制的复杂程度高

会展企业的商品说到底就是服务,而服务具有无形性的特点,因此成本控制非常复杂。

三、会展企业财务管理的内容

会展企业财务管理一般包括筹资管理、投资管理、营运资金管理、成本费用管理、财务预算管理、财务分析评价等内容。

1. 筹资管理

会展企业为了保证正常经营或扩大经营的需要,必须具备一定数量的资金。会展企业要考虑通过多种渠道、多种方式来筹集资金,并且要考虑资金的期限使用长短、附加条款和使用成本的大小等。

2. 投资管理

会展企业筹集的资金要尽快用于经营。任何决策都有一定的风险性,因此必须作可行性分析,对于新的投资项目,必须作更加深入细致的分析和研究。

3. 营运资金管理

营运资金一般是指流动资产减去流动负债的余额。流动资产包括现金、有价证券、应收账款、应收票据和存货储备等。流动负债包括短期借款、应付账款、应付票据、预收账款、应计费用等。营运资金直接影响企业的营运效率,因此非常重要。

4. 成本费用管理

成本费用管理也就是对资金耗费的管理。降低成本费用是提高会展企业利润的根本途径。

5. 财务预算管理

财务预算管理是协调会展企业各部门活动的总纲领,并且使企业管理从事后控制走向事先控制。

6. 财务分析评价

提高经济效益是一切经济工作的出发点和归宿点,因此,财务评价是经济工作不可缺少的部分。任何一个会展企业管理人员都应该懂得会展财务分析与评价方法。

筹、投资管理不仅与会展企业日常管理密切相关,而且涉及会展企业的多元化经营管理,当然这又是建立在会展企业正常经营和财务预算分析基础之上的。因此,会展企业的财务管理应将预算制度、成本控制、现金管理作为最主要内容,通过预算,加强资金的全面控制,可以采用弹性预算的方法;通过量本利分析进行成本控制;通过现金管理加速资金周转。下面将探讨会展企业的预算管理、成本管理和财务分析等三个方面的问题。

第二节 会展企业预算管理

一、会展企业预算的概念

所谓预算，就是用数字，特别是用财务数字的形式来描述企业未来的活动计划。而预算控制则是根据预算规定的收入和支出标准来检查、监督各个部门的生产经营活动。

会展企业预算就是指会展企业对未来某一段时间内各种资源的来源和使用作出详细计划。它以数字形式对会展企业未来一段时间的经营活动进行概括性的表述。

会展企业预算有年度预算，也有项目预算。年度预算是按年度进行的，通常以一年为一期，在此基础上，将各项年度指标分解到季和月。所谓项目预算，是指围绕具体项目编制的预算。

二、会展企业预算的内容和程序

（一）会展企业预算的内容

会展企业预算一般包括以下内容：

1. 收入预算

收入预算的主要内容是销售预算，是在销售预测的基础上编制的，即通过分析会展企业过去的销售状况、目前和未来的市场需求特点及发展趋势，比较竞争对手和本企业的经营实力，确定会展企业在未来时期内为了实现目标利润必须达到的销售水平。

2. 支出预算

支出预算一般包括直接材料预算、直接人工预算、附加费用预算等内容。支出包括两个主要类型，即固定费用和可变费用。不论参展人数多少，固定费用都是一样的，包括场地设施费，讲演者酬金、旅费和支出，市场费，行政费，视听费，路标、鲜花和其他用来制造气氛的项目费用，运输费，保险费，审计费，贷款利息或透支。可变费用随参与会展的人数而浮动，包括餐饮费、住宿费、娱乐费、会议装备费（如文件夹、徽章等）、文件费（如材料邮寄、注册）。

3. 资产负债预算

资产负债预算即编制预计的资产负债表。

典型会展项目预算		案例 7 - 1
收入（美元）		
100 注册		
101 先报名优惠折扣的注册费	100000	
102 常规注册费	50000	
103 现场注册费入	50000	

小计	200000
200市场营销	
201赞助费	10000
202广告费	15000
203商品	10000
小计	35000
300投资	
301利息收入	1000
小计	1000
400捐赠	
401赠款	5000
小计	5000
500展览会	
501200个展台(1500美元/个)	300000
50250个台面(500美元/个)	25000
小计	325000
收入合计	566000
支出(美元)	
600日常管理费(固定费用)	
601现场办公家具租赁费	1500
602现场用品	500
603现场租赁费	30000
604现场电话费	1500
小计	33500
700印刷费(固定费用)	
701设计费	2000
702印刷费	10000
小计	12000
800邮资(固定费用)	
801出席通知	1000
802宣传手册	5000
803杂费	500
小计	6500
900娱乐费(固定费用)	
901娱乐人员费	5000
902交通和住宿费	500
小计	5500
1000交通费和停车费(固定费用)	
1001职员交通费	1500
1002职员住宿费	1500
小计	3000

1100保险费（固定费用）	
1101取消险	3000
1102一般综合责任险	2000
小计	5000
1200会议演讲者（可变费用）	
1201荣誉费	10000
1202交通费	3000
1203住宿费	5000
小计	18000
1300视听设备（可变费用）	
1301设备租赁费（全体会议）	25000
1302劳务费（全体会议）	10000
1303设备租赁费（分组会议）	2000
1304劳务费（分组会议）	1000
1305预录调试费	5000
小计	43000
1400展览会（可变费用）	
1401管子和装饰布	10000
1402过道地毯	20000
1403标志	5000
小计	35000
支出合计	161500
预测收入合计	566000
预测支出合计	161500
总收益	404500
固定间接费用	199000
净收益	205500

（二）会展企业年度预算的程序

会展企业一般在上一年末编制新的一年的预算，工作时间见表7-1。工作步骤安排如下：

1. 预算计划会议

预算计划会议包括审视当年的经营情况、分析整个经营条件、分析目前的经营形势、分析价格、计算总的销售额。

2. 部门预算计划

部门预算计划包括营业收入、成本费用、利润等。

3. 总经理的预算报告

总经理的预算报告包括宏观条件、竞争、经营建议、特别项目、人事、设施、价格、资本改进、现金流。

表7-1	负责人	内　容	时　间
	总经理、总监、部门经理	企业预算计划会议	10月
企业年度预算管理计划时间表	部门经理	部门预算计划准备	11月上旬
	财务部门	部门预算计划综合	11月中旬
	总经理、财务总监	总经理预算报告的准备	12月
	董事会、职代会	审定和批准总经理的预算报告	12月

三、会展企业预算的作用和局限性

会展企业通过预算管理,可以起到以下作用:

1. 使经营活动具有可比较性

会展企业通过本期的或者各期的会展活动预算可以进行横向的或者纵向的比较。

2. 为协调和控制企业活动提供依据

预算编制与执行预算相联系,就可以使得会展企业的工作开展有依据,控制也有依据。特别值得注意的是,由于预算是财务标准,因此就为会展企业的各项活动确立了财务标准。

3. 方便绩效衡量

由于预算是数字化的标准,可以量化、比较、考核和衡量,从而有了一定的操作性。

4. 为纠正偏差奠定基础

有数字、有比较、有定量,自然可以为以后的校正偏差打下基础。

当然,会展预算管理也有一定的局限性,如对不能用数量衡量的企业文化、企业形象的指标重视不够;编制预算过多依赖上期,从而忽视本期的实际需要;外部环境的不断变化有时会使得预算不合时宜;预算对部门产生制约作用,会使得管理者过于谨小慎微。这些在以后的预算管理工作中必须加以重视。

第三节　会展企业成本管理

一、会展企业成本的概念和类型

会展企业成本是指会展企业在一定时期内的业务经营过程中所发生的各种支出的总和。

按照不同的分类方法,会展企业成本类型也不一样,常见的分类方法有:

1. 按成本与产品关系分

会展企业成本可分为直接成本与间接成本。直接成本,即直接计入某一部门或项目的成本,如购买某一产品的进价、原材料成本等;间接成本,即不能直接计入某一部门或项目而需要分摊的成本,如电费等。

2. 按成本与接待业务量关系分

会展企业成本可分为固定成本与变动成本。固定成本,即成本总额不随业务量的增减而变动的成本,如固定资产折旧;变动成本,即总额随业务量的变化而成正比例变化的成本,如各类消耗品。

3. 按成本构成分

会展企业成本可分为营业成本、营业费用、管理费用、财务费用等。营业成本,是指会展企业各部门经营中所发生的直接成本,如商品进价等。

营业费用,是指会展企业营业部门在经营中所发生的各项费用,如运输费、装卸费、包装费、保管费、保险费、燃料费、水电费、展览费、广告宣传费、邮电费、差旅费、洗涤费、清洁卫生费、低值易耗品摊销、物料消耗、经营人员工资(含奖金、津贴和补贴)、职工福利费、工作餐费、服装费及其他。

管理费用,是指会展企业为组织和管理经营活动而发生的费用以及由企业负担的费用,如公司费(管理部门人员工资、职工福利费、工作餐费、服装费、办公费、会议费、差旅费、物料消耗及其他行政费用)、工会费、职工教育费、劳动保险费(退休人员费用等)、待业保险费、劳动保护费、董事会费、外事费、租赁费、咨询费、审计费、诉讼费、排污费、绿化费、土地使用费、土地损失补偿费、技术转让费、研究开发费、税金、燃料费、水电费、折旧费、修理费、无形资产摊销、低值易耗品摊销、开办费摊销、交际应酬费、坏账损失、存货盘亏和毁损、上级管理费以及其他。

财务费用,是指会展企业经营期间发生的利息净支出、汇兑净损失、金融机构手续费、加息及筹资发生的其他费用。

各种类型会展企业成本关系如图7-2所示。

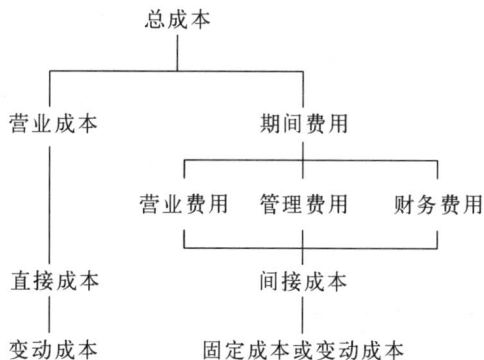

图 7-2

会展企业成本构成图

二、会展企业成本控制

会展企业成本核算原则是权责发生制,也叫应收应付制或应计制,是指会展企业以应收应付为标准来确定收入和费用的入账时间。会展企业成本控制的内容主要包括:

1. 全过程成本控制

这是指从计划预算——采购——领用消耗——报告分析等整个过程进行系统分析,而不是偏重于某一个环节。

2. 全员成本管理

会展企业成本控制仅仅依靠财会人员是不够的,还必须依靠全体员工的积极参与。最熟悉会展企业经营程序中的一切物料消耗及费用开支情况,最有办法控制成本的,控制效果最好的就是员工。全员成本管理要做好以下几方面工作:① 树立成本意识,知晓最小投入获得最大产出与保证质量的关系;② 提高员工素质,既要有较高的业务素质,又要有较高的思想素质,才能使得成本控制有个基础;③ 落实岗位责任,如定额管理,以强化会展企业的成本控制效果。

第四节　会展企业财务报表分析

一、会展企业财务报表的内容

财务报表(即会计报表)是反映财务状况和经营成果的总结性书面材料。具体包括以下几种类型。

1. 反映财务状况的报表

反映财务状况的报表主要有资产负债表、财务状况变动表。资产负债表是反映企业在某一时间节点资金状况的财务报表,见表7-2。财务状况变动表则是反映企业流动资金的来源和运用情况的报表。

编制单位:　　　　　　　年　月　日　　　　　　　　会服01　单位:元

表 7 - 2　资产负债表

资　产	行次	年末数	负债及所有者权益	行次	期末数
流动资产:			流动负债:		
货币资金	1	25900	短期借款	28	26500
短期投资	2	2500	应付账款	29	171000
应收账款	3	46000	其他应付款	30	
减:坏账准备	4	200	应付工资	31	
应收账款净额	5	45800	应付福利费	32	4800
应收补贴款	6		未交税金	33	21500
其他应收款	7		未付利润	34	
存货	8	15200	其他未交款	35	
待摊费用	9	5500	预提费用	36	1300
待处理流动资产净损失	10		一年内到期的长期负债	37	
一年内到期的长期债券投资	11		其他流动负债	38	
其他流动资产	12			39	
流动资产合计	13		流动负债合计	40	71200
长期投资:			长期负债:		

资　　产	行次	年末数	负债及所有者权益	行次	期末数
长期投资	14	94900	长期借款	41	477300
固定资产:			应付债券	42	
固定资产原价	15	1109700	长期应收款	43	
减:累计折旧	16	422600	其他长期债券	44	
固定资产净值	17	687100	其中:住房周转金	45	
固定资产清理	18		长期负债合计	46	477300
在建工程	19		递延税项:		
待处理固定资产净损失	20		递延税款贷项	47	
固定资产合计	21	687100	负债合计	48	548500
无形资产及递延资产:			所有者权益:		
无形资产	22	61000	实收资本	49	200000
递延资产	23		资本公积	50	94500
无形资产及递延资产合计	24	61000	盈余公积	51	
其他长期资产:			其中:公益金	52	
其他长期资产递延税款	25		未分配利润	53	
递延税款借项	26		所有者权益合计	54	294500
资产总计	27	843000	负债及所有者权益合计	55	843000

2. 反映收益形成及分配情况的报表

　　反映收益形成及分配情况的报表主要有损益表、利润分配表、营业收支明细表等。损益表反映了企业经营的最终财力成果,即反映会展企业在一段时间内的利润情况,见表7-3。利润分配表是反映利润分配情况的报表。营业收支明细表是反映企业实现营业利润详细情况的报表。

编制单位:　　　　　　　　　年　月　日　　　　　　会服02　单位:元

项　　目	行　次	本年数
一、营业收入	1	1184700
减:营业成本	2	220000
营业费用	3	438300
营业税金及附加	4	65158
二、经营利润	5	461242
减:管理费用	6	203500
财务费用	7	80042

表 7 - 3

损益表

项 目	行 次	本年数
三、营业利润	8	177700
加: 投资收益	9	
补贴收入	10	
营业外收入	11	10000
减: 营业外支出	12	10000
加: 以前年度损益调整	13	
四、利润总额	14	177700
减: 所得税	15	58641
五、净利润	16	119059

3. 内部报表

内部报表是企业根据管理者的需要而制作的报表,如营业费用明细表、管理费用明细表、财务费用明细表、营业外收支明细表等。这些报表可以不对外公开。

二、会展企业财务报表的分析方法

会展企业财务报表分析方法主要有趋势分析法和比率分析法。所谓趋势分析法就是分析若干期的会计报表,作纵向的比较。而比率分析法则是分析同一期会计报表上项目之间的联系。一般将其归纳为以下三类能力的分析。

(一) 偿债能力分析

(1) 资产负债率$=\dfrac{负债总额}{资产净值总额} \times 100\%$

资产负债率用于衡量会展企业利用债权人提供资金进行经营活动的能力。负债率越低说明企业偿债能力越强。一般认为,资产负债率小于50%,会展企业为安全经营;大于50%,经营有风险;大于等于100%,则有破产危险。所以,资产负债率是会展企业长期偿债能力的晴雨表。

(2) 流动比率=流动资产/流动负债

流动比率表示会展企业短期变现偿债能力。流动比率越高说明企业偿债能力越强,一般认为流动比率保持2∶1较好,过低企业偿债可能有困难,过高企业可能有资产闲置或存货结构不合理等问题。

(3) 速动比率=速动资产/流动负债=(流动资产-存货)/流动负债

速动比率反映出会展企业立即变现偿债能力。速动比率高,说明企业有较强的清算能力。但是太高也不好,说明速动资产利用不充分。一般认为速动比率为1或稍大一点较好。

流动比率、速动比率又是衡量资产流动的指标。

(二) 营运能力分析

(1) 应收账款周转率=赊销收入净额(营业收入)/应收账款平均余额(期初期末的

平均数）

（2）平均收账期=365/应收账款周转率

应收账款周转率反映企业应收账款的流动程度,应收账款周转率越高,表明企业应收账款的回收工作越有成效。但也要注意,适当地延长应收账款期可以便于销售。一般企业应收账款周转率以10—30次为宜。

（3）存货周转率=营业成本/存货平均余额（期初期末的平均数）

（4）存货周转天数=365/存货周转率（期初期末的平均数）

存货周转率表示企业存货的周转速度。一般而言,企业存货周转率高,说明企业存货从投入资金到被销售收回的时间短,经营管理效率就高;反之,存货周转率低,则说明企业存货积压,或销售不畅,导致经营管理效率低下。当然,存货周转率过高时,也要防止采购供应脱节现象的发生。

（三）盈利能力分析

会展企业就是要以较少的耗费获取较大的收益,盈利能力的强弱、盈利的多少、今后的发展趋势是衡量会展企业生存价值和管理水平的综合指标。

（1）营业利润率 $=\dfrac{利润总额}{营业收入净额}\times100\%$

营业利润率用于衡量企业的盈利水平。该比率越高,说明该企业盈利能力越强。

（2）资本金利润率 $=\dfrac{利润总额}{资本金总额}\times100\%$

资本金利润率用于衡量投资者投入企业资本金的获利能力。一般来说,资本金利润率越高,投入资本获利越多,说明经营状况越好。

（3）成本利润率 $=\dfrac{利润总额}{成本费用总额}\times100\%$

成本利润率反映企业成本费用和利润的关系,这一比率可以直接反映出企业盈利能力的强弱和综合管理水平的高低。

除了上述三个盈利能力指标外,还有一些指标,如资产报酬率、所有者权益收益率等等,这里不一一赘述。

以上三类均是比率分析方法,但具体运用时应注意全面分析,综合应用,才能得出全面正确的结论。

·······························

复习思考题

1. 简述会展企业财务管理的概念、特点和主要内容。

2. 会展预算管理的主要内容有哪些?

3. 如何进行会展成本管理?

4. 简述会展预算管理的作用和局限性。

5. 如何进行会展财务报表分析?

本章主要探讨以下问题：

● 信息技术对会展业的影响与对策

● 会展档案管理及其建立过程

● 会展客户关系管理及其构建

● 网上会展

随着新经济时代的到来及网络技术的应用,企业之间的竞争越来越激烈。为了降低成本,企业趋向于采用商品展示会代替广告等媒体的形式来宣传自己的产品,从而推动了会展企业的蓬勃发展。在面临激增的参展商数量时,会展企业为在最短的时间内获取有效信息,就必须建立自己的信息系统,以有效地管理自己的客户和组织公司的运作。本章首先从信息技术对会展业影响这一宏观层面进行分析,然后从两个具体抓手介绍信息技术在会展业中的应用:一是信息技术在客户管理中的应用,即顾客关系管理;二是信息技术给会展形式上带来的变化,即网络会展。

第一节　信息技术与会展业

近年来,新技术在会展活动中得到广泛运用。从现场数据的收集统计,到线上线下展会的共同发展;从信息新技术的应用,到会展科技资本的融合,都充分体现出"会展与科技融合发展"的总体趋势。2013年1月,世界首个会展云基地项目在重庆市巴南区签约;天津会展数码大厦的筹建开启了会展资本与数字技术融合的先河。据调查,截至2013年年底,几乎所有的展览会都设立了自己的网站,10万平方米以上的超大型展会几乎全部实现了线上展会与线下展会的结合。以广交会为代表的商贸类展会,其网上成交和电子商务已经成为实体展会不可分割的重要组成部分。智能手机APP在展会中的应用已经成为时尚标志,O2O(线上到线下)的方式也被会展业界所普遍接受。

一、信息技术对会展业的影响

新世纪的经济是一种以高科技产业为支撑,以知识经济、信息网络经济为主要内容的经济形式,其核心内容是网络经济。网络技术的发展使企业进行市场营销和对外交流、联系的方式、途径均发生了巨大变化,给世界会展业带来了新的机遇和挑战。信息化对会展业的影响是研究会展业不容回避的问题。具体来讲,信息化对会展业的影响表现在以下几个方面。

(一)提高会展活动的工作效率

信息技术提高了政府、会展行业协会、会展企业、参展企业四者之间信息的交流速度。政府可以通过网络向公众发布最新的政策和法规,并为会展行业协会、会展企业、参展企业提供快速的政府服务,提高政府效率;会展行业协会可以及时将行业动态和行业规定传递到相关部门和企业;会展企业可以实时报道会展信息,让不能来参加会展的组织和个人随时了解会展进展,或者提供网上参展报名服务,方便参展企业进行活动。在组织、参加展览的各个环节上,信息收集、传递、处理的电子化和自动化都使展览业务处理效率空前提高。一些展出项目的上网发布,使得组展者与参展商的联系更为直接,从而避免一些中间环节及由此产生的错误和时间耗费。

会展的整个运作过程包括了政府、会展行业协会、会展公司、参展企业、媒体和会展观众等,涉及面广,需要多方共同合作。而电子商务等信息技术在会展中的应用,为会展信息在不同主体之间的交流创造了条件,促进了信息的共享,扩大了信息交流的广度。比如,会展公司可以通过政府的在线服务进行国际会展的申报工作,当会展项目被批准,通过信息技术的支持,相应的信息将被会展行业协会、会展企业、媒体和参展商、观众共享,使会展的开展更加通畅。同时,当会展各个主体都利用网络交流信息,依据网络效应,则会给每个主体带来最大的价值。

(二)降低会展活动的业务费用

会展信息化使得组展者(或组会者)、参展商(或与会人员)和观众之间的联络手段从传统的高收费的电话、传真、信件中解放出来,降低了业务费用。ERP、CRM、SCM、EB等先进管理信息技术的运用,一方面使得展览项目宣传更为广泛,组展者、参展商和观众可获得比以往更为丰富、深入的信息资料,从而避免选择项目时的盲目性及由此带来的经济损失;另一方面,会展组织企业可以通过信息化平台更加快捷地获取来自各方的实时信息,动态地调整相关政策,更好地适应瞬息万变的市场,获得市场先机。另外,会展信息化将促使展览活动操作走向规范化,这是会展信息化发展的客观要求。

(三)有利于会展管理水平的提高

电子商务、网络中信息资源的可存储、可再用的特性是使会展事务处理程式化和业务流程标准化的技术基础。电子商务、网络等信息技术使信息反馈、收集、处理、统计等自动化程度提高,促使会展事务处理走向程式化,展会的组织、参加过程逐渐标准化。每个组展(组会)、参展(参会)主体都在借助电子商务、网络的手段积累信息,总结形成一些程式化的业务处理流程,对流程中的各个环节提出一些服务标准,并在业务实践中不断增补流程环节、修订业务内容的标准,从而促使会展的组织管理走向最优化。

(四)便于会展服务规范化、科学化发展

信息资料的有效积累及电子技术本身的标准化最终将促成运作流程的标准化,因而,信息技术将促使展览活动操作走向规范化,这是信息技术发展的客观要求。运用现代信息技术,会展业的协调管理机构掌握大量信息和数据,在多个组展(组会)单位及其项目中甄别优劣的基础上开展工作,这对促进会展业服务的规范化、科学化发展极为有利。

(五)促进会展业的国际化、全球化发展

以互联网为代表的电子商务信息技术使得展会信息从定向发布走向非定向发布,展会项目、组织机构的对外宣传面向全世界进行,在世界各地的各个角落,只要具备上网条件,都可以很方便地获得较为充分的展会信息,从而对展会宣传摆脱了空间上的束缚。而且,网络虚拟展会实实在在地扩大了参展商和观众的范围。有了网络,国际范围内的会展业竞争将成为活生生的现实。

(六)有利于传统会展业的完善和发展

信息技术对传统会展业的完善和发展做了技术上的保障,起了极大的促进作用。电子邮件、企业网页、电子支付手段和服务、网络身份的安全认证技术、信息和数据的网上传播和自动化处理、网上商品交易系统、电子布展技术等都已随着电子商务设备特别是网络的扩展、延伸而参与到会展业中,电子商务在展会活动的各个环节中得以实现。

在展会项目宣传、展出项目的选择及参展商、与会人员与组展者之间的多种契约和业务往来,以及发运人与承运人之间的联系和约定、参展商与海关之间的联络中,互联网承担了大量数据和信息的传播功能。

但是,网上展会具有一些与生俱来的缺陷,如展出范围受到限制、展出信息的不完整性、观众的不确定性、信息统计上的偏差、没有丰富的展会参观经历等。而且,人们需要面对面的情感交流,但人们参加和参观网上展览会时,面对的却是冷冰冰的计算机屏幕,与观众或参展商交流时获得反应需要等待一段时间,感觉上总是不如面对面感受对方来得直接。

由于上述缺陷很难用技术手段加以弥补,这注定了网上展览会不可能替代传统展览会在展览业中唱主角。正如网上销售兴起之后,传统以商场、批发市场为媒介的实物销售仍然存在一样,网上虚拟展览会也不能代替实物展览会。会展业中大量使用信息及网络技术,将会进一步完善会展的媒介功能,这种数字化、信息化建设最终将拓展会展服务的内涵,为展览商和观众提供更多的方便。展览业高度发达的德国和网络技术高度发达的美国目前的发展情况都充分说明了这一点。

二、会展业信息化的对策

网络技术不断完善,网上推销日渐推广,电子商务日益普及,相比之下,传统展会方式落后,作用弱化,成本高昂。那么,传统会展企业能否应对信息化带来的挑战,把握其中的机遇,能否有效地把网络技术与传统会展结合起来,是传统会展业繁荣发展的关键。

(一)正确认识信息技术与会展业的关系

正确地认识信息化与会展业的关系,在于不要把两者对立起来看待,在看到信息化的发展对会展业有挑战的同时,更要看到其给传统会展业带来的机遇,看到两者完美结合的强大生命力。

展会实际上就是一个平台,一个满足需求方和供给方各自目的的场所。展会组织者是买方和卖方的中间人,通过提供交流场所的方式把他们组织到一起,发挥中介组织的作用。信息化一方面完善了中介组织的服务手段,另一方面也是中介组织的电子化。展会组织者通过运用信息技术对信息和数据进行传递、交换和处理等,使整个运作、管理过程变得高效、快捷、方便,从而实现利润最大化。网上展会则是对传统展会的虚拟,虽然出现时间不长,但发展迅速,整个运作表现出低成本、高效率、展出时间长、展出空间无限广阔、经营规模不受场地限制、观众的广泛性、反馈的及时性、自动统计和评估等优势。然而,正如前面所述,它不是传统展会的替代者,而是一个有利的补充。因为人与人之间面对面的交流是不可缺少的。

另外,展会上网明显地提高了该行业的透明度。对展览公司来说,这的确是一场新的挑战,它将有力地促进竞争,推动展览事业的发展。拒绝是最愚蠢的行为,只有广泛接触、充分利用,才能驾驭信息技术,使信息化成为会展业发展的福音。比如,信息技术的应用使广东会展业缩短了与国际先进水平的差距。被誉为"中国第一展"的广交会应用网络信息技术,实现了快速发展。目前,广交会已经建立了以广交会网站为龙头,包括商贸通参展企业展示平台、广交会宣传光盘、BEST采购商电子服务平台、参展易捷通服务平台以及网上广交会在内的,涵盖会前、会中、会后,结合现场和网上的电子商务服务体系。

(二)积极利用信息化技术

1. 展馆智能化

采用先进的传感技术和计算机技术将一些分别安装、互不关联的展馆电器设备进行自动控制管理,确保安全可靠运行,已成为现代化展馆不可缺少的组成部分。

智能化展馆就是采用电子信息技术对展馆的设备进行自动监控、对信息资源进行管理和为用户提供信息服务等,通过对展馆的结构、系统、服务和管理四个基本要素以及它们之间内在关联的最优化组合,来提供一个投资合理又具有高效、舒适、便利的环境。有关专家认为,这种管理和信息传输方面的变革,可使目前的会展效率提高数倍乃至几十倍。展馆的智能化主要包括以下几个方面:

(1)建筑自动化系统,简称"BA系统"。这是智能化系统里面最庞大的一个部分,包括展馆的电力、照明、空调、电梯、供水与排水、防火与防盗等子系统。建筑自动化系统用计算机和现代通信技术对展馆的各种设备实行全自动的综合监控管理,包括展馆自动化管理、出入管理、电脑卡识别系统、防盗保安系统、防火系统以及各种设备控制与监视系统等。对现代化展馆来说,这是必要的配置。

(2)通信自动化系统,简称"CA系统"。这个系统主要包括:以程控交换机为核心的电话、传真等为主的通信网;展馆内的局域网,把展馆内的各种终端、微机、工作站、主计算机与数据库等联网,实现数据通信;与国内外建立远程数据通信网。先进的通信自动化系统既可传输话音、数据,还可传输图像等多媒体信息。展馆内每个摊位上的电话和上网服务就是通过这个系统提供的。

(3)办公自动化系统,简称"OA系统"。办公自动化系统是由高性能的传真机、各种终端、微机、文字处理机、主计算机、声像装置等现代办公设备与相应软件组成。主要功能是提供文字处理、文档管理、电子票务、电子邮件、电视会议以及电子数据交换等。

(4)计算机网络。要实现BA、CA和OA的功能,计算机网络和综合布线系统是智能展馆基础设施重要的组成部分。一般来说,一个会展中心应有一个高速主干通信网,由此沟通计算机中心主机与馆内各个局域网的通信系统。各个展馆应设置一个或多个局域网,联至高速主干网。展馆与外界的通信联网可以通过高速主干网或中心主机来实现。

(5)综合布线系统。综合布线系统是将所有语音信号(电话信号)、数据信号(互联网信号)、视频信号与监控系统的配线,经过统一的规划设计,综合在一套标准配线系统中。各种设备位置的改变,局域网的变化,不需重新布线,只要在配线间作适当布线调整即可实现,并可满足不同用户以及未来变化的需求,灵活性大。

2. 展会管理和服务信息化

展会管理和服务信息化,就是指展会利用现代信息技术,通过信息资源的深入开发和广泛利用,不断提高展会经营、管理、决策的效率和水平,进而提高展会经济效益和企业竞争力的过程。信息化可以提升展会的专业化服务水准,增加对展会更多的动态价值信息、阶段价值信息的评估,以及数字信息加工的趋势分析。信息化在展会中的应用主要分展前、展中和展后三个阶段。

(1)展前。参展商和展会主办方可以通过互联网完成摊位申请、资格审核、申报、录用、展位分配、参展企业资料录入、费用收取、证件办理等工作,展会主办方还可以通过邮件群发系统向客商发电子请帖,而在以前,这些工作要通过邮件快递来完成。信息化大大提高了筹展的效率,同时也节约了不少成本。

(2)展中。信息化系统主要有采购商和参展商办证系统、报到验证系统、展区展品查询系统等。网络化的办证系统可以非常快捷地打印出证件,同时把办证资料存入后台数据库。

(3)展后。展会统计系统可以非常准确地对各种数据进行统计,提供饼状图、线形图、柱状图等多种直观图形方式给观众查询当日项目的成交金额、数量,并将这些分析数据按项目、行业等进行分类,有助于潜在客户的开发与挖掘。

随着电子商务日益成为一种重要的经济运行形式,电信运营商提供了种类繁多、日益便利的上网手段,展会电子商务和网上展会的模式也有较大的发展。过去品牌展会主要通过建立网站以宣传自身,今天的展会电子商务和网上展会日益成为一个相对独立的新的会展形式。

3. 会展企业信息化

会展企业信息化就是运用信息化手段为会展企业构建一个以服务为核心的业务主导的企业管理平台,会展企业主要涉及销售、财务等业务管理、客户关系管理、办公自动化管理等子系统。

(1)销售、财务等业务管理。销售管理用于集中管理会展企业的销售行为,包括客户跟踪、联系日志、合同签订与合同注销、应收款、收款管理、票据管理等诸方面。销售管理的目标是:全程跟踪销售进程;量化业务部门考核;及时准确的应收应付收款管理;全面的销售日志,有效分析销售中存在的问题;销售行为由个人行为变成企业行为;全面的财务监管;电子化的销售流程,管理层对销售行为全面而及时的分析并决策。系统中与会展销售管理相关的模块包括应收款管理、应付款管理、合同管理、招商进度、客户资源分配、产品(展位)资源分配管理、销售业绩测评、销售日志管理、票据管理等。

(2)客户关系管理。会展企业的客户资源主要有与公司发生现实交易的参展商、有可能发展业务的潜在展商、被公司组团外出参展的展商、参加公司组织展会的观众、展馆提供者、宾馆和相关服务公司,而核心业务客户是参展商和专业观众。在客户关系管理理念指导下,公司的客户资源及面向客户的口径得到统一,部门之间的工作按照客户工作的基本流程进行,部门协调工作将按照流程而不是部门进行,通过一个供各个部门共享的客户数据库及交流平台,统一与客户进行交易及沟通,使客户的满意感提高。系统中与会展客户关系管理相关的模块包括展商管理模块、专业观众管理模块、潜在客户管理模块、相关服务公司管理模块、嘉宾管理模块、媒体资源管理模块和客户积分系统等。关于会展客户关系管理,后文还有详细介绍,不赘述。

（3）办公自动化管理。办公自动化是随着企业的办公要求越来越高，对办公效率和信息处理要求越来越严格而产生的需求。办公自动化管理信息系统有助于提高企业办公效率；集中管理办公数据；扩大办公范围，允许远程办公和远程监控；集中管理企业内部资源，提高利用效率；保留办公痕迹，便于过程管理。系统中与办公自动化相关的模块包括公文管理模块，合同档案模块，音像档案模块，车辆管理模块，资产管理模块，邮件、快递件管理模块，行政企业管理模块，员工管理模块，薪酬管理模块，绩效考核模块和培训、开发管理模块等。

会展企业信息化目前还在不断地更新和创新中，例如，企业资源计划（ERP）、服务供应连接管理（SCM）、工作流管理（Workflow）等，都在会展企业中逐步得到应用，提升着会展企业的管理水平。

随着信息技术的发展，会有越来越多的电子服务手段进入到会展业中，这些手段将成为会展业完善和人性化发展的基本技术支持系统。信息化既是中国会展业与国际接轨的一个重要衡量标准，也是会展业发展的必然趋势。要实现信息化发展，中国会展业要加强与国际会展组织或世界知名会展公司之间的交流合作，以及时掌握全球会展业的最新动态；要积极推广现代科技成果，逐步实现行业管理的现代化、会展设备的智能化和活动组织的网络化；要充分利用互联网，推动国内会展业的信息革命。

第二节　会展客户关系管理

会展业发展到今天，市场竞争已经非常激烈，但总结其经验，也不外乎会展专业人才的竞争和争夺目标市场的竞争。一方面，企业开始实现从"产品为中心"的营销管理模式向"以顾客为中心"的营销管理模式转变；另一方面，企业的视角开始从过于关注内部资源向通过整合外部资源以提高企业核心竞争力转变。这两个转变不仅仅是观念的转变，更是企业管理模式的提升，大大扩展了企业的发展空间，为企业发展注入源源不断的动力。所以，有自己的一整套客户信息资料对一个企业来说是极为重要的。

每一个行业都有自己独特的目标客户，相对于会展来说，就是一个一个的参展商。采用一个比较形象点的比喻：会展公司是幕后策划，管理整个会场的搭建、布置、服务和处理各种各样的突发情况；参展商则是一个一个的演员，而要演好这场戏，导演必须了解每一个演员的特长、喜好。这就迫使公司建立一套自己的客户资料信息。客户资料的管理又可以分为传统的客户资料管理（即客户档案管理）和现代化的客户资料管理（即顾客关系管理CRM）。

一、会展客户档案管理

客户档案管理是一种传统的客户资料管理方法，它通过建立档案进行管理。由于我国会展业起步较晚，现代化手段应用程度很低，因此，我国许多会展公司都拥有自己的档案室，分门别类地存放所有客户的档案，以此来管理客户资料。总的来说，建立客户档案需要尽可能详尽地收集客户的资料。

（一）收集客户资料的内容

该项工作主要分析参展商的基本类型，以及他们的不同需求特征和会展设施要求，并在此基础上分析参展商差异对公司利润的影响等问题。客户资料一般应包括以下三方面的内容：

1. 客户原始记录

客户原始记录即有关参展商的基础性资料，它往往也是公司获得的第一手资料，具体包括客户代码、名称、地址、邮政编码、联系人、电话号码、公司网址及邮箱、银行账号、使用货币、付款条款、发票寄往地、付款信用记录、佣金码、客户类型等内容。

根据不同的标准，客户可以分为不同的类型。根据所有制性质，可以分为国有企业、民营企业和外资企业。按照所处的行业，又可以分为艺术行业、工业和农业等。每一行业又可以分为不同的小行业，如艺术行业可以分为园艺、陶瓷、名画、国宝等；工业根据其产品可以分为各类日常消费品、电子信息、工业装备、医疗设备与医药、交通装备与设施、科技创新等；农业根据其产品又可以分为初级农产品和加工农产品等。按照地区，又可以分为西部参展商、东北参展商、东南沿海参展商等。

举个例子，假如按照行业标准，参展商可以分为工业类、农业类、艺术类三大类。那我们就可以先将它们分成三大类，即A（工业）、B（农业）、C（艺术）。然后继续往下分，如工业类可以分为A1（日常消费品）、A2（电子信息）、A3（工业装备）、A4（医疗设备与医药）、A5（交通装备与设施）、A6（科技创新）。还可以再继续往下分，如电子信息类又可以分为A2.1（电视机行业）、A2.2（冰箱行业）、A2.3（空调行业）、A2.4（电脑行业）等。

2. 客户外在形象资料收集

客户外在形象资料主要是通过顾客调查分析或向信息咨询业购买的第二手资料，包括参展商对公司的态度和评价、履行合同情况与存在问题、信用情况、需求特征和潜力等。其中，参展商的信用是会展公司最需要重视的问题，应该全面地考察参展商的信誉，然后再考虑与之合作的问题。

3. 以往记录

公司与参展商进行联系的时间、地点、方式（如上门访问、打电话、电子邮件、传真）和费用开支、给予哪些优惠（价格、购物券等）、参展记录，以及展后公司对他的回访记录，都应该记录在备忘录里面。这些资料对于会展公司确定参展商的忠实度，以及决定是否该给予他一定的优惠条件非常重要。随着他与公司的合作和公司对他的了解，将他列为老客户还是新客户，信誉良好还是没有信誉等。最后，由档案室对所获得的资料进行审查、登记、分袋、分发、保管、存档。客户档案样式有多种式样，表8-1是某公司的一个电冰箱企业的客户档案。

（二）收集客户信息的方法

1. 加入社会团体

会展企业可以加入特定的社团，如会展协会等，取得社团的名单资料后，再名正言顺介绍自己的展会，让该社团成员了解自己的展会，但应该注意尺度的把握，以免适得其反。

客户编号: 甲A2.2
客户名称: ××电冰箱

表8-1	序号	名　称	内　容
	1	联系人	
客户档案	2	电　话	
登记表	3	邮　箱	
	4	银行账号	
	5	使用货币	
	6	公司地址	
	7	邮政编码	
	8	发票寄往地	

备注:

2. 成为俱乐部会员

会展企业的营销人员可以付费成为一些俱乐部的会员,不论是何种俱乐部,都有联谊性质,那是业务人员大展身手的良机。

3. 填资料换赠品

用赠品来换取准客户资料是由来已久的方法,而它有效的程度常令人吃惊,但注意提供的赠品要与销售的产品有高度关联性。而准客户的资料可能会对日后的销售有帮助。例如,对于会展营销来说,看客户是否对该行业的展览会感兴趣、对其了解多少、是否有意愿参加,参加的话让其填写资料,可提供入场券的现金抵用券。

4. 上网去找

网上有很多庞大的数据库,其信息因其功能而有相当高的准确性,免费或小额付费即可进去浏览。再者,其资料皆已有一定的分类,筛选后即可得到有效的资料。

5. 从分类广告找

客户可能会在分类广告刊登招聘启事或是发布信息,查阅最近几个月的报纸分类广告,就能得到他们明确的名称、地址、联络电话,幸运的话,还可找到联络人,非常有效、快速又便宜。

6. 参加展览

客户都会通过参观展览来寻找适当的合作厂商,当然,会展公司也可以通过展览会来寻找客户。

应该说,客户档案管理是一种基础性的信息管理工作,对会展企业的发展作用是巨大的。但是也要看到,建立客户档案是企业单方面的行为,缺乏与客户的互动性,显然已经适应不了时代的要求。近年来,一种全新模式在悄然兴起,这就是客户关系管理。

二、会展客户关系管理

（一）客户关系管理的内涵

简单地说，客户关系管理（customer relationship management，即 CRM）是一个不断加强与顾客交流，了解顾客需求，并不断对产品及服务进行改进和提高，以满足顾客需求的连续过程。CRM 应用系统是将这一过程自动化并改善与销售、市场营销、客户服务和支持等与客户关系相关的业务流程，目的是缩短销售周期、降低销售成本、增加收入、扩展新的市场并通过提供个性化服务来提高客户的满意度、忠诚度和赢利性。

到目前为止，客户关系管理还没有统一的定义，综合各方面观点可以得出，CRM 是一种借助于现代计算机技术和电子商务技术，选择和管理最有价值客户关系的经营战略。CRM 的核心是采用以客户为中心的经营理念和企业文化来支持市场、销售和服务的全过程。CRM 的目的是实现最有效的客户关系管理，促使企业产生最佳的领导能力、经营战略和企业文化，增强企业的核心竞争力。

此概念可由两个层面来表述：CRM 是一种现代的经营管理理念，即宏观概念；CRM 是一定的应用软件系统支持的一整套的解决方案，即微观概念。

1. CRM 的主要经营管理理念

（1）CRM 的核心思想是"以客户为中心"。CRM 视客户为企业最重要的资产，企业的一切经营活动围绕客户进行，不管是在市场营销、销售实现，还是在客户服务与支持等业务流程上，CRM 都把客户作为价值链的中心环节。

（2）通过最有效的 CRM 来实现企业的核心竞争力。所谓最有效的 CRM 是指企业通过每个经营环节来提高客户关怀（customer care）和客户满意（customer satisfaction），增强客户对企业的忠诚度，从而实现企业的最佳客户管理，最终提高企业的核心竞争力。

（3）按价值管理客户。不同的客户能够为企业带来的价值是不同的，建立客户价值的评价标准，发现最大价值的客户并培育他们的忠诚感，针对不同价值的客户制定相应的客户满意策略，是 CRM 最重要的战略思想。

2. CRM 的应用系统功能支柱

（1）共享的客户数据资料库。横跨整个企业集成客户数据资料会使企业从部门化的客户联络转向所有的客户互动行为都协调一致。如果一个企业各部门的信息来源相互独立，那么这些信息会有重复、互相冲突、过时，这无疑会对企业的整体运作效率产生负面影响。

（2）客户服务。如今客户期望的服务已经超出传统的电话呼叫中心的范围，正在向可以处理各种通信媒介的客户服务中心演变。电话互动必须与电子邮件、传真、网站以及其他任何客户喜欢使用的方式相互整合。随着互联网的发展，越来越多的客户喜欢通过浏览器来察看他们的定单或提出询问，自助服务的要求发展越来越快。客户服务能够处理客户各种类型的询问，包括有关的产品、需要的信息、订单请求、订单执行情况,以及高质量的现场服务。

(3)销售力量自动化(SFA)。销售人员与潜在客户的互动行为,将潜在客户发展为真正客户并保持其忠诚度是使企业盈利的核心因素。销售人员是企业信息的基本来源,必须有获得最新现场信息和将信息提供给他人的工具。CRM系统对此有所帮助。

(4)营销力量自动化。市场营销已经从传统的电话营销转向网站和电子邮件,这些基于网络的营销活动给潜在客户更好的客户体验,使潜在客户以自己的方式、在方便的时间查看需要的信息。为了获得最大的价值,必须与销售人员合作,对这些商业活动进行跟踪,以激活潜在消费并进行成功/失败研究。市场营销活动的费用管理以及营销事件对未来计划的制定和投资回报率(ROI)分析至关重要。

(5)信息分析能力。强有力的商业情报和分析能力对CRM至关重要,深入的智能性分析以统一的客户数据作为切入点,并使所有企业业务应用系统融入分析环境中,再将分析结果反馈给管理层和整个企业内部,从而增加了信息分析的价值。企业决策者会权衡这些信息,作出更全面和及时的商业决策。CRM的一个重要方面在于它强大的分析能力,通过对客户数据的全面分析来衡量客户带给企业的价值以及客户的满意度。

(6)系统集成功能。CRM系统将企业各系统结合在一起协调工作,充分提高企业的运作效率,充分利用原有的系统为企业服务,从而大大降低了企业运营成本。这种集成不仅是低水平的数据同步,而且包括业务流程的集成,在各系统间维持业务规则的完整性,包括客户互动渠道的集成,实现无缝、统一、高效的客户联系,以及与企业资源计划系统(ERP)在财务、制造、库存、分销、物流、人力等方面的集成。

(二)会展业实施CRM的必然性

作为新兴产业的要素,会展企业有其自身的特点,这些特点决定了它必然选择与之相适应的管理思想和管理方法。

1. 客户在会展价值链中处于核心地位

会展价值链包括四个要素:组展商、参展商、专业观众和会展场馆。展览活动中,不管是主办者和会展场馆的经济收益,还是展会产生的社会效益都来自参展商和观众。因此,会展企业必须处理好与客户之间的关系,那么CRM的客户中心论就成为会展企业经营管理的最佳选择。[①]

2. 会展业属于第三产业,其产品就是对参展商或观众的直接服务

这也与CRM的客户服务模块不谋而合,它决定了会展企业要重视客户关系管理,努力提高客户关怀和客户满意度,以此增强客户(参展商)对企业的忠诚度。做展览就是做服务,参展商和专业观众选择展会的一个重要因素就是展会的品牌,而品牌展会的创立,服务是重中之重。

3. 客户的连续参展是会展企业的长期利益所在

参展商是否连续参展,是展览会成功与否的重要标志,是培育一个品牌展会的根本所在。据调查,吸引一个新客户所耗费的成本大概相当于保持一个现有客户的五倍,如

---

① 韩小芸,梁培当,杨莹.会展客户关系管理[M].北京:中国商务出版社,2004.

果能有效降低客户流失率,企业利润将成倍增长。所以,选择CRM,保持现有客户(连续参展商),是会展企业不断壮大的必由之路。

4. 参展商参展收益是会展效益的综合体现

会展活动的效益是综合性的,它包括经济效益和社会效益两大方面。参展商的参展收益是会展效益的重要组成部分。参展收益高,会展主办者的效益才会有保障;参展收益低,即使其他方面获取较好效益,会展综合效益也是畸形的,主办者无法长期维持与参展商的关系,会展企业也难以生存。由于参展商在会展活动中的上述地位及作用,会展企业建立和保持同客户的长期合作关系对自身的生存与发展至关重要。实践证明,仅以传统的客户管理经验和做法已很难进一步提高客户对品牌展会的忠诚度。随着经济全球化和信息化的影响不断加深,会展企业想要立于不败之地,必须引入客户关系管理来维持老客户和开发新客户。

(三) 会展CRM功能模块构建

CRM的工作流程是企业内外部客户资料数据集成到同一个系统里,让所有与客户接触的营销、服务人员都能够按照授权,实时地更新和共享这些资源。CRM的流程管理,就是让每一类客户的需求都触发一连串规范的内部作业链,使相关业务人员紧密协作,快速而妥善地处理客户需求,从而提升企业的业绩与客户满意度,继而提高企业的核心竞争力。

会展业要提升客户满意度从而获得竞争优势非常困难,因为它不仅取决于展会组织者所属企业全体员工的工作热情与方法,同时还涉及企业内部部门间及提供客户服务相关部门和人员的协调能力。CRM根据不同企业自身资源与客户价值对市场进行细分,并针对每个细分市场的特点制定相应服务策略,形成清晰和有价值的客户数据,以减少沟通和销售资源的浪费。

1. 会展客户关系管理对象

从总体上说,会展客户主要有组展商、参展商、观众和展览场馆。但从更广的范围讲,CRM不仅仅是企业与客户之间的交流,它也为企业、客户和合作伙伴之间共享资源、共同协作提供了基础。因此会展CRM的管理对象包括了以下各主体及其相关内容:

(1) 参展商管理。参展商可分为本年签约参展商、潜在参展商、未审核参展商、历史参展商等。参展商管理包括对参展商的缴费情况,如广告费款项、活动运输款项、租赁款项等进行统计,对参展商的经营产品项目、投入金额、展位数量、地区等情况进行统计。

(2) 专业观众管理。对观众也要按一定标准进行分类登记,并对观众的情况,如职业、专业观众企业性质、经营产品项目、入场情况、来源等进行统计分析。

(3) 供应商管理。供应商包括展览馆、酒店、租车公司、鲜花供应商、公关公司、物流运输公司、展示设计公司、广告公司等。

(4) 合作伙伴管理。合作伙伴主要有主办单位、协办单位、支持单位、开幕嘉宾、媒体等。

(5) 内部员工管理。它主要涉及人事管理,因为内部员工是CRM系统的用户,其中包括权限管理、业务流程过程中的绩效考核等。

2. 会展CRM系统模块构建

21世纪会展业和客户关系管理将从以往注重业务量的增长转向注重质量的管理；会展业CRM的研发方向将从降低成本、提高效率转向开拓业务、提高客户忠诚度。会展CRM系统的实施基于以下八项构建模块：

（1）理念模块。CRM系统的理念应基于"以客户为中心"待客态度、客户的价值观（CVP）及整体会展品牌的价值。CRM系统的理念应充分考虑如何使会展企业从竞争中凸显出来，使目标客户知道名牌展会能给他们什么样的服务，使会展企业的员工知道如何得到外部客户经验并成功地分享。CRM系统更应把激发员工斗志、增加客户忠诚度、赢得市场份额作为重要的基础工程。

（2）战略模块。CRM战略瞄准的收益目标及方向与企业商业战略应是一致的，应为企业增加赢利的机会。客户的忠诚度是会展企业与客户关系的良性因素之一，意味着客户愿意接受企业品牌展会的服务并愿花更多的时间和金钱，愿意向其他人推荐该企业并且不介意付一些额外的费用。CRM战略就是从如何实现品牌展会收益的角度出发，发现、赢得、发展并且保持有价值的客户。

（3）经验模块。好的经验可以提升客户对会展企业的满意度、信任度和较长久的忠诚度，差的经验则正好相反，会严重影响企业增进与潜在客户的关系，并最终失去客户。因此，客户与企业交往的经验深刻地影响他们对该企业的印象，这就要求CRM系统对"客户经验"在客户关系中的价值和重要性有功能上的预置。

（4）协调模块。无论是个人、团队还是整个会展企业都要更加关注客户的需求。会展CRM系统的协调功能应能"以变应变"，能应付来自各方的变化，如组织结构、动机、补救、方法甚至企业文化，特别是正在管理上发生的变化。其实从技术上导入CRM系统并不能使企业进入"以客户为中心"的时代，唯有企业自身从理念到行为上进行根本的转变才能实现这一点。

（5）工作模块。会展CRM系统的工作模块要求企业从客户利益出发，"以客户为中心"，重新设计原有的工作流程，同时从企业的自身利益出发，如提高效率、降低成本等。一个成功的、经过重新调整的工作流程不仅能满足客户的期望，而且能在最大程度上支持客户的价值观。优化的工作模块将使企业务实、简化的工作过程带给客户好的印象，并提高其预期的回报，同时还能使企业获得良性的客户经验。

（6）信息模块。会展业的CRM需要一系列的客户信息，包括组织结构、紧密结合的操作和分析系统。及时获得正确的信息是CRM战略成功的基础。信息模块能帮助企业获得客户的第一手资料，加深对客户的认识，使企业在任何渠道都有可能与客户取得有效沟通。信息模块应优化杂乱无章的部门设置、数据库和操作系统的使用，有计划地搜集、管理和平衡客户信息资产，使企业更容易完成CRM的管理目标。

（7）技术模块。会展企业导入CRM系统最常遇到的问题包括CRM应用问题、结构问题以及集成问题。在许多CRM项目实践中，集成问题一开始并不占首要位置，但因为成本和时间因素，不久就会凸显出来。我国会展软件开发商也会面临这样的问题。因此，企业导入CRM系统，技术模块应互动于硬件技术、通信技术及环境技术条件的变化，技术模块应有更宽的兼容、扩展、升级、集成、网络化等空间。

（8）评估模块。企业必须对应用CRM系统的实际状况和效果进行监控和评估，通过对性能的测定来评估它们成功与否。CRM性能评估可以从四个层次进行，即综合评估、客户战略评估、操作过程评估和基本构造评估。这些方法是将企业战略的实施和公司的经济收益结合起来进行科学评估。每个会展企业都可以根据不同的展会使用一套独创的评估制度，以保证成功地将客户信息转化为企业的无形资产。[①]

（四）会展客户关系管理的实施流程

CRM是一个通过积极使用信息和不断地从信息中学习，从而将客户信息转化为客户关系的循环过程。这一流程从建立客户知识开始，直到形成高影响的客户互动。其间需要会展企业采用各种策略，建立并保持与客户的关系，进而形成客户忠诚度。

CRM的实施既是一个往复循环的过程，又是一个螺旋式提升的过程。会展企业CRM的实施流程包括收集客户信息、制定客户方案、实现互动反馈和评估活动绩效四个环节，继而上升为新一轮循环。

1. 收集客户信息，发现市场机遇

会展企业CRM实施流程的第一步是深入分析会展市场客户信息以识别市场机遇和制定投资策略。它通过展会客户识别、展会客户细分和展会客户预测来完成。

（1）展会客户识别。会展企业所面对的客户市场是一个广泛复杂的群体，不同的客户有着不同的参展目的和需求。展会客户识别对于会展活动的开展是非常重要的。在广泛的客户群体中，通过各种互动途径，如互联网、客户跟踪系统、呼叫中心档案等，收集详尽的数据，然后将不同部门的客户数据库整合成为统一的客户数据库。同时，把它们转化成为管理层和计划人员可以使用的知识和信息，并从中识别出有参展需求的客户。

（2）展会客户细分。通过集中有参展需求的客户信息，会展企业可以对所有不同需求信息之间的复杂关系进行分析，然后按照需求差异进行客户市场的细分，并描述每一类客户的行为模式。通过这样的工作，会展企业可以根据招展会的主题定位，从中选择某些客户需求群体进行专门的市场营销。

（3）展会客户预测。即通过分析目标客户的历史信息和特征，预测客户在本次展会活动中，各种市场变化与营销活动情况下可能有的服务期望和参展行为的细微变化，进而以此作为客户管理决策的依据。

2. 制定客户方案，实施定制服务

针对不同的客户，会展企业应该采取不同的客户服务和市场营销方式，这是因为每个客户的目标诉求是不一样的。然而在实际的经营中，企业对各类客户所开展的活动基本上是相同的，而且定期开展服务或营销活动，但是用CRM的观念来看，这样做并没有达到CRM的要求。

会展企业要想达到CRM的要求，必须在全面收集客户信息的基础上，针对项目客户预先确定专门的展会活动，制定符合客户要求的服务计划。这就要求会展企业营销人员及服务团队在会展活动开展之前就要做好相关的准备，在展会中间要提供有针对

---

① 黄彬. 会展业CRM的发展方向. http://www.expo-china.net.

性的服务。这样不仅会提高客户的满意感，而且会使会展企业赢得客户的信任，增加会展企业在客户互动中的投资机会。

3. 实现互动反馈，追踪需求变化

通过与客户的互动，会展企业可以随时追踪参展商的需求变化以及参展后的有关评价，不断修改客户方案，满足客户的个性化需求。在以往，市场营销活动一经推出，通常无法及时监控活动资料进行相关分析，并及时改变营销活动以适应变化。现在实施CRM流程，可通过客户服务中心或呼叫中心及时进行互动反馈，适时调整进一步的营销活动。

4. 评估活动绩效，改善客户关系

展会结束并不意味着服务的结束，在会展企业CRM的一个循环过程即将结束时，要对所实施的方案计划进行绩效分析和考核。CRM应通过对各种市场活动、销售与客户资料的综合分析，建立一套标准化的考核模式，评估施行成效；通过捕捉和分析来自互动反馈中的数据，理解客户对企业各项营销活动所产生的具体反应，从而为下一个CRM循环提出新的建议，不断改善会展企业的客户关系。

案例 8－1

新特展览客户关系系统

一、系统概述

新特软件在积累多年的行业经验上专为展览公司定制开发了一套展会客户关系管理系统，系统实现了基于客户资料的多级查询、数据导入、数据导出、打印输出、参展信息管理、网络共享、权限控制等功能，在客户、联系人、展会、项目组、业务角色等实体间的数据关联、业务流程、人员分工、权限控制、数据安全、个性化客户信息、人机辅助界面等方面都有非常周到的考虑。系统充分发挥了网络数据库软件在信息记录、管理控制等方面的优势，在辅助展览业务运作方面起到了很好的作用。

二、系统功能结构图

展会客户关系管理系统结构

客户管理	业务员管理	展会业务	输入和输出	统计分析	系统管理
客户基本信息	客户等级	展位管理	数据导入	基本信息统计	基本代码管理
联系人信息	客户收藏夹	会刊管理	数据导出	客户分布统计	权限控制
客户分组管理	业务记录	交流会管理	短信群发	业务记录统计	数据备份恢复
客户展会关联	业务提醒	宾馆管理	邮件群发	展会业务统计	事件记录
综合查询客户	业务总结	财务管理	打印输出		回收站管理

三、系统针对展览行业的功能特色

系统以新特通用版的客户关系管理系统为基础,提供强大的查询、关联信息记录、业务分析、个性化服务等功能。本系统针对展览公司的行业特点,重点突出以下功能。

(一)客户管理

由于展会行业客户资料庞大,不免有重复或者同名的客户资料,编辑客户资料时,系统提供关键字查询功能,如果业务员录入了重复的客户名称,系统会自动提醒,并显示已有的客户资料。系统将国内客户和国外客户进行独立的管理,并提供中英文双套界面,打印输出也有中英文两套格式。系统将公司所有客户群按不同项目组划分,每个项目提供了独立的行业分类树形,属于某一项目组的业务员只能看到该项目组的客户,这样不同项目组的工作不会相互干扰。给客户分组分级,并对客户级别变动过程进行控制,根据客户等级开展业务。客户资料可按行业大类、小类、展会、区域、等级、业务员等信息进行树形快速查询。特别是每个客户都与某届展会相关联,这样只要选择某届展会,就能自动将参加这届展会的客户归类汇总。

(二)业务员管理

针对业务员的管理,新特展会管理系统提供了特色的权限管理。一般情况下,每个业务员只能看到自己的客户资料和业务联系记录,但如果给某个业务员赋予相应的权限,他也可以看到其他业务员的客户资料,但不可以编辑、更改别人的客户资料。这样既可以做到业务员之间的资料保密和交流,又可以让公司领导能全面了解每个业务员的业务情况。

为了方便业务员及时地跟进自己的业务,系统提供了强大的事务提醒功能,设置提醒时间后,到时系统就会自动提醒业务员该办什么事情。提供每个业务员自己的客户收藏夹功能,可以非常方便地辅助业务员进行客户管理和业务管理工作。同时,管理员还可以为下级业务员管理收藏夹,这样可以方便公司领导或者部门经理统一规划管理。系统有严谨的权限分工和控制管理,可以按不同角色显示不同的界面,调用不同功能,并且可以防止未经授权的操作员导出客户资料,对于客户资料的新增、修改、删除操作都有后台事务日志备查,可以恢复或彻底删除业务员更改的客户资料。

(三)展会业务

每次举办展会时,客户与展会相关联的事务繁多,怎么样对这些事务做到条理化的管理呢? 新特系统提供了相关的展位管理、会刊管理、交流会管理、展具管理、宾馆管理、财务管理。

系统还提供按项目、展会、年份、客户分类的多级关联管理,同一项目组可以有多个展会项目,同一展会项目又按年份分多个展会代号;可以按项目、展会、展会代号逐级查询相关参展客户、参观客户;每个客户都可以查到其参展、参观的历史情况。

(四)输入/输出

展会公司的潜在客户量非常大,客户资料来源多,所以系统除手工逐条快速录入客户资料外,还提供xls、Dbf等格式的自动导入功能。针对展会公司业务特点,系统还提供电子邮件群发接口、短信群发接口,可以打印信封标签、套打信封、套打传真资料等，并且所有标签和套打内容可以自定义格式。

（五）系统分析

系统提供了业务分析和总结上报功能，每个业务员或项目组可定期整理分析业务记录，写一份总结报告提交给业务主管或经理，以便公司领导总结分析某个时期内总的业务状况。

系统的展会分析汇总功能，可以统计查看每个客户参加某次展会的相关情况，可以对单个项目的参展、参观客户进行多方面的分析，也可以按年份进行同项目多年纵向对比分析，还可以对不同项目进行横向对比分析，分析内容有：参展、参观数量，区域分布情况，行业分布情况，职位分布情况等。

系统提供决策支持的功能，可以分类统计客户个性和共性，给出各类报表，作为公司经营决策的依据，还可以对业务员进行绩效考核。操作事务统计功能可以对业务员操作该系统的效率进行跟踪追查。

（案例来源：www.xts.com.cn）

第三节　网上会展

网上会展是对传统会展的一种有效的补充，是一种新型的营销方式。它是运用现代网络技术来进行的一种社会生产经营形态，并对产品的售前、售中、售后各环节进行跟踪。对于企业来说，建设网站的目的不是观赏，而是营销。当然，这里所说的营销是广义上的营销，不只是要实现在线购物或支付，其根本目的是增强企业的竞争力、增加销售或提高服务、增进与消费者或客户的交流和沟通、提高企业生产效率、降低经营成本、优化资源配置。

近年来，德国上网的展览公司大量增加，而且其网页所提供的内容也越来越广泛。这样做的目的是：向厂商尽早、尽可能多地提供有关信息，便于他们充分地做好参展准备；向读者介绍不同厂商，便于他们根据需要检索信息；向所有可能的对象介绍展览公司和展览会，树立和提升企业形象，从而增加展览会的吸引力。

我国的各种大型会展都或多或少地利用计算机和网络技术，开设了互联网展示站点作为它的导航工具。人们可以借助互联网展示产品、交流信息、洽谈贸易、开展电子商务。

一、网上会展的优缺点
（一）网上会展的优点
1. 营销行为的跨时空性

网上会展的主要媒介是互联网，它的跨时空、覆盖全球是其他媒介所无法比拟的。网络的连通性决定了网上会展的跨国性；网络的开放性决定了网上会展市场的全球性。因此，网上会展是在一种全天候、无国界、开放的、全球的范围内去寻找目标客户。

2. 信息传递的双向性

借助互联网，企业可以将产品的属性及价值信息传递给目标消费者，消费者也可以点击浏览网页获得这些信息。网上会展借助多媒体方式进行双向传送信息,与消费者和其他利益关系人进行互动式双向沟通,而非只进行单向沟通。

面对一"点"而过的消费者,网络营销将力量更多地放在网站的"注意力"上。它是一种眼球经济,即谁最有可能吸引消费者眼睛,谁就可能获取利润。所以网络企业不仅制定以消费者为中心的整合营销战略和高科技应用技术,而且以崭新的艺术思维去极力营造网络亲和力,使自己的网站看起来更加人性化、艺术化。从这一意义上讲,人性化策略在网络营销传播过程中,具有独特的文化意义。

3. 消费者主导性

网上会展的出发点和终结点均是消费者,主张"消费者想要的是什么"。网上会展的重点不是争取消费者,而是保持并增强消费者群体。随着整合营销传播在网络营销中的运用,网上会展服务把消费者再次推上"上帝"的宝座。这并不是一种偶然的巧合。互联网上信息量空前增多,消费者可选择的自由度也空前提高,他们对网站服务的满意度极其重要。一个顾客可能对企业的经营不会产生太大的影响,但是网上经营者对一个顾客的态度,却决定了网站能否生存下去。

网上会展的出现,在企业和市场之间架起一座最有效的电子信息桥梁。通过顾客的点击数和网上留言,企业可以为其提供更适合、更满意的商品,从而实现"一对一"的服务。它提供了超地域、全天候、开放互动的贸易环境,可以随时随地为自己的目标顾客提供服务。它不仅表现在参展商对会展公司的忠诚,也表现在普通顾客对参展企业的忠诚。通过网络使得会展公司、参展商、客户有效地整合为一个整体,他们中间任何两个之间的联系都可以产生不同的效果,使彼此更忠诚,从而更好地提高会展的质量。

4. 树立和提升企业形象

随着新经济时代的到来,商品生产周期理论中产品开发和生产周期大大缩短,企业必须随时随地掌握市场的信息,了解消费者的需求,在最短的时间内将自己的产品推销出去,这样才能在市场竞争中取胜。而且,企业可以利用网上会展这种成本很低的营销方式来推销自己的产品。为了妥善利用此推广机会,参展商可在网页上刊登展品图片或主题,并尽可能详细地列出产品的种种优点和功能,从而起到树立和提升企业形象的作用。

5. 增强会展吸引力

网站是联系会展主办者和广大参展者的桥梁和纽带。一方面,会展公司要通过各种方式加强网站的宣传,从而增强网站的吸引力。而且,会展公司通过企业上传到网站上的很多商品和图片,使客户通过视觉和听觉来了解商品的特点,产生购买欲望。另一方面,会展公司通过开辟网上会展这种高效畅通的渠道,有效地推动国内外企业的商贸合作,并大大地增加目标观众,从而极大地带动参展商的参展欲望,增强会展的吸引力。

6. 全面地降低成本

网上会展是利用快捷方便的网络优势和顾客直接交流,不仅省时而且省钱。单单在宣传会展一个方面,就可以省掉信封、纸张、邮寄等一大笔费用。如果通过邮局的话也很浪费时间,而在网上只不过是敲敲键盘发封电子邮件的事情,其效率是前者无法比拟的。有好多公司采用电话通知的方法,这虽然解决了时间的问题,但金钱的问题还是没有得到解决。根据软件技术支持专家的调查,展览组织者给用户打一个电话是53美元,而电子邮件回答同样的问题仅需3美元[①]。对于用户常见的问题,完全有可能将它们列在网上,并且给出相应的解决方法,用户可以根据自己的问题找到办法,大大降低电话呼叫的成本。

网络市场上的虚拟商店,其成本主要涉及自设Web网站成本、软硬件费用、网络使用费以及以后的维持费用。它不需要店面、装潢、服务人员、水电费、营业税及人事管理费用等。由于网络的无限性和反应的及时性,无纸贸易的使用大大降低了企业的运营成本。例如,在美国,一个中等规模的企业一年要发出或接受订单在10万张以上,大企业则在40万张左右,而用网上订单交易,就意味着每年节省少则数百万美元,多则上千万美元的成本。

(二)网上会展的缺点

1. 对商品的限制性

并不是所有的商品都可以采用网上展览的方式,能在网上展览的商品是非常有限的。一般来说,顾客通过视听就可以明白用途的产品适合在网上展出,但科技含量高的商品就不适合在网上展出。例如,某一项科研成果或刚刚研制成功的一台机器,对于这样的产品,顾客只有通过现场专家的耐心讲解和实际演示才能掌握它的用途和功能。所以,采用网上会展的商品还是非常有限的。

2. 企业和顾客不能很好地交流

现代展览更强调的是企业和顾客能很好地去交流,以便企业更好地满足它的目标客户。但是,网上会展的出现将传统的面对面的交流变成了一种通过网络进行的交流。虽然这大大提高了交流的速度,但是交流的效率就难以保证。因为有的东西只能通过面对面的交流才能达成,这也是网上会展永远代替不了现实会展的原因之一。但它能更好地为会展业服务,起到锦上添花的作用。

二、会展网站建设

网络营销能给企业带来种种优势,对于办展机构来说,网站是联系会展主办者和广大参展者的桥梁和纽带。因此,办展机构要通过各种方式加强网站的建设和宣传工作,使网络更好地为其服务。

一个高效的网站往往可以起到事半功倍的效果。办展机构将自己的网址公布于互联网上,就是希望广大参展商和观众可以通过公司网址找到他们想要的信息,同时反馈给办展机构一些有益的信息。

(一)网站建设要求

1. 人性化

由于访问公司网址的顾客的计算机水平参差不齐,所以,一个好的网站应该是非常

---

① 魏中龙,段炳德.我为会展狂[M].北京:机械工业出版社,2003.

具有人性化的。它应该有明确的导航标志,对于计算机水平不太高的人也可以轻易地操作。同时,应提供相应的下载和打印的工具(也可以和下载地址直接建立链接)。总之,网站的设计一定要符合上网者的习惯。

2. 高速化

有的办展机构为使自己的网站更加吸引人,往往插入很多的图片和Flash动画,这样虽然具有一定的吸引力,但它的副作用是使网站的速度变慢了很多。有的参展商不会耐心等待网页的打开,即使打开以后,大量的空间全被一些眼花缭乱的图片和动画占据,他们也没有耐心看完,这样一个对公司很有价值的客户也许就会流失。为了避免这种情况的出现,网站建设应该本着高速化的原则来设计,用更多的文字代替图片和动画,尽量降低客户等待时间。

3. 快速反应

有的办展机构的网站建立起来了,可是疏于管理,内容几乎没有更新过。对于这样的网站,参展商也许在打开第二次以后,就再也不会打开了。所以,网站的信息,包括一些办展信息、行业动态一定要常变常新,客户的电子邮件和网上留言也一定要快速回应。有的公司认为网站的界面更新是一件微不足道的事情,但是如果能随着节日(如圣诞、新年、周年庆典等)做出不同的网页,一定会加深办展机构在参展商心目中的印象,有助于加强客户对办展机构的可信度。

4. 内容丰富

无论是参展商、专业观众,还是普通观众,都希望只要打开网页就可以找到自己想要的东西,一个出色的网站要适应不同人群的需求。它主要通过网上的信息传播,引起社会公众,尤其是参展商对办展机构和展览会的关注,以此来增加客户参展的机会。因此,办展机构网站内容要尽可能丰富多彩,以吸引各类人群。

(二)网站建设内容

1. 公司标志(LOGO)及名称

一般公司的网站都将自己的标志和名称放在网站首页的最醒目的位置,标志在网页的左上角,而公司的名称一般写在正上方,并且附有相应的英文名称,这样有助于参展商记住办展机构的公司形象。公司名称的字体要简洁大方,便于观众记忆;标志要体现公司的企业文化、办展理念等,设计一定要有创意,避免与其他公司混淆,要具有鲜明的企业文化色彩。

2. 最近的展览

在网站首页的FIRST VIEW地方,办展机构一般都会将自己最近要举办的展览以滚动或动画的形式放上去,以使参展商登录以后不需要使用滚动条就可以看到。设计成滚动和动画的形式更有利于吸引观众的眼睛,这种重点突出的广告形式,节约了参展商在网页上搜索浪费的很多时间。在FIRST VIEW位置,专门辟出一定的空间,以广告按钮的形式放一些参展商关心的信息。

3. 中英文标识

如果办展机构还同时举办一些国际展览,应该有中英文文字转换的按钮,一般按钮上面写着"ENGLISH",使不懂中文的国外参展商看到此按钮就可以将网上的信息转换为自己能看得懂的语言。一般会设置汉语、英语，有时候还设置其他语种。除了语言不同，网页的内容及内容相对应的位置应该是一致的。

4. 关于我们

办展机构在这个按钮下面一般会设置一些公司简介、公司机构、历史回顾等下拉菜单。

（1）公司简介

公司简介主要介绍公司成立背景、成立时间、经营范围、规模及是否是UFI的会员等内容。例如，上海市国际展览有限公司是这样介绍自己的：上海市国际展览有限公司由上海世博（集团）有限公司与上海市国际贸易促进委员会共同投资。1984年7月1日经原国家对外经济贸易部和上海市人民政府批准成立。公司的经营范围是举办和接待海内外来展；经营管理、承包、租赁经营展览场所；安排与展览相关的商务会议接待；组织办展期间的技术交流会和贸易洽谈；办理展品的进出口、保税、运输、留购业务；收集分发展览会信息、样本、技术资料等。

（2）公司机构

公司机构主要介绍公司的机构设置情况。从这一项可以大概看出一个公司的规模、经营方式和体制。还是以上海国际展览有限公司为例，如图8-1所示。

图8-1

上海市国际展览有限公司组织结构图

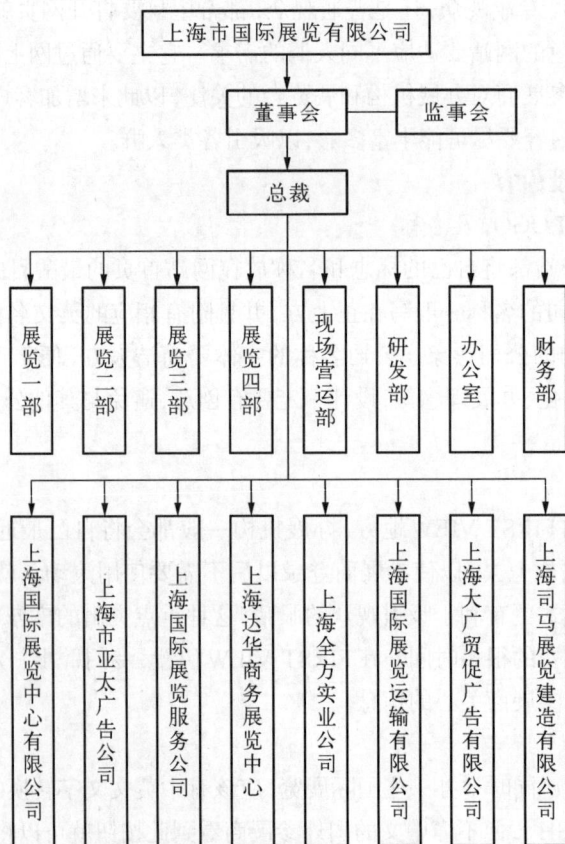

（3）历史回顾

历史回顾主要介绍公司自成立以来举办过的有较大影响力的展览会和取得的成就，以及历史数据、品牌展会的情况、重要的合作伙伴、展览涉及的范围等内容。这些内容都是参展商选择办展机构和展览会的重要参考依据，所以一定要客观、可靠。例如，以表格的形式说明举办展览的年份、展会个数、面积（万平方米）、观众（万人次）、成交额（万元）、参展商个数等，这样参展商可以一目了然地大致了解办展机构的实力。如果有如德国慕尼黑公司、汉诺威公司、法兰克福公司，英国励展公司等国际著名展览公司这样的合作伙伴，将会大大提升公司的形象和参展商的参展热情。展览涉及范围主要是告诉参展商自己公司举办展览会设计的领域。如果参展商是属于某个行业的，那么可以点击进入这个行业，查看相关的展览会举办情况。在展览会前面表明其级别是地区级、国家级或是国际级，尽量做到细致化。

5. 展会信息

会展公司将自己重要的展会信息以广告按钮的形式公布于网上，按钮包括展览会的标志、展览会的中英文名称。参展商点击进入以后有展览会的举办日期、地点、主承办单位、支持单位、合作新闻媒体。在这一页的FIRST VIEW位置上应该设有返回首页、本届展会、历届展会、数据统计、观众组织、联系我们、中英文转换等。本届展会介绍其规模、较上届展览会的突破之处等内容；历届展会回顾一下本展览会的举办历史；在数据统计中以表格或图表的形式列出展览会的演变过程：历届场馆的面积变化、历届观众的数量及结构变化、历届参展商的数量变化、历届成交量变化、历届展品的结构变化等内容；观众组织里应该包括上一届展会的观众人数和他们来自哪里，其中国际观众人数和所占比例，本届展会预计到达人数；联系我们选项里应该有公司地址、电话、传真，以及有效的网址及电子邮件地址；展会须知栏里将参加本次展览会的一些注意事项告诉参展商；在线预定展位表格，运用网络的高速传输性，可以将展位预定这一环节在网上进行，其中展位预定表的内容应该包括参展商名称、联系人、电话、传真、邮编、地址、电子邮箱和付款方式，以及希望定到的展位要求等内容。另外，还应该把上届展览会的一些有助于参展商作出参展决定的图片上传。

6. 展览计划

展览计划中应该写出本年度和下年度办展机构将要举办的展览会，大的办展机构的展览计划一般由来华展和出国展两个部分组成。在来华展网页中，办展机构按照日期将本年度和下年度的展览会议以表格的形式罗列出来，包括举办日期、展会名称、地点等简要信息。出国展应该包括今年和明年的出国展览计划，有国别、地点、展览日期、展品范围、参展说明（所参加的展览会的规模及知名度）等简要信息。网页内容无论怎样变化，每次打开相关的网页，上端都应该包含中英文转换、联系我们、返回首页这三项。

每一页的内容都可以有中英文两种表达方式。展览计划只是简单地告知参展商有什么展览会，详细内容可以到展会信息按钮中了解。

7. 提供服务

提供服务是指告知参展商如果要参加展览可以获得哪些服务。一般来说，办展机构都会提供给参展商进行贸易联络、会务接待、展品运输和展台搭建等方面的服务。

（1）贸易联络

贸易联络是针对海外参展商在华进行贸易推广和成交而提供的一项服务，业务主要包括：① 我国进出口管理规定、海关税率及通关程序方面的贸易咨询；② 应参展商委托，为展品留购或订货办理进口手续，包括清关、纳税、交货和付汇等；③ 协助国内用户办理机电产品进口许可；④ 提供保税仓库暂时存放展品；⑤ 协助参展商或用户安排进口商品检验和食品及动植物检疫；⑥ 除展览会之外，承办由单一公司专门举办的小型展示会或推广活动，包括展示会申报、展品的运输和通关等。

（2）会务接待

业务接待是为国内外参展商参展提供会务安排及服务，一般是办展机构指定会务代理机构办理，业务主要包括：① 承接各种规模的国内外会议、会展、大型活动，并提供从策划到实施的一系列服务，具体包括策划、宣传推广、接待、会议场馆及设施、现场管理、旅游、餐饮娱乐、车辆等；② 订房，即提供各种星级酒店的订房、入住服务；③ 票务，即提供展商抵离参展目的地的机票、车票预订服务；④ 签证，即提供外商来华签证申办服务；⑤ 联系方式，包括会务接待公司的地址、电话、传真、电子邮件等。

（3）展品运输

展品运输是指办展机构指定展品运输公司，将参展商的展品、展架和辅助材料运输到指定的目的地。办展机构本着为参展商负责的态度指定运输公司，同时对运输公司的背景及业务范围作出介绍，然后参展商根据自己的情况决定是否雇用指定的展品运输公司。

（4）展台搭建

展台搭建是指办展机构指定展台搭建代理公司，并将其主要业务及公司简介罗列出来以供参展商选择。

8. 展览场馆

将与办展机构有业务往来的展览馆的图片及简要内容（如面积、交通示意图等）等上传到网页，供参展商对本届展览会的举办地址有一个直观的了解。同时还要将场馆的联系方式标明。

9. 展览知识和行业动态

有的办展机构的网站还为观众和参展商提供了一些展览会的常识和相关的法律法规，并同《中国展会》等一些相关杂志签订合同，将每一期的内容上传，为读者提供免费阅读的平台。在这些读者中或许有很多正是办展机构的潜在参展商，他们可能在阅读的过程中变为办展机构或网站的忠实客户，从而增加他们参展的概率。现在越来越多的办展机构在自己的网站上提供一些免费的信息，以此来推广自己的网站。

有的参展机构还将本行业的新闻动态上传到自己的网站，这样做的目的是培养潜在参展商和观众对网站的忠诚度。因为许多观众习惯于在同一个网站上关注新闻，这样就可以对一些特殊事件进行追踪阅读。

（三）办展机构的网络数据库建设

网上营销的基础是办展机构拥有一批属于自己的客户，在网络环境下要求办展机构建立自己的CRM系统，它是利用计算机技术手段在办展机构与顾客之间建立的一种数字的、实时的、互动的交流管理系统。

三、会展网站推广

会展网站推广是指利用各种手段提高网站的知名度和点击率,起到宣传和推广会展企业以及企业产品的效果。网站作为企业在网上市场进行营销活动的阵地,站点能否吸引大量流量是企业开展网络营销成败的关键,也是网络营销的基础。它通过对企业网站的宣传吸引用户访问,同时树立企业网上品牌形象,为企业营销目标的实现打下坚实的基础。

(一) 搜索引擎优化策略

搜索引擎是对搜索引擎(search engine)和搜索目录(search directory)的统称,是通过互联网进行网络营销的重要途径。目前,全世界的网站总数已经超过3000万个,并且还在不断地增加。但根据国外研究,搜索引擎能够检索到的网站还不到所有网站的30%,因此,企业为推广网站一般要在多个搜索引擎进行注册。首先要选定在哪些搜索引擎上进行注册,一般来说,能同时在8个最重要的搜索引擎进行注册就足够了。注册过多搜索引擎一方面时间代价比较大,另一方面大多数搜索引擎的使用者少,而主要集中在少数几个上面。

企业在搜索引擎上注册后,就要关注访问者在使用搜索引擎时,如何能在显著位置找到网站站点。搜索引擎有两种检索方式,一种是分类目录式查找,另一种是按关键词检索。对于第一种情况,就是企业在网站注册时,考虑如何将自己的网站排名在最前面,一般来说,在页首的网站的访问率比后面的要高。这就要求企业在搜索引擎上注册时要了解搜索引擎是按照什么标准排序的,如搜狐网站的排名是按照网站名称的字典顺序来进行排列的。对于第二种情况,企业首先要找出适合自己的核心关键词,以便于访问者在访问时能检索到网站。同时还要了解网站的检索排序算法,尽量采用按搜索引擎的算法来排列关键词。不过许多搜索引擎的排序算法是不公开的,所以需要不断尝试。对一家企业来说,挑选的关键词当然必须与自己的产品或服务有关,不要听信那些靠毫不相干的热门关键词吸引更多访问量的宣传。此外,避免拿含义宽泛的一般性词语作为主打关键词,而是要根据企业的业务或产品的种类,尽可能选取具体的词。

(二) 有效信息策略

提供丰富的内容是企业网站推广的有效策略,它是指企业利用网站的内容本身作为一种推广策略,其实质在于将网站的内容策略与推广策略结合起来,让网站内容在为用户提供有价值信息的同时,也为网站自身的推广发挥作用。简单来说,以内容为手段的网站推广策略,就是尽可能增加网站上的有效内容,以此来吸引用户浏览网站,进而使他们从潜在的消费者变为产品的购买者。

有的企业网站的内容非常贫乏,除了公司简介、产品简介之外,再也找不出其他能引起用户兴趣的内容。就连公司简介、产品简介这些基本内容也都显得非常"简练",不仅用户可以从中获得的有效信息非常有限,而且即使这些非常简练的信息,有些还是用图片或者Flash动画来表达的,而让搜索引擎可以识别的文本信息就更为贫乏,因此,网站很难被用户通过常规渠道发现。对于企业网站和一般小型网站来说,内容贫乏是普遍存在的问题，这对于企业的网上营销造成了极大的影响。

（三）发布网络广告策略

利用网络广告推销会展网站是一种比较有效的方式。企业可以加入某些广告交换组织，广告交换组织通过不同站点加盟后，在不同站点交换显示广告，起到相互促进的作用。另外一种方式是在适当的站点上购买广告栏发布网络广告。

在运用广告推广站点策略时，一定要认识到并不是广告越多、制作得越漂亮越好。有的企业网站充斥了大量的图片和Flash动画，令观众眼花缭乱。但是，像谷歌、百度等自动收录网站的搜索引擎却不能识别这些文件所表达的意思，因而无法收录到搜索引擎中来。所以企业在建设自己的网站的过程中就需要注意，能够用文字表达的地方，尽量不要用图片来代替，避免把文字做到图片里面，而要让文字成为主角，图片只可作为点缀。

有的企业认为网站就是要完美表现企业形象，不需要有太多的文字内容。事实上，由于图片和Flash动画太多，会大大降低网站的速度。有的网民会等不及网页打开，转而去浏览其他网站，这样会使一些潜在顾客在无形中流失。另外，太多的图片也会使网站看起来杂乱无章，降低专业性和权威性，所以，企业在进行网络广告推广站点时，一定要巧妙地运用各种广告组合。不论是站在搜索引擎优化的角度，还是整体网站诉求的角度，企业网站都必须注意不要让大量的图片和动画喧宾夺主，而应当多花一点时间在资料的准备和内容的编排上，让客户了解到实实在在的有用信息。

（四）建立链接策略

交换链接是具有一定互补优势的网站之间的简单合作形式，即分别在自己的网站上放置对方网站的标志或网站名称，并设置对方网站的超级链接，使得用户可以从合作网站中发现自己的网站，以达到互相推广的目的。

与不同站点建立链接，可缩短网页间距离，提高站点的被访问概率。企业可在本行业站点上申请链接，如在一些行业协会组织的站点上建立链接，当顾客在搜寻这一类信息时，会很容易地点击相关企业的信息来了解情况，以做到货比三家。

另外，和竞争对手也可以建立交互链接，双方协商进行交互链接的要求，这样都可以降低网络广告的成本，实现双赢。交换链接的作用主要表现在几个方面：获得访问量、加深用户浏览时的印象、在搜索引擎排名中增加优势、通过合作网站的推荐增加访问者的可信度等。一般来说，每个网站都倾向于链接价值高的其他网站，因此，获得其他网站的链接也就意味着获得了与合作伙伴及一个领域内同类网站的认可。

（五）免费服务策略

提供免费资源，在时间和精力上的代价都是昂贵的，但它可以在增加站点流量的功效上得到回报。应当注意，所提供的免费服务应与所销售的产品密切相关，这样，所吸引来的访问者也就可以成为良好的业务对象。

信息发布是免费网站推广的常用方法之一，尤其在互联网发展早期，网上信息量相对较少时，往往通过信息发布的方式即可取得满意的效果。不过，随着网上信息量爆炸式的增长，这种依靠免费信息发布的方式所能发挥的作用日益降低，同时，由于更多更加有效的网站推广方法的出现，信息发布在网站推广的常用方法中的重要程度也有明显的下降,因此,依靠大量发送免费信息的方式已经没有太大价值。不过,一些针对性、专业性强的信息仍然可以引起人们极大的关注,尤其当这些信息发布在相关性比较高的网站上时。

(六)电子邮件推广策略

电子邮件是网站推广常用的方法,它包括电子刊物、会员通讯、专业服务商的电子邮件广告等。基于用户许可的电子邮件营销与滥发邮件(Spam)不同,许可营销比传统的推广方式或未经许可的电子邮件营销具有明显的优势,比如可以减少广告对用户的干扰、增加潜在客户定位的准确度、增强与客户的关系、提高品牌忠诚度等。根据许可电子邮件营销所应用的用户电子邮件地址资源的所有形式,可以分为内部列表电子邮件营销和外部列表电子邮件营销,或简称内部列表和外部列表。内部列表也就是通常所说的邮件列表,是利用网站的注册用户资料开展电子邮件营销的方式,常见的形式如新闻邮件、会员通讯、电子刊物等。外部列表电子邮件营销则是利用专业服务商的用户电子邮件地址来开展电子邮件营销,也就是以电子邮件广告的形式向服务商的用户发送信息。许可电子邮件营销是网络营销方法体系中相对独立的一种,既可以与其他网络营销方法相结合,也可以独立应用。

复习思考题

1. 简述信息技术对会展业的影响及其对策。
2. 简述会展企业中客户档案管理的内容。
3. 简述会展客户关系管理的主要内容。
4. 简述网上会展的优缺点。
5. 简述会展网站建设的主要内容。
6. 简述会展网站推广的策略。

本章主要探讨以下问题：

● 会展安全管理的内涵及其主要内容

● 会展现场危机管理的内涵和类型

● 会展危机的控制

第一节　会展安全管理

会展能否顺利进行,会展安全起着决定性作用,没有安全就没有会展;同时会展活动中还充斥着各种风险,产生各种危机或紧急情况,对于这些情况必须未雨绸缪,加强防范,因此会展安全和危机管理也是会展管理的重要内容。

现在各类大大小小的展览都不同程度地受到安全方面的困扰。在一次"香港国际珠宝展"上,仅在开幕之日就发生了两起珠宝失窃案。两名参展商在两分钟内,先后被两批外来的珠宝大盗偷去价值200万美元的钻饰。2002年,在东莞厚街举办的"健博会"上,一开展便有一批小偷作案10多宗。美国在"9·11"事件后,展会主办者对安全问题也更加关注,大大提高了安全保障费用。美国全国船舶生产企业协会在主办19个消费展、2个贸易展时,把安全预算提高了10%。

凡此种种,这都在给我们传递一个有关会展安全方面的信息。不仅国内展会如此,国外的一些展会也同样受到安全方面的困扰。如今,在展览业比较成熟的国家地区,展会的安全问题越来越受到重视。如何解决好我国的展会安全,确保参展商的利益,也是我国的展会组织者急需解决的问题。

一、会展安全管理的内涵

(一)安全的内涵

安全的内涵有以下四层含义:一是客人、员工的生命、财产及企业财产的安全;二是客人的商业秘密以及隐私的安全;三是企业内部的服务和经营活动秩序、公共场所秩序保持良好的安全状态;四是不存在对客人、员工的生命、财产及企业财产造成侵害的各种潜在因素。

(二)会展安全管理的内涵

会展安全管理主要是确保会议场所和展览场馆的安全,是指为保障客人、员工的生命、财产而进行的一系列计划、组织、指挥、协调、控制等管理活动。

会议场所和展览场馆是一个公共场所,人员密集,因此必须保障安全;再加上展会上存放大量的财产、物资和资金,因此人、财、物、信息等安全都成为客户的基本需要。展会安全保卫工作一般包括治安秩序管理、消防安全管理及意外事故的查处等内容。例如,广交会就非常重视安全保卫工作,专门成立了大会保卫办公室,负责交易会展览场所和重要活动安全保卫工作的组织领导,其职责包括:制定广交会各种保卫方案和措施,协调各级公安部门行动,为广交会创造安全良好的社会环境;指导各交易团做好本团的安全保卫工作;维护展馆的防火安全;维护广交会大院及其附近道路交通秩序,保障交通畅顺;负责发放内宾证件和车证等。大会保卫办公室的人员编成上包括商务部人事司、广东省公安厅、广州市公安局、广州市国家安全局、武警广东省总队、外贸中心保卫处等。

二、会展安全管理的类型

会展安全管理根据不同的标准可以划分为以下几种类型。

(一)从管理场馆的不同阶段划分

(1)在没有展会的情况下,会展场馆安全管理主要包括场馆的基础设施保障安全。

(2)在开展展会的情况下,会展场馆安全管理主要包括消防安全、展位搭建安全、展品运输安全。

(二)从管理的安全事件性质划分

(1)不可预见事件的管理。这是指对那些由市场和社会宏观环境所产生的影响所有办展机构的危机的管理,如对战争、自然灾害(如台风、地震、海啸)、瘟疫(如SARS、禽流感)、经济危机、通货膨胀、政策变动、国际恐怖袭击(如美国"9·11")等的管理与控制。

(2)可控制性事件的管理。这是指对因办展机构经营方面的原因而给举办展会带来的危机的管理。例如,对会展现场布置不当和设施老化等原因引起的会展现场火灾和展位坍塌,因通道安排不合理而导致人群拥挤并出现事故,以及因资金不足、展会定位不当、招展不力、招商不顺、宣传推广效果不佳、人力资源及人员结构不适合、现场管理不当等因素致使展会无法继续举办等的管理与控制。

三、会展安全问题产生的源头

会展安全管理首要的是对发生安全问题的源头有清醒的了解,才可以加以预防和管理。根据产生源头的不同,会展安全问题主要有以下几种情况。

(一)主办机构、参展单位疏忽

在许多展会中,由于主办单位、服务承包商、参展商之间的职责划分不清晰,双方在某些问题上没有达成共同维护安全的认识,对某些可能产生的问题采取消极的行为,而且一旦发生问题便相互推诿责任,就会导致出现安全漏洞。同时,由于展会中参展单位众多,主办机构往往力不从心,无法在每时每刻对所有参展企业的行为进行有效的操控。而某些参展商为了一己之私,占用公用区域进行展品展示,超越自身展位红线摆放展品,在现场进行展位装修,导致影响其他展位的展出,引起参展商之间的纠纷,甚至于发生展位坍塌,导致人员伤亡。

(二)展会设施管理、场所与规划布局不合理

展会设施、设备众多,故障的发生带来的危机是不可避免的。同时,由于某些场馆的门、窗、箱体等存放柜的不安全导致物品失窃;电梯、通道、出口的设置不合理引起展品被盗或者受损;场馆通道的设置不合理导致人流过度集聚,引起交通拥堵导致人员伤亡;出口、地面、通道的不合理设置与管理带来的展品运输的困难,等等,这些风险也时有发生。

(三)与会人群多样性

任何一个大型展会的现场均有形形色色的不同身份的人群,包括场馆工作人员、主办方工作人员、参展商、服务承包商、专业观众、其他观众、新闻记者及各种闲杂人员。由于人群复杂、人流变化频繁,容易引起人与人之间的纠纷,以及物品的失窃、人体的伤损等意外事故。同时,在展会中混入黄牛党、展虫等展会无关人员,造成了场馆现场的混乱。某些展会还因为派送赠品引起人群的哄抢,或者因为某些独特的表演引起人流过度拥挤产生碰撞受伤事件。

（四）业务外包

展会的工作涉及面广、专业性强，因此许多主办单位以及场馆为了减少工作量，提高服务水平，便聘请服务承包商，如展品运输单位、展位搭建商、商旅服务商等。这部分工作人员因为对于场馆情况不熟悉，甚至没有经过正规的业务培训，就会在服务中产生各种各样的问题。同时，由于业务外包，不利于场馆进行统一的管理，导致某些闲杂人员借机进入场馆从事不法活动。

（五）门禁问题

展会的一个关键问题便是门禁管理。这是场馆的门面，也是观众对于展会的第一印象。但是许多场馆由于门禁委托其他保安单位进行管理，导致出现一系列问题。例如，查证不严格、保安私自收取钱款、检查时间过长效率低下、检查手续过于简单或过于繁琐等，容易引起纠纷。

（六）场馆自身疏漏

场馆在场地规划、人员配置及现场管理中存在一些不规范的操作。例如，场地规划不当导致某些地方人流过于集中，某些展台的参展商却因展出效果低下产生抱怨；人员配置不合理导致现场出现问题未能及时解决等。

（七）展位设计的问题

为了提高展出效果，现在多数的展会都采用开放式展位，方便观众进出进行观看并选择展品。因此，在人群复杂的展会，四通八达的展位设计给展品失窃埋下了安全隐患。

（八）食品供应

由于某些会展场馆自身设备的局限，不能提供餐饮服务。通常为了方便参展商与观众，在场馆中设置了临时用餐处，并承包给外部的餐饮公司。某些餐饮公司为了牟取暴利，降低食品质量，甚至由于供应过多与时间紧张，未能保证餐饮的卫生，出现食品卫生等意外事故。同时，展会临时用餐处空间不足、人群密集、垃圾满地，容易引起各种疾病的交叉感染。

（九）撤展前的混乱

为了保证展出效果，展会通常不允许参展商提前撤展，于是便规定了统一的撤展时间。由于在该撤展时段内参展商的展品集中撤出场馆，各种车辆极度密集，容易引起交通堵塞及各类交通事故。同时，由于所有的展品、人员在同一时间离开场馆需要办理出馆许可证，因此，场面极其火爆，容易产生人群挤压，以及人与人之间的纠纷。此外，大量的展品同时出馆，也容易发生展品以及其他贵重物品失窃的事件。

四、会展安全管理的方法

会展的安全管理一般要本着宾客至上，服务第一，预防为主，谁主管谁负责，群防群治和内松外紧的基本原则，着重抓好以下几个方面的工作。

（一）加强教育，提高认识

会议场所和展览场馆是一个综合服务场所，需要提高对安全保卫工作的认识，尤其是要摆正三方面的关系：

一是摆正正常工作和安全工作的关系。切忌"说起来重要，做起来次要，忙起来不要",埋头日常工作而把安全工作置之不理。

二是摆正经济效益与社会效益的关系。不能因为追求经济效益而忽视安全投入,要坚持两个效益一起抓。

三是摆正专职和兼职的关系。应遵循"事事有专人"的原则,人人确立既是工作人员、参展人员、参观人员,又是安全人员和消防人员的思想,发挥"专兼结合,群防群治"的作用。

(二)计划着手,居安思危

会议场所和展览场馆安全计划的内容应该包括:

1. 会展人员安全计划

会展人员安全计划主要包括入口控制、电梯控制、走道安全、客人失物处理、客人伤病处理、员工劳动保护措施、个人财产安全、保护员工避免遭外来袭击等内容。

2. 会展消防计划

会展消防计划主要包括消防安全告示、火灾报警、火灾后各部门应采取的行动、火灾疏散程序等内容。

3. 会展施工安全计划

会展施工安全计划主要包括用电安全计划、超高攀爬规定、施工现场戴安全帽等内容。

4. 会展紧急事故处理计划

这也称作应急预案,要围绕各种可能出现的问题提前制定出应急措施。常见的主要是关于客人伤病、客人死亡、客人违法、客人报失、遇到自然灾害等情况的处理办法。

(三)健全制度,落实责任

健全制度包括选好人,把好进口关;加强教育,打牢队伍基础;坚持岗位培训,提高业务素质;强化制度管理,树立保安形象;建立"流动淘汰机制",确保保安队伍的内部纯洁。

安全管理还要紧抓关键环节,这一关键环节包括关键部位、关键时刻和关键对象等。所谓关键部位是指容易发生安全问题的地点,如展馆中摄像头的"死角";所谓关键时刻是指容易发生安全问题的时间,如展览的开馆和闭馆时间;所谓关键对象是指容易发生安全问题的人物,如一些有"前科"人员的进入。

这些制度还要落实到人,只有落实到人的制度才能落实责任,才能真正消除安全隐患。

阅读资料 9-1	**中国进出口商品交易会安全保卫规定**

为了维护中国进出口商品交易会(以下简称广交会)的良好秩序,防止各类事故的发生,确保大会安全,依据社会治安有关管理规定,制定本规定。

一、各商会、交易团应成立保卫组,由团长、会长担任组长(为本单位广交会期间安全保卫第一责任人）。同时，要配备一定数量的专职保卫干部，协助做好大会和展馆的安全保卫工作。

二、实行安全保卫责任制，按照"谁主管，谁负责"的原则，制定安全保卫防范措施，加强宣传教育和管理，提高与会人员安全防范意识，确保大会安全。

三、全体与会人员须高度重视安全工作，自觉遵守大会各项规定，共同维护大会秩序。不参与法轮功邪教组织等非法活动，提高警惕，预防各类事故的发生。

四、从筹展之日起，所有进馆人员须将证件挂在胸前，服从和配合保卫人员检查。不准将证件转借他人和带无证人员进馆，违者按有关规定给予处罚。

五、妥善保管好展样品和个人随身物品。每天闭馆前，要将贵重展样品存放展柜和保险柜内或采取其他有效保护措施，并由专人负责看守和管理，参展商应按时进馆，并请不要提前退馆，以确保展样品安全。

六、陈列的刀具、枪支等展样品，要有专人看护，妥善保管，上、下班要清点数目，防止被盗。

七、剧毒品、易燃易爆和放射性等展样品，只能使用仿制代用品，严禁携带实物进入展馆。

八、展馆展位装修、搭建，参照《中国进出口商品交易会展馆防火规定》（以下简称《展馆防火规定》）执行。展样品的陈列须按规定摆放，任何单位和个人不得将展样品摆在展位外的任何地方。要服从大会检查组、保卫人员的检查纠正。

九、认真做好安全防火工作。各单位要切实贯彻执行《展馆防火规定》，加强对所属人员的安全防火教育，做到防火工作人人皆知、自觉遵守，确保安全。

十、展馆内（包括展场、展位、办公室、仓库、通道、楼梯或电梯前室和天桥等场所）严禁吸烟，违者按章处罚。吸烟者可到大会设置的吸烟区吸烟。

十一、筹展期间，运送展样品的汽车进入大院后，按指定地点临时停放，卸货后即驶出大院。搬运展样品出大院时，须凭交易团出具的放行条，经门卫人员查验后放行。

十二、进入大院的汽车须服从交通管理人员的指挥，按规定路线行驶，按指定位置停放。

十三、大会期间，凡拾获的各种物品应及时送交大会保卫办展馆保卫科登记处理，不准自行保管和擅自处理。

以上规定，请大家严格遵守，共同维护大会秩序，保证大会安全。

大会保卫办电话：020-×××××××

展馆保卫科电话：020-×××××××、020-×××××××

（资料来源：http://www.cantonfair.org.cn）

中国进出口商品交易会展馆防火规定

为做好中国进出口商品交易会（以下简称广交会）展馆的安全防火工作，依据《中华人民共和国消防法》（以下简称《消防法》）和有关规定，结合广交会展馆需要,制定本规定。

一、实行消防安全责任制

(一)各商会、交易团的会长、团长以及各展位的负责人为相应的各展区、团、展位的第一防火责任人。

(二)各单位要认真贯彻落实《消防法》和外贸中心消防工作有关管理规定,按照"谁主管,谁负责"的原则,制定消防工作防范措施,并严格落实防火责任制,加强检查管理,发现问题及时解决,把火灾事故隐患消灭在萌芽状态。

(三)各第一防火责任人对所在展区、团、展位安全防火工作负全责。

二、全馆禁止吸烟

广交会展馆内(包括办公室、大厅、会议室、展位、仓库、走廊通道、天桥、楼梯或电梯前室、卫生间、咖啡室等地)禁止吸烟。违者将视情节参照《消防法》有关规定给予批评教育、吊扣或没收证件、通报批评、清出馆外等处罚。对外商违章吸烟者,进行批评教育,屡劝不改者,按照外国公民有关管理规定进行处理。

三、消防通道始终保持畅通无阻

(一)馆内主通道宽度不得小于3米,关键通道宽度不得小于5米。

(二)严禁在展位以外的任何地方(包括楼梯或电梯前室、通道等)摆放展样品,违反者除没收外,给予通报批评;不得将展样品悬挂在消防、配电、空调设施或天花板上,违者造成设施损坏和不良后果的,除照价赔偿外还要追究相关责任。

(三)筹、拆展期间,各种装修材料、展样品不得堆放在展厅门口或展馆通道上,以免堵塞消防通道。

(四)安全管理人员将对违规摆放的物品进行清理,清理中造成的任何损失和产生的费用由物主承担。

四、各类装修、搭建须经消防技术审核

凡进馆进行各类装修(含中心展台、灯箱、广告牌或广告箱、霓虹灯等)的建设单位,不论装修面积大小,须依据《中国进出口商品交易会布展施工管理规定》,将施工图纸(包括平面图、立面图、剖面图和效果图、电路图)及装修材料文字说明报送广交会审图组,经初审后送公安消防机构审批,在领取了消防批文,办理了施工证和进馆证后,方可施工布展。对未经批准擅自装搭的展位,按有关规定给予处罚。

五、各类装修用材、用料使用管理规定

(一)展馆内不得使用未经阻燃处理的草、竹、藤、纸、树皮、泡沫、芦苇、可燃塑料板、可燃地毯、布料和木板等物品作大面积的装修和装饰用料。

(二)所有装修和装饰材料均应采用不燃或难燃材料。内地参展人员需在当地预先制作展台、展架半成品的,所使用的不燃材料应有当地公安消防部门检验的合格证,并将合格证的复印件在进场施工前送广交会审图组核实、备案。

(三)如当地没有公安消防部门认可的难燃材料,而参展商又需在当地将装修物制作成半成品后再到广交会进行组装的,经大会保卫办消防安全监督人员同意,可按照每平方米涂0.5公斤油性防火漆(黄色)进行处理,但需在进馆筹展安装前,到消防咨询点办理有关消防手续,并经大会保卫人员检查后方可进馆安装。

六、保证消防设施完好和正常运转

(一)各参展代表应自觉爱护展馆内的各种消防器材和设施,保证消防设施完好和正常运转。

(二)消防栓和灭火器材前1.5米范围内不得摆放任何物品,严禁阻挡、圈占、损坏和挪用消防器材。

(三)馆内装修构架(含展品、灯箱等)须与天花板保持0.8米以上的净空,无天花板的展馆应离设备层0.5米,所有展位及装修不得以任何形式封顶,确保消防报警系统和自动喷淋灭火系统的功能正常发挥。

七、电气设备的安装应符合防火安全要求

(一)电气产品的安装、使用和线路、管道的设计敷设,须符合国家有关消防安全技术规定,同时,电气安装须按照《广州地区电气设备装置规程》的要求进行施工。

(二)各建筑施工单位进场布展前应将用电负荷报技术保障部审核,施工完毕,经该部配电维修科派员检查后方可通电。

(三)各展位安装的电器产品,其电线应使用有公安消防部门检验合格(应有检验证书或标识)的难燃导线并套金属管或难燃套管敷设,按用电要求做好接地体的跨接;地毯下的电线不得有接口;敷设在过道地面的电线,必须加以保护;不得使用双绞线(花线)、铝芯线等。如各地区没有公安消防部门检验合格的难燃电线,一律使用广州市公安消防局检验认可的难燃电线,以保证馆内用电安全。

(四)广告牌、灯箱、灯柱内须留有对流的散热孔,日光灯镇流器应采用消防科研单位检验合格的产品或合格的电子产品。

(五)各展位的筒灯、射灯、石英灯等灯具的安装须与展品、装饰物等保持0.3米以上的距离,并应加装接线盒,电线不准外露。

(六)展馆各展位不准使用电水壶、电炉、电熨斗等大功率电器设备,如确实需要使用,须申请批准后方可使用。碘钨灯一律要有防护罩保护;二楼以上严禁安装霓虹灯。

(七)为保证展场的安全,礼品、装饰品、玩具三个展区除重点布展区域及预置的灯具外,原则上不得增设任何照明设备。

(八)重点展区和自行搭装的展位、中心展台等,须有专职电工留馆值班。

八、严禁携带易燃易爆等化学危险品进入展场

(一)不准将烟花、爆竹、汽油、煤油、酒精、天那水、氢气以及保卫部门认为可能威胁展馆安全的物品带入馆内。以上展样品只能使用代用品。广交会闭幕后,所有化工展样品由参展单位自行清理带出馆外。

(二)施工、机械操作表演确实需要用汽油、天那水、酒精等易燃液体或明火作业(电焊、气焊),使用前24小时须报广交会审图组审批,批准后,派专人负责管理,确保安全。

九、包装材料应及时清出馆外

筹展期间使用的展样品包装箱、纸屑等杂物务必在大会开幕前及时清理出馆外,严禁将其存放在展位内、柜顶或展位板壁背后,如有违反,按有关规定

严肃处理。

十、认真做好闭馆前的清场工作

（一）广交会每天闭馆前，各参展代表应积极配合保卫人员做好清场工作。

（二）清场的主要内容有：

1. 展位内的可燃杂物、火种和其他灾害隐患；

2. 切断本展位的电源；

3. 保管好贵重物品和关好门窗。

本规定自公布之日起实施。如有违反并造成事故或严重后果的，视情节依照《消防法》给予处罚并依法追究有关人员的法律责任。

此规定已报广州市公安消防局备案。

（资料来源：http://www.cantonfair.org.cn）

阅读资料 9-3

中国进出口商品交易会展馆用电安全管理规定

为做好中国进出口商品交易会（以下简称广交会）展馆的用电安全管理工作，确保整个展馆安全供电，依据《中华人民共和国消防法》，以及《广州地区电气设备装置规程》，结合广交会展馆需要，特制定本规定。

一、展馆用电管理部门

中国对外贸易中心技术保障部（下称"技保部"）是大会管理用电的职能部门。各交易团及参展企业，凡在筹展和大会期间需要布展施工和展出用电，应依照中国进出口商品交易会《展馆用电指南》办理有关用电申请手续并遵守本规定。

二、对施工和布展使用电气材料和设施设备的安全规定

1. 选用的电气材料和设施设备须符合国家的产品质量标准和消防安全要求。

2. 配电开关箱内必须设置30 mA漏电保护器。

3. 电线须选用ZR-BVV（难燃双塑铜芯电线）和护套电线。禁止使用花线和铝芯线。

4. 穿过人行地面、地毯和暗敷设在装修物内的电线须穿管（金属管、难燃塑料管）保护。

5. 金属保护管和金属构件须做电气跨接，并做安全接地。

6. 各电气回路必须有专用保护地线，并与凡可能接触漏电的金属物件相连。

7. 筒灯、石英灯要有石棉垫防护；广告灯箱、灯柱内须留有对流的散热孔。灯具整流器和触发器须选用消防部门检验合格产品。

8. 使用大功率发热灯具应加装防护罩（如100 W以上碘钨灯）。禁止使用500 W以上的大功率灯具。

9. 展位用电，须如实办理申请手续。不得随意接入展厅的电箱和插座上。不允许利用天花板悬挂灯具和电线。

10. 各参展商和施工单位要注意爱护展馆的电气设施设备，不得随意打

开、拆撬,不准乱拉乱接。

三、特装布展展位的电气安全管理规定

1. 电气安装须严格按照《广州地区电气设备装置规程》和特装展位电气部分的具体要求(详见"第七章展馆用电指南")施工布展。

2. 特装展位布展不允许遮挡或覆盖展馆的照明电箱、动力电箱、电话配线箱。如确需遮挡,报审图组批准,但须留出宽600 mm的进入通道;并留有足够的箱前操作间距。操作间距以能打开电箱操作为衡量依据,但不得小于600 mm,以便安全检查和故障处理。

3. 特装布展单位的电工和焊工须持有效操作证上岗,否则不允许进馆施工。

四、安全责任和现场值班

贯彻"谁主管,谁负责"的原则。特装展位所属的交易团、参展商、承建施工单位要对其展位的用电安全负责,有义务认真遵守大会用电安全管理规定。特装展位应在开幕期间留有值班电工,并将值班电工人员名单、联系电话、值班地点报审图组备案。

五、标准展位的电气安全管理规定

1. 严禁私自乱拉乱接,申请的电源插座须严格在所允许的最大容量500 W内使用,不得插接超出允许容量的电器设备,严禁自带插座板串接使用,违者大会将视为对安全供电构成隐患而予以查处。

2. 大会配置安装于展位上的所有用电设施设备,参展商不得随意拆除或移位,更不能带出展馆。

六、展出电器样品的安全管理规定

1. 禁止使用大功率电热设备(如电水壶、电炉、电熨斗),如确需展出用电,须提出申请并获得批准。

2. 参展的展样品或设施设备需24小时供电的,须在3(9)月30日前报保卫处审批同意,方能办理申请用电。由此而产生的值班费用由使用的参展商负担。

七、布置展样品的电气安全管理规定

1. 所有安装的灯具与展样品等物品之间须保持300 mm以上的距离。

2. 配电箱、插座不得隐藏在展样品当中,要安装在明显及安全的位置。

八、违章处理

1. 不办理用电申请,私自接装用电、乱接乱拉的,将给予停止该展位用电,并按私接电器用电量两倍收费处罚。

2. 对损坏展馆电气设施设备者,将予以同等价值两倍的处罚。

3. 对不如实申报用电量、少报多用者,大会电工有权责令其补交费用,拒不补交的按本章第八条第一款处理。影响用电安全情节严重的,大会予以警告直至通报批评。

4. 如检查发现展位有违反大会安全管理规定、不符合安全要求、构成用电安全隐患的,一律不予该展位供电,大会将责令其整改或拆除,拒不整改的大会予以通报批评。

5. 对因违章用电而发生事故的展位,大会将视情节轻重追究当事人及相关单位负责人责任,直至追究法律责任。

(资料来源: http://www.cantonfair.org.cn)

第二节　会展现场危机管理

对许多人来讲，会展管理是一门后勤科学，大量的细节、事实、数字、计划都必须以一个符合逻辑的框架贯穿起来，这样才能使一个会展得以成功举行。也有人认为，会展管理是"与人打交道的行当"，每天与大量的供应商、观展者、参展商及工作人员打交道，要求有高超的沟通技巧。

会展管理还是一门未雨绸缪、应对突发事件的艺术。为会展规划的每一个方面都要为应对突发事件提前计划，有必要在所有的操作中建立一定的灵活性，这样才能调整或改变行动来应对会展管理者不能直接控制的变化不定的外部因素。会展管理的根本在于，会展管理者要致力于风险管理。

风险管理是一门严格的科学。事实上，风险管理是由经理级别的人来执行的，它包括财务、资源管理以及许多其他的管理功能，这些不能用单个章节来详细讨论，而是自始至终均涉及风险管理这一主题。这里我们主要探讨会展风险管理系统中的重要组成部分：会展现场危机或紧急事件管理。

现场危机管理是为会展举办过程中可能会发生的意外紧急情况所作的计划。这些紧急情况通常都与人有关，它们的影响可以通过事先计划来使其最小化。然而危机管理通常被管理者所忽视或者仅仅给予很少的关注。近年来，我国会展业发展迅速，由于涉及面广、关联度高，拉动了旅游、住宿、餐饮、广告、交通运输和物流等相关行业的发展。它作为一个朝阳产业越来越受到政府和企业的青睐。但近些年来发生的一些危机事件，极大地危害了参展商、观众和组展单位的利益，会展活动的危机管理也逐渐成为关注的重点。本章从一个会展管理者的视角来看待危机管理，并提出怎样制定详细计划。

一、危机的定义
（一）危机和危机管理

人类社会对于"危机"这个字眼并不陌生，从个人、家庭到社会都或多或少经历过危机的考验。而对于"危机"的界定长久以来都没有形成统一的意见，其中，日本企业危机协会会长泷泽正雄认为，危机有五种内涵[①]，分别为：① 事故；② 事物发生（损失）的不确定性；③ 事故发生（损失）的可能性；④ 危险性的结合；⑤ 预期和结果的变动。这一界定大致包括了几层含义：① 危机是不确定的因素；② 危机的发生会带来损失；③ 危机有可能被预见；④ 危机不受波及范围大小的局限。

相应的，关于危机管理的权威观点也尚未形成。泷泽正雄认为，危机管理是发现、确认、分析、评估和处理危机，在这一过程中，始终要保持以"如何以最少费用取得最大效果"为目标。[②]

综上，危机管理的实质是管理，是事先计划、组织、指挥、协调和控制的过程，它的目

---

① ［日］泷泽正雄. 企业危机管理［M］. 徐汉章，译. 香港：高宝国际（集团）公司，1999：5.
② ［日］泷泽正雄. 企业危机管理［M］. 徐汉章，译. 香港：高宝国际（集团）公司，1999：16.

的是尽量减少利益相关者的损失。这里的效果不仅指经济效果,还兼具社会和环境效果。根据具体情况,处理危机的主体各自选择的侧重点不同。

(二) 危机管理与风险管理

风险管理是指经营者通过对风险的识别,选择相应的手段,以最小的支出获取最大的安全收益的过程。这里探讨的危机管理事实上是风险管理系统中的一个较为特殊的组成部分。

(三) 危机管理和日常安全管理

危机管理不仅仅是在危机发生之后的管理,更重要的是预测危机、防止危机事态的产生,而后者更多的是日常安全管理的内容。日常安全管理的工作重点是危及生命和财产安全的部分,并不能把危机事态的其他类型包括在内(如医疗突发事件、法律纠纷等)。所以,危机管理和日常安全管理在内涵上是相交叉的,如图9-1所示。

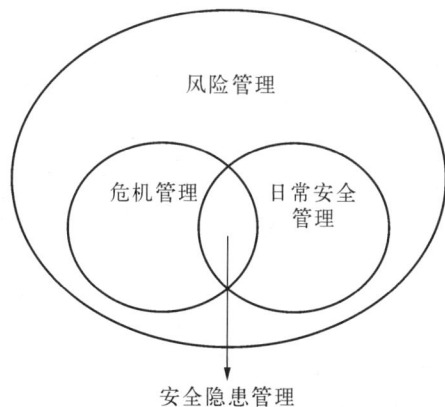

图 9 – 1

风险管理、危机管理和日常安全管理三者的关系

二、会展危机的类型

在会展进行中可能发生的危机事态多种多样,要对这些可能对会展造成危害的事态进行有效预测,必须把它们分门别类,依据各自的特点编制危机管理计划。通常可以把这些危机事态分为四类:

1. 医疗保健类

医疗保健类危机包括一些紧急的医疗事件,如人员昏迷、食物中毒、中暑、有害气体中毒、心脏病突发、伤亡以及晕车、呕吐等等。

2. 安全事务类

安全事务类危机包括自然灾害、人为事故灾害、恐怖事件和犯罪行为等危害到员工和参展人员的人身安全和财产安全的事态。

3. 政策和法律法规类

政策和法律法规类危机是指涉及法律法规事务的行为,如劳动纠纷、罢工、参展商的合同或契约问题、侵权行为等;犯罪行为,如抢劫观众或收银台、故意破坏、人身攻击、持械攻击;恐怖主义,如炸弹威胁、挟持人质。

4. 重大活动变更类

重大活动变更类危机是指主要计划中的活动变更,如演讲嘉宾缺席、大型活动取消和天气因素导致的重大计划变更等。

会展危机事态的类型多样,完全预测活动中的危机事态是不可能的,通常一次危机事态会同时包含多个类型,所以要想把危机事态的危害程度减到最小,一个详尽的预案体系是必不可少的。

三、会展危机管理的原则

会展活动是特定空间的集体性的交流和交易活动。跨文化、跨地区的物资和人员在特定空间的集聚使得冲突、问题发生的可能性提高,加之公众和媒体的广泛参与,会展活动的影响面就变得更大。在面临各种危机事态时,不同的指导原则将会带来截然不同的后果,因此,明确并遵循会展危机管理的指导原则是有效处理危机事态的必要前提和基础。

(一)未雨绸缪原则

孙子兵法说,不战而屈人之兵是上上之策。能把危机在发生之前就有效地解除乃是危机管理的最高境界。然后才是尽量减少危机带来的危害。只有充分地预测危机,并制定相应的预案,在心理因素和生理因素上都做好充分的准备,这样才可能把危机扼杀在摇篮里。即使危机发生了,也在掌控之内,使危机的危害最小化。

(二)快速反应原则

危机发生后的24小时是解决危机最有效的时限,对于会展活动来说,危机处理要求的时间更短,有时甚至必须在分、秒之内作出决策。这就要求管理者有良好的心理素质和丰富的危机管理经验,能迅速地找到问题的关键,并启动相应的预案或提出行之有效的对策。特别是对于众多媒体参与的会展活动来说,这种反应速度的快慢往往是控制危机事态的关键所在。

(三)单一口径原则

在危机处理过程中,危机管理部门对内部员工和外界公众应持一致的口径。对内,要杜绝散布非正式渠道消息,尽量减少信息失真发生的可能性,防止非正式渠道消息的扩大,加重危机事态或引发新的危机;对外,发言的立场要前后一致,尽量避免使用会引起异议的字词,减少事端的发生,降低危机的负面影响。

(四)信息对称原则

这是指在危机处理过程中,应努力避免信息不对称的情况。理想状态是,在对内、对外两个层面上,保持信息管道的双向畅通。要在危机事态处理过程中及时地通知内部人员和外部人员,减少信息传播的渠道和层级,采用面对面的通知和交流方式,避免信息失真。为了杜绝内部员工的妄自猜测和外界媒体的歪曲事实现象,所有的发言都要经过仔细准备和严格审核。

(五)全面衡量原则

围绕危机事态所作的一切管理决策,都应以办展主体、展商、观众和媒体为决策之基准点,进行全方位的衡量和筹谋,平衡各方面的利益。除此之外,兼顾经济利益、社会利益和环境利益。这一法则要求决策人员有大局意识、果断决策的战略能力和高度的社会责任感。

(六) 维护形象原则

展会的品牌是展会得以长期生存的基础,对于组展单位来说,危机事态对形象和品牌的危害较之财产安全往往要严重得多。而且危机事态对于形象的危害也是最深刻、最长远、最难恢复的。在危机发生之后,组展单位的立足点应放在维护展会的形象,在危机管理的全过程中,要努力减少对形象带来的损失,争取展商和观众的谅解、信任。实行前述五项原则的最终目的也是为了维护企业的信誉。

维护形象是危机公关管理的主要内容,危机在维护形象、提升品牌知名度方面,也是一种机会,所以"危"中有"机"成为业界的共识。

四、会展危机控制

会展危机处理的效果只有在控制过程中才能显现,会展危机控制的内容主要包括以下三个方面。

(一) 建立危机预案

危机预案是危机一旦发生后,危机处理的保证和行动指南,在心理和行动上为危机管理者提供信心基础,是危机管理决策者反应迅速,降低危机进一步扩大,降低危机危害程度的最有力的环节。危机预案一般包括危机管理机构,危机预测和分析,危机事态分类,危机事态排序、分级和评估,分类预案,危机管理培训和演习六个部分的内容。

1. 建立会展危机管理机构

建立会展危机管理机构包括确定负责人、人员构成、替补人员以及组织结构设计。

2. 会展危机预测和分析

会展危机预测和分析包括正确选择预测和分析方法,分析评价各种危机发生的可能性。

3. 会展危机事态分类

会展危机事态分类是指根据处理危机事态所需要的资源相似性,对危机进行尽可能具体、详细的分类。

4. 会展危机事态排序、分级和评估

会展危机事态排序、分级和评估是指建立各种危机事态处理的优先次序,根据对社会造成的影响划分不同的危机等级,从而根据等级采取相应的对策。

5. 会展危机分类预案

会展危机分类预案是指根据危机的类别,确定危机处理的目标,所需的资金、资源和方式、办法。

6. 会展危机管理培训和演习

会展危机管理培训和演习包括心理训练、危机处理知识训练和危机处理基本功演练等内容。培训和演习不仅可以提高应对危机的快速反应能力,强化危机管理意识,还可以检测已拟定的危机预案是否切实可行。

（二）会展危机监测

监测的范围不仅限于展会活动现场,防止盗窃、暴力行为、医疗突发事件等,而且要监测场馆以外的政治环境、经济环境和社会环境对展会造成的潜在影响。监测的方式可以借助于现代电子装置进行监控,也要配备专门人员监测电子装置无法监测的区域。而建立信息传递和反馈系统,可以保证监测信息的畅通流动。

（三）会展危机处理

针对不同的会展危机有各种各样的处理办法。但要及时果断地处理危机,就要迅速查找出主要危机和关键因素,以此为基础,参照已有的危机预案进行处理。这样可以集中力量使主要危机和关键环节得到控制,然后再妥善处理其他危机因素。

在会展的组织、开展过程中,不断变化的环境可能导致对危机事态的预测与评估发生相应的变动,所以要把危机管理纳入一个动态的过程中,不断调整已有的预案,适应展会的发展需要。

会展危机管理还有一些后续工作,包括:① 对内部的工作人员、外部调用人员、危机涉及的参展商和观众按照规定给予抚恤、补偿或补助,并提供司法及心理援助。② 调查危机产生原因,落实责任,评估危机对展会产生的影响范围,采取补救措施维护展会的品牌和形象。③ 编写危机报告,一般是记录危机发生过程中的事件。危机报告通常有两种形式:第一种是搜集关于危机事件发生以后可能用到的所有信息和数据。例如,记录危机事态的所有目击者的姓名和地址,记述事件发生的确切时间、地点等。第二种报告是有效并及时地将事件报告给合适的机构,如警署、消防局、医疗协会等。

以上三个方面的会展危机控制内容形成了较完整的会展危机控制流程,如图9-2所示。

此外,会展主办单位要把自己的会议、展览主动融入整个社会的危机处理系统中去。比如,如果在会展现场发现疑似"非典"或禽流感的现象,那就要赶快把这个信息反馈上去,使之迅速进入整个社会的危机管理系统,让整个大系统都知道这件事并及时

图 9 - 2

会展危机控
制流程

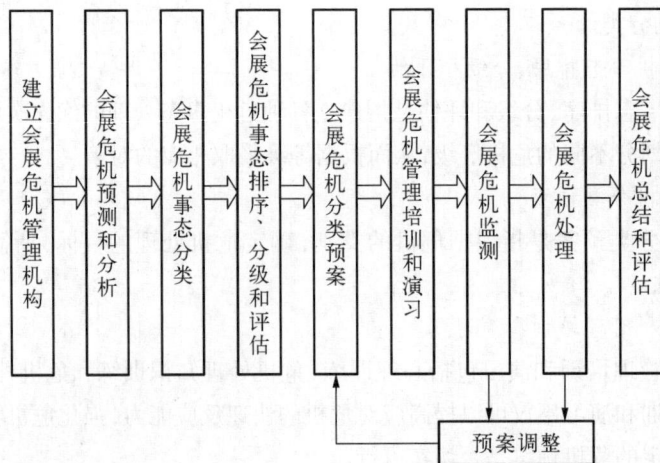

建立会展危机管理机构 → 会展危机预测和分析 → 会展危机事态分类 → 会展危机事态排序、分级和评估 → 会展危机分类预案 → 会展危机管理培训和演习 → 会展危机监测 → 会展危机处理 → 会展危机总结和评估

预案调整

采取措施。

随着会展业的发展,会展活动的规模越来越大,频率越来越高,各种危机事态频频发生在会展活动中,影响着会展活动的正常开展,给主办方、展商或观众造成财产损失,甚至是生命危害。因此,在会展管理中引进危机管理是必要的。制定详细的危机管理预案虽然并不能完全阻止危机事态的发生,但是对于有效处理危机事态确是行之有效的一种对策。

五、会展危机管理计划

考虑到世贸组织会议在西雅图遇到暴乱、恐怖主义分子袭击了纽约的世界贸易中心和盐湖城怪异的龙卷风,任何人都不可能预期会展活动会不会遭遇上述危机事态,这就需要为各种可能出现的事件预先作计划。危机管理计划必须全面,以保证所有的可能性都包含在内,并且以文本表示出来。

（一）制定会展危机管理计划的原则

制定会展危机管理计划有以下四个基本原则:预防原则、控制原则、识别原则和报告原则。

1. 预防原则

当我们谈及会展危机管理计划中的预防时,通常指的是最小化危机发生的可能性。最小化危机的第一步是有计划的规避,换句话说,就是提前做尽可能多的事情来减少紧急情况的发生。

2. 控制原则

控制意味着已经制定了会展的程序、准则、规章、指导方针及草案,而且布置到位、切实推行,以进一步限制危机情况发展的可能性。超前的计划和可靠的危机管理政策是控制得以执行的基础。

3. 识别原则

识别是对正在发生或即将发生的异常事件保持相应的警觉。良好的检查系统和平衡系统对于这项工作来讲是很有必要的,也就是说必须连最小的细节都注意到,这样就能清楚什么时候有异常。注意到细节意味着周详的计划和合理的内部交流网络,这样就可以使得潜在的突发事件得到高效的控制。

4. 报告原则

报告正如其字面含义,一般是记录危机发生过程中的事件。危机报告通常有两种形式:第一种是搜集关于危机事件发生以后可能用到的所有信息和数据。例如,记录下某一事件的所有目击者的姓名和地址,记述事件发生的确切时间、地点等,这些都是可能被要求报告的。第二种是有效并及时地将事件报告给合适的机构,如警署、消防局、医疗协会等。周详的计划和高效的内部交流同样是有效报告建立的基础。

（二）制定危机管理计划的关键点

制定危机管理计划时,要审视一下整个会展过程的每一个步骤,看哪里有可能发生危机,然后设定方针,最小化危机发生的可能性。以下几个方面值得注意:

1. 会展场馆的选择

在会展场馆的选择过程中,一定要执行安保检查。作为会展管理者,有责任选择一个安全场所。这就意味着,不仅仅要做实物检查,还要问一些很直接的问题,来确保所选择的城市和会展场所是相当安全的。

有很多工具用来辅助对会展场所进行安保检查。为了测定所选城市的相对安全性,可以根据以下几点来评估:

(1) 特殊利益团体和支持者;

(2) 犯罪率;

(3) 劳工情况 / 纠纷;

(4) 自然灾害。

选择安全场馆时,可以借鉴美国全国安全委员会(National safety Council)的安全调查表和保证书作为展址考察的指南,这一调查表分为三个类别:

(1) 问卷调查和实地考察;

(2) 员工培训;

(3) 设施范围。

调查表中的一个部分是要求设施方签署一个保证书,保证设施符合联邦、州和地方当前所有关于卫生、防火和安全的条例,这一部分应当被认真考虑,作为合同的一个明确的条件纳入设施租赁协议中。保证的时间应完全覆盖展前、展中和展后,而不仅仅是针对协议的签署之日或会展的开幕之日。

安全专家也建议在做场馆的安保检查过程中,应当检查用电安全监控系统和应急服务。最后,反复询问大量有关安全的问题,直至确保这个场所相对比较安全为止。

2. 展示规章制度的制定

每个会展都有自己的展示规章制度,来保护会展管理方和观展者,免受会展举办过程中的内在风险的危害。展示规章制度一般会在参展商手册和展位销售合同中注明。通常,应在整个会展策划过程的前期订立销售合同并制定展示规章制度,同时要确保出售第一批展位之前,已经制定完善,并且是高效的、强制执行的。

国际会展管理协会(IAEM)已为会展制定了展示标准,这将有助于会展管理者为自己的会展制定展示规章制度。国际会展管理协会编撰的《展示规章指导方针》应附在参展商手册中,以确保展位的搭建和展品的展示都符合行业标准。应用于会展的安全和意外事故预防准则会因会展的不同而有所不同,这主要取决于会展的种类、展出的地点和性质。

参展商合同中最常见的准则是对潜在风险的预防。大多数准则可以归为两大类:一是针对会展场馆,二是针对会展本身。

(1) 场馆专有风险。场馆专有风险指的是那些直接和会展设施或会展类型相关的风险,如参展商被要求遵守当地的消防条例,不能使用易燃性的产品和材料;明火、液压罐、便携式加热设备、液化石油气等,或者被全部禁止,或者要经过消防局或合格的设施代表的检测;消防通道和消防设备要清晰标出、随时可见;会展不能封堵这类消防设施。另外,观展者在场时,不准将消防通道锁住。

防火证明,现场易燃性检测,硬纸盒和板条箱的存放,有活动部件的机器或者可以屏蔽碎屑、火花和有毒物质的机器,激光束,特殊的医疗仪器如 X 光机等,所有这些都需要制定具体的规章制度来管理,以满足会展的安全标准。

在所有的大型活动中,用电设备的安装必须达到专业的标准,并且与电相关的操作只能由合格的电工来完成。通常,电器、电缆以及其他的外围设备等,都必须通过注册实验室的确认,并且必须满足举办地的规定。

在大多数会展规章制度中,搭建标准也是一个考量,尤其对于那种两层展台和有悬挂品的展台来说更是如此。要参照国际会展管理协会的《展示规章指导方针》制定展台搭建标准。一般来讲,那些两层的、有阶梯的或者有额外高度等特征的展台,必须有搭建计划,而且这个计划必须通过注册专业工程师和所在展馆的工程技术人员的认可。通常,首先必须清楚悬挂品的设计情况,然后还须通报给所在场馆的工程技术部门。那些承载悬挂品的挂钩和其他设备必须符合已被批准的安全标准。

参展方必须遵守上述标准,以及由当地的条例和此次会展的具体情况所决定的相关规章制度。通常,应当在标准的最后加上一点说明,即此标准的解释权归会展管理方。

(2) 会展专有风险。会展专有风险指的是发生在管理方和参展方,或是参展方和参展方之间的纠纷,主要是针对规则标准的解释问题或销售合同问题。大多数会展专有风险会与本章前面所提到的政策有一定的相关性。同样在销售合同中,很多情况也可以用平实的、确定性的语言避免。例如,一些展台的报价可能根据净场地的价格,而其他的则以打包的方式报价。净场地,顾名思义,就是没有任何服务的场地。一个打包单元通常会包括挂有帷幔的后墙和两侧的栏杆、地毯、公司标志和电源插口。打包应当明确任何种类的家具是否都包括在内,如搬运板条箱、清扫或其他服务是否都包括在内。

隐藏成本,转租,噪声管制,在公司展台使用有竞争力的产品,在展台分发食品和饮料,运用图画、辩论和抽奖来激发大家的兴趣和增加观展者人数,所有这些都需要深入调查并且有相应的规章来控制。

对于在会展中发生的偷窃、损坏、遗失和破坏等情况,公司是负有限责任还是不负任何责任,都要清楚地加以说明。

有了各种各样的安保措施,还应说明公司将提供24小时安全服务,同时还提供展后保管服务。

为了避免被参展方误解以及随后的纠纷和可能发生的诉讼,合同中应以某种形式包括不承担责任条款,亦即注明作为会展管理方保留修正和解释合同中的条款、条件和限制的权利,因为这有利于保障会展的成功和表明主办方的意图。

3. 安全保障

确保所有会展参与者的安全必须预先计划。安全涉及会展的许多方面,如会展场馆的选择、展览品的保护、犯罪情况的预防、仅限于合格观展者的准入等。

确保会展安全的第一步,就是选择安全的会展场馆。应将安全检查融入会展场馆的选择之中。

第二步是确认展览和展览内容受到保护。参展方应当对自己的仪器设备和工作人员负责，因为承包商、会展主办方或是设施方都不可能为参展方的损失提供保险。个人参展商则被期望购买足够多的保险来保护自己，避免可能发生的损失。建议参展商和自己的保险顾问联系，以获得现有政策或新的条款的详细说明来确保正确的责任范围。主办方可能提供一家有声望的保险公司来为个人参展商服务，而个人参展商也可能需要这个。这种保险通常是定期（人寿）保险，涵盖搭建、展览、拆卸这类特定时段的特定损失。

在会展上遭到偷窃或破坏因而蒙受了损失的参展商，应被告知立即与主办方指定的工作人员联系。工作人员应迅速通过安全代表作出调查，最后写一份调查报告。这份书面报告在遗失物品最终没有被找到的情况下是很重要的文档，并且对接下来向保险公司索赔也是很重要的。

第三步是设计登记系统来控制进入会展大厅的人员，避免犯罪现象的发生，通俗地讲，就是所有参加会展的人都应树立安全意识。

第四步就是确保观展者的人身安全。国际会展管理协会以"会展行业中的生命／安全指导方针"为题提出很多论点。以下两点值得注意：

（1）出入口区域。展厅出入口不能有障碍物，并且要足够开阔，使其能作为紧急出入口。紧急出口在观展者参观期间一定不能关闭。不要将消防设施和应急设备隐藏或加以遮挡。灭火器、盛放灭火水龙带的橱柜、报警信号箱、消防用水管，不能以任何方式隐藏或遮挡。最初的展厅楼层规划应当清楚地说明上述所有设施的具体位置。

（2）交通区域。展厅中的走廊和人行道至少要有2.5米宽，如果是公众会展，这个宽度要增大到3米。展场内应留有足够的安全疏散通道，主通道不得小于5米。建筑物安保官员、主办方现场管理者，应当监控所有人流拥挤而出口狭窄的情况。

4. 健康与卫生

每个会展或是设施都要有合格的员工在场来处理紧急医疗事件。除了对正式员工及签约雇员进行事先培训，指导其怎样应对紧急医疗事件外，还应当聘请合格的护士或护理人员在观众入场、展览期间以及观众退场时值班。聘请的医护人员或是场馆中可用的紧急救援人员，应当精通基本的救生常识、伤病诊断、急救主持和心肺复苏术，通晓危机通报计划的应用以及整个危机管理计划中的所有其他要素。

5. 对自然灾害风险的认识

在会展的举办地，有可能发生自然灾害，并由此导致财产和人身的风险。由于地震灾害的剧烈性和大范围破坏的可能性，在有地震活动风险的任何地方，地震急救都应当被考虑并且作出相应计划。作为会展主办方，如果所在的城市有可能发生地震，就应当和公众安全办公室或紧急服务办公室联系，以获得有关地震应对方案和灾难应对计划的专门信息。

大多数会展设施在地震易发区域都有严格的建造标准，这些标准是参展商在展览期间的安装和搭建中都必须遵守的。展厅平面布置图必须包括过道和出口区域，并且要符合当地的标准。

其他一些应当提前考虑的自然灾害包括天气灾害，如龙卷风、冰雹、浓雾和水灾。

展览馆都有为观展者的安全和撤退方便而建的龙卷风"地窖"，还有在龙卷风发生情况下可以使用的特殊报警器。在做场地检查时，要确保已经对所有警报装置都有了清楚的认识。

6. 人为灾难和暴力行为

虽然不能预知一切，但还是有一些人为灾难和暴力行为是可以提前作出计划应对的，并有望将其发生的可能性降到最低。

（1）食物中毒。在人群聚集的地方发生最多的人为灾难或许就是食物中毒。食物中毒是由于食品和饮料的提供商的工作失误而发生的，这时必须立即采取紧急措施。

由世界卫生组织主持的最新研究表明，食物中毒事件的数量是已报道数量的300—350倍。食品安全是一个全球性的问题。食物中毒几乎在任何时间、任何地方举办的任何会议和展览活动中都有可能发生。美国疾病控制中心估计，每年有650万人由于吃了受污染的食物而发生呕吐现象。

要解决食品安全问题，最好就是采取前瞻性的方法，即作出规划使得食物中毒事件不要发生。

要做好食品安全工作，开始时最好先做基本的调研，要收集关于安全的食品准备和处理方面的信息，要与会展所在地的公共卫生官员、酒店保持沟通，保障那些在外就餐的消费者的健康和安全。对会展场馆的厨房进行全方位的实地检查。在餐饮准备期间而非空余时间做这项检查。在现场检查中要检查所有的餐饮准备区域，检查它们是否符合公共卫生标准，如卫生手套、带盖子的垃圾箱、洗手和换手套习惯、冲洗菜板并消毒、食物存放等。检查完毕，立即将任何不合规定的事情通报给厨师和餐饮服务经理。

要采取前瞻性防范措施，对会展全盘管理计划中的食品安全部分进行有效的管理。在会展全面应急计划中，应有处理食物中毒的对策。如果确有食物中毒的可疑情况，就必须收集证据，并妥为保存，直至开始进行全面调查。

（2）火灾。火灾是第二个最为常见的人为灾难。我们必须遵守所有的公共设施的消防规章。另外，一定要遵守关于举办会展的防火条例。消防检查清单在场地检查时是必需的。每一份参展商手册中都应该注明防火要求。每一位观展者在登记入住的时候，所在酒店应给他们一份防火小册子。如果酒店没有给的话，那会展主办方就需要在观展者登记礼包中放入一份，这对会展主办方来讲是大有好处的。

（3）暴力行为。暴力行为范围很广，它包括扒窃、袭击、骚扰、恐怖主义分子爆炸威胁或暴乱。通晓主办会展所在区域的犯罪率和以前会展期间发生过的犯罪种类，是建立危机管理计划的最好开始。如有必要，可向当地警方查询，以获知所在区域过去的治安情况。总而言之，对于会展期间所策划的活动所在地的安全需要，要对暴力行为的发生非常敏锐并预先作计划。

（4）示威。示威是一种有组织的公开展示，表达了对可感知的令人讨厌的人和政策的反对观点。示威者通常拿着标志和横幅大声呼喊，并往往分发传单来说明他们的意图。倘若示威已经得到相关部门的批准，并且没有干扰会展的正常进程，在这种情况下是合法的。当然这一批准也会限制示威者与会展场馆的接近程度。

通常，如果主办方聘请了一位能言善辩的发言人或是有一位重要的客人卷入这场论战之中，这时就可能发生示威。主办方要为会展中的活动和客人提供额外的安全保障，来确保活动和观展者不受干扰或损害。

（5）对抗。对抗是一对一的相互作用，意在扰乱会展的正常业务。很多对抗都起因于示威，所以应当预先计划保证任何已知的示威不会失控。通常来讲，如果事先知道有示威会发生，聘请一位受过专门训练处理此类情形的专家是更明智的做法。让这位专家成为危机管理小组的一分子，并且留意他所给出的建议。当然，也可以雇用更多的安保人员或是召集当地的警力，来确保客人和观展者受到足够的保护。

（6）恐怖主义。恐怖主义是真实的，而且不幸的是主办方几乎不能做任何事情来避免恐怖主义袭击。然而，承认恐怖主义的存在是减少遭受这种袭击可能性的第一步。美国联邦调查局（FBI）将恐怖主义定义为，对人身、财产非法使用武力或暴力，以便恐吓或强迫政府、民众或其任何部分，来实现其政治、社会目的。恐怖主义可以分为两类：国内恐怖主义和国际恐怖主义。国内恐怖主义是在一国范围之内，通常是吸引全国民众注意某一事件。而国际恐怖主义则跨越国界，通常是就某一事件引起国际性的注意。

为了降低潜在的风险，了解恐怖主义可能袭击的目标很重要。国际恐怖主义是会展管理者、观展者和参展商最可能遇到的恐怖主义形式。袭击的很大一部分是针对交易的，发生在西欧和拉丁美洲。还有一个令人担忧的全球性趋势，那就是恐怖主义袭击的目标越来越多地指向旅游者。因此，提前作好计划是减少潜在风险的最好方式。

7. 保险

对某一会展应投入足够多的保险，决定保险需求的首要关键是风险评估。这时需要弄清楚策划的新会展或是已经举办过多届的会展可能遇到的问题。可以聘请保险咨询师做一个全面的风险评估。比如，国际会展管理协会（IAEM）就提供对会展场馆、展出品和设备作全面评估的服务。主办方也可以评估与已签署的或将和主办方承约人签署的文件有关联的风险。

关于保险，最受关注的应该是责任范围。一般责任保险单的赔偿责任范围包括第三方及观展者的人身伤害和财产损失。其他情况在一般责任保险单中也可以得到保障。应努力与保险经纪人在早期就建立起良好的关系，详细掌握所购买的保险的责任范围。

对于应当拥有多少种保险这个问题，要根据主办方的实际情况作出决定。保险费通常基于对风险的测评，如展台的数量、估计的观展者数量、会展的类型（展示品等）。

除一般责任险之外，主办方还可以购买收入保护险（有时被称为取消保险）。概而言之，这种保险的责任范围是保护主办方免受以下损失：收入丧失或减少，费用增加，观展和参展费用的返回，重新布置和计划会展引致的额外费用。另一种这类保险是业务中断险。它将补偿由自然灾害带来的损失。如果主办方正考虑要在一个有异常气候（如暴风雪、飓风等）的城市举办会展，就可以考虑投这种保险。

开展会展活动，保险支出是正常支出，关键是知道自己需要什么保险。换句话说，购买有效用的保险，关键在于警觉。

制定会展危机管理计划还需注意：人身安全取决于建立一个清晰、简练的危机管理计划；让会展管理工作小组的成员，包括承包商和分承包商都知道这一计划，并对他们进行培训；建立高效的内部信息传达计划，使得正确的信息在正确的时间传达到正确的人；对会展过程中发生危机的可能性要高度敏感。制定有效的计划并注意到细节将有助于减少大多数紧急事件的影响。

在对所有可能发生的紧急情况做了彻底、全面的评估，并且收集了所有信息来制定危机管理计划后，下一步就是实际制定工作文档。

（三）制定危机管理计划的步骤

制定危机管理计划必须遵守的步骤包括：

（1）确定危机管理小组成员构成，包括危机管理经理和两到三个经理助理。这位经理应该是位善于处理危机情形的人。

（2）根据各种可能的危机情形及可能采取的应对措施的轻重缓急来排序。在危机管理计划中对这些应对措施加以详细的记述。这些应对措施包括责任人、遵循的信息传达草案、制定的报告程序、所有员工所起的作用等。

（3）制定内部信息传达计划，这个计划的内容有：将信息迅速传达给会展现场的工作人员和医护人员的方法和程序；将信息传达给会展场馆安全人员的方法和程序；将信息传达给当地紧急事故处理部门（消防队、警察局、医院和急救中心）的方法和程序。计划中应包括运用双向的无线电通信设施或其他远程通信系统。

（4）清楚地规定并设立报告系统，这将有助于在事件发生时和发生后收集必需的信息。

（5）确定由于会展的地理位置、所在城市、时间选择、有争议的客人所造成的各种可能出现的情形。这些情形可以基于这一地区以往发生的自然灾害、犯罪现象，以及与该会展同期发生的政治动荡和劳工运动而加以推测。如果示威和对抗发生的可能性上升，应准备好雇用一位安全专家。

（6）对会展管理小组中的所有成员进行培训，使他们掌握如何在危机情形中作出反应，包括如何运用双向无线电通信设备等。在会展开幕之前，进行一次演习。保证在会展中工作的任何人（包括会展设施方工作人员）都提高警惕，都接受过危机管理的培训，并且都参与到演习中来。

（7）确保所购买的保险的保障范围已经涵盖所有的情况，这样无论出现什么紧急情况，都能减少损失。

（8）为每一件可能发生的意外事件作出计划。不要把任何事情都当作是理所当然的。回顾整个会展过程，如果准备和计划得更好，已经发生的情形是不是可以避免？留心一下整个行业中发生的事件，在安全和意外事故预防方面所出现的趋势与会展是否相符？

在制定危机管理计划的过程中，可能会用到上述的几点或者全部，也很可能会根据具体情况加上很多其他要素。关键在于意识到危机情形是会出现的，以及具备制定规避风险计划的能力。

复习思考题

1. 简述会展安全管理的内涵。
2. 简述会展安全管理的类型。
3. 简述会展安全问题产生的源头。
4. 会展安全管理的方法有哪些？
5. 简述会展危机的主要分类。
6. 会展危机管理必须遵循的原则有哪些？
7. 简述会展危机管理的流程。

第十章

会展场馆和
设施设备管理

本章主要探讨以下问题：

● 国内外会展场馆发展概况

● 会展场馆管理的基本内容

● 展览中心的概念、特征与规划管理

● 展览中心的场馆与设施系统管理

● 会议中心的概念、类型与场地管理

● 会议中心设施设备管理

　　会展场馆是会展业发展的物质基础,是各种会展业活动的舞台。场馆功能的有效发挥和各种设备的有效运作是会展得以顺利进行的物质保障。所以,我们需要了解会展场馆,并对场馆进行管理,以促进各种展会的举办。

第一节　会展场馆概述

　　会展场馆是指从事会议展览活动的主体建筑和附属建筑,以及相配套的设施设备和服务,它由硬件和软件两部分组成。由专业人员对会展场馆与设施设备进行管理,是保证会议展览活动正常进行的基本条件,也是会展业发展的重要物质依托,其国际化、智能化、特色化的程度是会展业发展水平的重要衡量标准之一。

一、国外会展场馆概况
(一)整体上重点集中,合理分散
　　会展发达国家凭借自己在资金、技术、交通和服务等方面的优势,建造大规模的现代化场馆,举办高水平的展览会,在国际会展市场竞争中占据着主导地位。但从总体布局上来看,会展业发达国家或地区的场馆建设具有“重点集中,合理分散”的特点。

　　所谓重点集中,包括两层含义:一是指会展场馆主要集中在几个大城市,以便集中力量培育国际会展名城;二是指各会展城市的场馆建设规模较大,便于统一规划、集中布展。如德国的展馆在全球显现出场馆多、面积大的特征。在德国经济展览和博览会委员会(AUMA)提供的2010年全球会展场馆50强数据中,德国有9个,占总数的19%,总面积达206.33万平方米。而且前五名中德国占了四席,可见其世界领先地位。德国的展览场地主要集中分布在汉诺威、科隆、慕尼黑、法兰克福及杜塞尔多夫等城市。

　　所谓合理分散,即指几乎每个会展业发达的国家都制定了科学的会展业发展规划,表现在场馆上即为突出重点、分级开发,以确保本国会展业具有持续发展的潜能。
(二)单个场馆规模优先,以人为本
　　国外场馆讲究规模,大部分场馆的展览面积都在10万平方米以上,在建筑设计和设施安排上则强调以人为本,即尽量为参展商和观展人员提供方便。国外场馆的各项设施和服务均以人为本,即尽量为参展商和观众提供全方位的配套服务。观众一进展馆便能得到一份用多种文字编写的参观指南,各场馆的展览内容、观众出口、公共交通及停车场一目了然;场馆中间有避雨通道相连,在有些地方参观者还能通过电动通道直接进入不同展区。
(三)场馆建设持续优化,不断扩张
　　随着会展业的快速发展,大多原有的场馆已经不能满足要求,必须对原有场馆进行改建和扩建。以可持续发展原则来指导会展中心的规划建设,是欧美国家新老会展中心普遍遵循的理念。规划时重视扩建、后续工程或改造工程,且不会影响建成部分的使用。

二、我国会展场馆概况

(一)全国场馆总面积持续增加

会展业显著的经济社会效益使越来越多的我国地方政府对其予以高度重视,各地竞相投资建设会展场馆设施。截至2012年底,全国已拥有5000平方米以上会展场馆316个,可供展览面积1237万平方米。2013年,全国在建会展场馆13个,面积154.49万平方米。全部建成后,全国会展场馆总数将达到329个,可供展览面积将达到1391.49万平方米。单体会展设施大型化趋势明显,在建、待建场馆单个平均面积均超过10万平方米,其中,上海国家会展中心和天津国家会展中心室内展览面积更是高达40万平方米。

(二)单个场馆规模不断增大

目前,中国已经认识到会展场馆在规模上与国外的差距,因此,近年来新建的会展场馆面积不断扩大。如上海新国际博览中心规划展馆面积25万平方米;2014年投入使用的上海国家会展中心可展览面积为50万平方米,包括40万平方米室内展厅和10万平方米室外展场,是目前世界上规模最大的建筑单体和面积最大的会展综合体之一。

(三)会展场馆聚集与分散并存

无论是会展中心城市在特定区域内的空间布局上,还是会展中心城市内的会展场馆的空间布局上,都同时存在聚集与分散并存的局面。会展场馆的集聚有利于单体会展企业降低基础设施和市场营销的成本,形成规模效应,而分散则有利于树立新形象。在会展中心的宏观区位上,环渤海带、长江三角洲与珠江三角洲形成了三个会展中心城市集聚带,而在会展城市内,有的城市也形成了集聚带。以广州为例,如广州的中国商品交易会与新建的广州锦汉国际展览中心形成了相对集中的展览区。

(四)场馆配套设施更加完善,功能综合化

我国会展场馆在设计时普遍忽略辅助功能的设计与配套设施的统一规划,具体表现在停车场设计、货物装卸服务设计、餐饮中心与休息场所设计等方面。周边配套的商务、广告、仓储、酒店、娱乐、交通等方面的基本设施与服务功能也往往不具备。

过去许多会展场馆的功能比较单一,通常以展览为主,仅有少量的会议设施,或者基本不具备会议功能。现在新建的会展场馆不仅有展厅,还有各类会议厅,是集展览、会议、商务、餐饮、休闲观光、旅游为一体的大型综合性现代化会议展览设施。

(五)会展场馆更加智能化和人性化

尽管近年来我国许多会展场馆投资巨大,但资金更多地投入到外观上,内在科技含量不足,智能化水平普遍偏低。少数在智能化建设方面已有投入的会展场馆,却存在系统集成性差、监控点配置不合理、监控精度低、操作不方便、系统应用效果不理想等问题。因此,我国要更加注重会展场馆的智能化建设,使高科技在现代化会展场馆中得到充分的利用,比如观众、参展商电子登录系统,计算机查询系统等。此外,多媒体、同声传译系统等通信手段也都要在会展场馆内得到应用。现代化会展场馆突出"以人为本"的建设理念,要尽量使会展场馆内部管理有序,如人货分流、各行其道等,方便参会者、参展商、观众及场馆工作人员。

我国政府仍将加大对会展场馆建设的投入。各地政府即使认识到本地不可能发展会展产业,也会将会展场馆设施当作公益性项目进行投资与扶持,因此,各地政府对会

展场馆的投入将继续扩大,而不会缩小。

三、会展场馆管理的内容

总体来看,会展场馆管理的基本内容主要有以下几个方面。

(一)制度管理

制度管理主要是指设计并制定出相关制度和文字规定,确保会展场馆的有效利用和正常运行。首先,要制定出场馆管理的组织结构、机构设置和管理层次的划分,建立强有力的领导体制;其次,要制定出一系列场馆运行的基本规范和操作规范。

(二)规划管理

规划管理主要是指在确定会展场馆的目标定位后,就场馆选址、建筑设计、空间布局、设备配置等方面进行规划;也可以指会场场馆建成后,在布局展览、安排活动、配置各种资源方面进行预先规划,使得有关活动能够如期顺利持续地全面完成。

(三)设备管理

设备管理是一项日常性的管理工作。各种设施设备的管理在整个场馆管理过程中都应当符合现代企业专业化管理、市场化经营的要求,使得设备发挥出应有的效率,避免和减少设备的闲置浪费,同时还要对设备设施进行合理的保养维护。此外,对于一些临时性的活动和突发性情况,要在设备设施上做好应急的防范工作。

(四)环境管理

环境管理也是一项日常性的管理工作,主要包括垃圾的及时清理搬运、场馆内外的清洁保洁、场地周边环境的绿化美化、车辆交通的疏导、进出流量的调控等,从而为会展活动提供一个清洁、舒适、安全的环境。

(五)安全管理

安全管理是为场馆顺利举办各种会展活动提供一个安全保障,主要是防范各种安全事故和危险情况,如火灾、群体性踩踏事故以及其他各种危害公共安全的事情。

以上所讨论的这些场馆管理工作是保障会展活动顺利进行的基础。只有通过有效的场馆管理,才能根本性地提高服务质量,满足客户各种需求,改善工作效率,确保会展安全,降低能源消耗,从而在整体上提高场馆运行的效率和效益。

第二节 展览中心管理

一、展览中心的概念及特点

展览馆被誉为会展经济发展的火车头,是展览业发展的基础。而现代化的展览中心是专门为展览活动提供合适的场地和各种展览服务的机构。一般来说,其场内不仅包括最基本的展厅设施,还包括围绕展览活动的整个服务设施体系。具体来说,现代化展览中心主要有以下特点:

1. 规模宏大

这是现代化展览中心的重要标志。如德国的汉诺威展览中心室内展场面积就有47万平方米,室外展场面积为21万平方米。近年来,展览中心的建筑呈现面积越来越大的趋势。

2. 设施齐全

现代化的展览中心不同于传统的展览馆,可以称之为"城中城",具备了为展会服务的许多相应配套设施,如报告厅、会议室、技术座谈间、中西餐厅、停车场、海关监管仓库等,还有运输、施工、广告、旅游、饭店、动植物检疫所、物品租赁和商务中心等各种服务场所。

3. 功能多样

现代化展览中心不仅有展馆,还有会议、餐饮服务等场所和设施,既可以用于展览,又可以用于开会,还可以进行文艺表演、体育比赛等。

二、展览中心的规划

需要强调的是,不管是谁投资建设展馆,其宏观规划管理必须要由政府来主持,不能由企业任意作为。要站在全国的高度来看待区域经济的特征,用以确定展览中心的规划布局。展览中心的规划一定要与所在地区经济发展水平相协调,按照展览业发展的客观要求,结合区位状况以及其他多种条件加以综合考虑。在一个地区究竟要建设多少展览中心,要建多大规模,有什么特色,都应根据区域经济的特点和当地展览市场的实际需求和发展趋势来决定。在微观方面,展馆的规划设计也要符合市场的需要,必须通过认真的市场调研和科学的技术论证来进行。

具体来说,展览中心的规划有以下一些内容。

(一)场址选择规划

展馆在城市中所处的位置会影响展览效果。如果把展览中心建在市中心的最繁华地带,营造成本必然很高,而且会受到繁忙的交通的影响,造成人流、物流的不畅。因此,国外现代化展览中心的场址一般都选在城郊接合部,并将交通条件、环境条件和地形条件作为选址的三大要素进行论证。

展览中心虽然不宜建在最繁华地带,但交通可达性必须要好。德国、法国、意大利等国新建的及尚在规划中的展览中心均将交通条件列为选址的首要条件。一般要求场址靠近国际机场,并且有两条以上高速公路从周围通过。例如,日本东京的国际展览中心有两条地铁直通,还有直达的汽艇专用线、公共汽车专用线,以及高速公路,从羽田机场到达该中心约15分钟。

(二)预留发展规划

展览中心建设规划必须有前瞻性的考虑。随着展览业的发展和业务的增加,一些展览中心将来很有可能有扩建的需要,这时,如果没有预留地,就会成为展览中心进一步发展的阻碍因素。从这个角度来看,如果一味追求让展览中心成为城市标志性建筑,将其建在原本就很拥挤的市中心,就会给展览中心的扩建造成很大限制。一些展览中心就因为没有扩建余地而只能向高层发展,这会给货物的进出、展馆地面承重等带来一系列问题,不能很好地满足现代展览活动的要求。

(三)内部布局规划

展览中心内部合理布局,可以使管理有序,方便参展商和观众,提高工作效率。内部布局设计要根据展览的内容、性质和室外环境等因素来确定。

在展览中心的内部规划中,最重要的是人车分流的场内交通系统一定要完善。人可以在展馆的人行通道里走,货物从专用通道运输,要避免人流、物流交织而影响内部交通。还应设有独立的卸货区,并预留充分的展品传送周转区域,这能够极大地方便布展。另外,设置足够容量的停车场也是不可忽视的问题,如德国的汉诺威展览中心就有5万个车位的停车场。

如果展览中心规模较大,展厅之间要有免费的穿梭巴士,方便参观和组展人员快捷地到达各展厅。还可以在展厅间增设回廊,将展厅之间互相衔接,形成宽敞的人流枢纽区域,充分缓解人流压力。

餐饮网点等各种服务机构要分布在各个展馆周围,便于展商、观众就近使用。另外,保留大片的绿地和专门的休息区,为展商、观众在工作或参观之余提供休闲场所。这些部分的布局虽然是细节问题,但却能在很大程度上体现现代化展览中心的高水准服务。

（四）展厅要素规划

展厅的规划要考虑的要素很多。比如,是否有柱子,楼梯间、出入口、天花板高度,灯光装置,冷气暖气,地面承重情况等。现在,我国的一些展览中心还都存在若干问题,诸如廊柱过多、顶层不高等等,举办一些高级汽车展、大型机械展时,根本没有物理和视觉上的"腾挪空间"。如今,科技水平的提高已经解决了展馆建筑的一些技术难题,如大跨度无柱展馆结构和展馆顶部轻型材料的应用等。随着新技术、新材料的不断问世并被大量应用到展览中心建设中来,现代化展览中心的建筑科技含量会更高,更能满足展商、观众和物业使用者的需求。展厅规划的要素主要有:

1. 展厅外观

展览中心的设计和建造要体现功能性,要求展厅建筑本体坚固、耐用、美观,能起到很好地保护内部环境的作用,但外观并不需要过多的装饰。国外的展览中心一般都很注重经济实用性。如慕尼黑展览中心外观并不豪华,看上去类似一排排的厂房或仓库,但展商和观众需要的设施一应俱全,非常实用。

2. 展厅面积

展览中心的展场总体面积趋向于越来越大。2015年3月落成的国家会展中心(上海)总建筑面积147万平方米,可展览面积50万平方米,包括40万平方米的室内展厅和10万平方米的室外展场,是目前世界上面积最大的建筑单体和会展综合体。

一般情况下,展厅内规划的每一个展位的尺寸和展位数量决定了需要多大的净场地面积,再根据展场通道、防火安全等因素适当放宽,通常展厅面积大约为净面积的两倍,还要加上主办单位的场地或服务区等空间面积。展厅面积太小会给人以拥挤、局促的感觉,而太大则会给人一种冷清、人气不旺的感觉。

国外现代化展览中心的展厅基本上都是单层、单体。单层单体1万平方米的展厅,一般是长140米、宽70米,处于人眼的正常视觉范围内,观众不容易迷失方向。展厅最好可以自由分开使用,所有展区的使用价值均等。例如,上海的新国际博览中心即由面积相等的5个单层展厅组成。

3. 展厅的层高

有调查显示,与底层相比,二层展厅的观众会减少一定的百分比,到三层则更少。这和展品进出的方便性和观众的心理因素有关。所以,展厅最好是单层的。每层高度应符合大多数展台的设计要求,适合布展作业。楼层过低无法满足某些展览要求,如帆船展、大型设备展等,它会阻碍较高的设备安置,而且影响声音的发散;而超标准的、过于高大的展馆不但浪费资源,又会使置身其内的观众产生"蚂蚁化"的感觉。一般来说,每层高度13—16米是基于一般展台设计的要求,比较适中。

4. 地面条件

地面条件包括地面状况和地面承重条件。大部分展场的地面为混凝土,如果铺地毯,在吸音和观瞻方面都会产生良好的效果。

地面的承重条件如何决定了能否展出很重的设备,有些重型机械展对这方面要求就很高。在展品运输、展品安置和展品操作等方面均应考虑地面承重能力。展览中心必须提供分区的地面承重数据,以便于布展和保障展览活动的安全。如对地面承重条件有疑问,展览主办单位应于搬入展品前向展览中心查询。

5. 细节问题

除了以上几点外,在展厅规划中还有很多细节问题要加以仔细考虑,如出入口、卫生间、通道宽度等等。这些部分规划得是否合理,与展览活动能否顺利进行也有着密切的关系。

新型展览中心一般都在展馆入口安放多台门口机,采用读卡过闸的管理方式,观众和来宾在进入展馆前必须先登记个人信息并领取卡片,方可凭卡进入。入口可以分为一般观众入口、专业观众入口、工作人员入口等,便于管理和统计。在展厅中,要根据人流量设置足够的人员出入口,根据物流量设置足够的通往卸货区的出入口。这可以满足功能分区的需要,以及分解集中办展时的大量人流和物流。

紧急出口必须标识清楚,便于疏散。通道宽度关系到展品运输和场地安全,在规划时必须综合考虑场内人流量、防火需要等因素。在展览期间一定要保证通道的畅通,不允许展品、废弃物品等胡乱堆放在通道上。卫生间也不容小视,它是体现展览中心服务水准的重要场所,必须方便人们就近使用,时刻保持清洁。

6. 布展空间规划

展厅的规划是为展览活动服务的,在布展时,展示设计的每个具体空间与展厅的整体规划将发生密切的联系。因此,布展空间规划也是需要重视的问题。

展厅的平面规划应根据展示内容的分类,划分各具陈列功能的场地范围,按照展出内容的密度、载重、动力负荷等,结合总体平面的面积合理分配位置,确定具体尺度。同时,要考虑观众流线、客流量、消防通道等因素,结合展览会的性质和特点,规划出公共场地的活动面积。以上各项平面要素的组织划分都应以平面图的形式表现出来。

展厅的立面规划应在平面图的基础上,根据各具展示功能的地面分区,考虑展线的分配,确定具体的展示内容和表现形式。要结合展示内容和表现形式以及展出场地现存的建筑结构、风格来实现空间的过渡和组织处理,协调空间环境的方方面面。

总的来说,展览中心的场馆规划要以人为本,注意空间环境的开放性、通透感、有机性,方便展览活动的开展,且给人以自由、亲切的感知;应尽量使用新材料、新技术,积极运用高科技成果;各种设计必须与四周的环境协调,而且都不会造成环境污染,要符合可持续发展的要求。一个优秀的展览中心场馆规划,应该坚持内容与形式的统一、整体与局部的统一、科学与艺术的统一。

三、展览中心设施系统管理

现代化展览中心一般都配备了为展览活动服务的一整套基本设施,凭借完善而先进的设施系统来提供高质量的展览服务。展览中心的设施系统主要包括以下几个方面。

(一)供电

展览中心主供电线路一般为三相交流电,线路频率为50赫兹,标准供电电压为220/380伏(单相电压220伏,三相电压380伏)。主变压器的最小容量应为高峰负荷的150%。展览中心的供电系统要满足各个不同展览活动的电力要求,在线路负荷方面一定要做好充分的估计。并且,展厅内要设有足够的电源接口和插头。

展场用电必须有严格的规定,电器安装时必须保证线路连接可靠,充分考虑通风及散热,不与易燃物直接接触,以免发生意外。参展方如果需要24小时供电或延时断电,必须事先向展览中心提出申请。在展场内使用的电器,必须符合安全要求,禁止使用碘钨灯、霓虹灯、电炉和电热器具等。展场用电及安装灯箱必须提前将用电图纸报展览中心有关部门审核,经同意后方可实施,并由展览中心工程公司派出电工指导装接电源。

(二)给水和排水

展览中心的供水系统负责采暖区域的循环馆网、空调的冷冻水管道、卫生间的冷热水供给等等,排水系统包括整个展馆的冷水、热水和废水排泄系统。给水和排水设施是为展览活动提供生活用水、美化环境用水和消防用水等的重要基础设施。在展厅规划方面要考虑设置足够的给水口和排水口,时刻保证输水管道的畅通。

(三)空调

展览中心在开展期间有大量人员聚集在室内展厅中,因此展厅的空气质量显得非常重要,在一定程度上甚至会影响展览活动的效果。展厅的空调系统主要可以调节人们所需要的温度、相对湿度、空气流动速度和空气洁净度,使人们长时间处于舒适状态。现在一些较新的展览中心还采用了天窗自然换气系统,由计算机按照内外部环境温度、湿度自动控制调节窗的开启度,提高了展厅内的空气质量。

在办展期内,主办单位如果要求使用空调,必须提前向展览中心提出申请。使用空调期间,主办单位必须协助做好门窗的关闭工作等,做到人员进出随手关门,以确保空调的效果,减少能源的浪费。

(四)电梯

对于有多层展厅的展览中心而言,其电梯系统对于运送人流和运载展品具有不可替代的作用。如果人们不能方便地到达任意楼层的展厅,将直接影响办展效果。所以,在一些中央人流密集区和回廊区尤其要安装足够的自动手扶电梯,这样在大型展览期间才能解决参观人流在不同层面大规模快速流动的问题。

在实际使用时,应根据具体流量情况来确定不同的运送方式,以节约能源。展品及大件货物仅可通过货物电梯进入上层展厅。自动扶梯和客梯绝对不能用来运送货物、设备或家具。布展和撤展期间不得开动自动扶梯。自动扶梯在停开期间不要当作楼梯通行使用。

(五) 照明

展览照明对于突出展品和增强空间气氛起着重要的作用。展览照明的采光形式包括天然采光、人工光源采光及两者综合采光照明三种形式。但就商业性展览而言,因为其展期短、照度水平要求高,所以除了室外陈列,大都采用人工照明或天然光与人工光源结合两种照明形式。要注意的是,室外的电器照明设备都应采用防潮型,并要落实安全措施。在展览空间中,要避免反射与眩光对观众的干扰作用,应该慎重考虑窗户和灯具的位置及展厅的照度分布。展览中心一般都对所有标准摊位的照明及电源安装提供服务。

(六) 消防

展览会期间应高度重视消防安全工作。严禁将易燃、易爆、剧毒或有污染的物品带入展览中心场馆。展馆内严禁吸烟,严禁参展单位擅自装接电源和乱拉乱接电线。展场内的布局应留有足够的安全疏散通道,主通道不得小于5米。严禁在电梯、楼梯口等安全疏散通道上摆设任何物品。布展基本结束后(一般在开幕的前一天),主办单位(承办单位)须会同展览中心有关部门以及公安消防部门,组织一次以防火为主的安全大检查,对查出的隐患应立即进行整改。展品的包装用具在布展后应尽可能运出馆外,严禁乱放。遇有紧急情况,主办单位(承办单位)及展览中心工作人员应统一指挥,按指定通道有序撤离。

(七) 通信

展览中心在展位、会议室、办公用房等场所均应提供电话等通信设施。一般国内的展览中心展馆内都有无线网络系统覆盖,可支持手机使用。除此之外,展览中心还应适当设置银行卡、IC卡公用公话,以及供领导和代表团使用的保密电话,以更好地满足展览活动中的各种通信需要。

(八) 网络和信息

如今,高科技在现代化展览中心得到充分的利用。展览中心应配备智能化网络系统,如电子登录系统、电脑查询系统等,并能够提供包括ISDN、无线宽带网、有线宽带网在内的多种上网服务。

有的展览中心还在展馆主要公共空间设有多个触摸屏,为展商、观众提供方便的信息查询和交流的手段。它们提供的服务主要有:导览服务,广告发布(网页广告发布及VOD视频广告播放)服务,组展商、参展商的信息查询和发布服务,展馆、展会介绍和宣传服务,等等。

(九) 公共广播

公共广播系统负责向展厅、办公室、走道等区域提供可靠的、高质量的背景音乐、紧急广播、业务广播等服务。在发生火灾及其他紧急情况时,可以与消防联动,满足火灾紧急广播的要求,在紧急疏散时起到指挥作用。

除了以上这些设施系统,展览中心通常还会以租赁的方式为参展方提供一些设备,主要有展具、展位用桌椅、视听设备及零碎物件等。在不使用时，要注意这些设备的存储和保养。

展览中心的设施系统是整个展览中心正常运作、展览活动顺利进行的前提。搞好设施系统管理，时刻保证各种主要设施的正常运作，是需要高度重视的工作。如果不注意日常维修和保养工作，因为设施运作突然出现问题或技术支援不足而导致展览活动延误甚至中止，其代价非常高昂，后果也会非常严重。良好的维修和保养，除了可以防止设施系统发生故障外，还可以延长设施系统的使用寿命，提高使用效率，从而减轻不必要的能源消耗和更换成本。

四、展览中心场馆管理

（一）场馆运营管理

现在全国投入运营的展览中心已经很多，但实际上绝大部分都没能够实现赢利，这与它们在场馆运营管理方面还不够成熟有关。总的来说，大规模展览中心的投资回报期相当长，要维持生存、促进发展，就必须对场馆运营管理方面做进一步的研究。

一般来说，商业展览活动都有非常强烈的季节性。展览活动由于性质各异，对使用场地都有特定的要求。一个展览活动由进馆到退馆起码需要几天的时间，开展日期一般也不太会跨周末或假日。这些因素都导致展览中心的使用率偏低（一般而言，展览中心的整体使用率在30%至70%之间）。目前我国许多展览中心在一年内综合展览及布展的时间不过几个月，甚至只有一两个月，剩余的日子里闲置的维持费高得吓人。所以，场馆的所有者要追求经济效益，关键是合理地提高场地的使用率以及单位面积的出租金额。这就要求展览中心不断地完善配套功能和设施、提高服务的质量和水平。

目前我国很多展览中心还没有完善的销售机构，展览中心经常自办展览活动以增加收入和提高场地使用率。自办展览从提高投资回报率和资源利用率的角度来看也是可以理解的。但这样做，容易把展览中心作为服务提供者的角色搞模糊了，而且容易引起与其他专门经营展览活动的客户之间的利益冲突，从长远看，很可能会影响展览中心的效益。因此，在这种情况下，场馆管理者需要有特别的沟通技巧和策略来处理相关的利益关系。

还有，大部分的展览活动都是商业性质的，为确保展览活动的成功就要为其选择合适的档期。很多情况下，组展商们是竞争对手，同类型或性质接近的展览项目经常会有争取同一档期的情况。因此，场馆管理者有必要制定适当的政策来合理编排场地的档期，避免项目冲突的情况出现。场馆方不能仅仅考虑增加租金的收入而不顾场馆使用者的利益，要妥善地处理与客户间的商业关系。

另外，展览中心在一定程度上也是一个公益性的建设项目，在场馆运营和管理方面也要充分考虑它的公益效果，要以综合指标来衡量场馆的效益。

（二）场馆环境管理

场馆环境管理中的很大一部分日常工作都是外包给物业公司的，比如清洁工作等，在目前条件下都可以社会化运作。展览中心通过与物业管理公司签订合同的方式把这方面的基础工作分出去，很符合专业化管理的要求。而且，由于展览活动的季节性强，

在服务资源提供和配合方面应考虑其周期性,这样才能有效地控制人力和物力成本。场馆环境管理的内容主要有:

1. 建筑物保护工作

这项工作一般由展览中心物业管理公司全权负责。平时要搞好建筑物的维护保养工作,如随时检查建筑的外观、墙面等是否完好。在布展时,要禁止任何可能破坏展馆房屋本体完整、影响展馆展览环境的施工和使用行为。例如,在网架杆件上悬挂重物,在地面或墙面上打洞、喷涂,随意搭广告牌,在玻璃幕墙、防火门及其他内装修表面张贴广告物,等等。参展商、施工装修单位及观众有义务爱护、保护好展览中心的一切构筑物、管道、幕墙、道路、地面等。

2. 清洁工作

展览会布展、撤展期间的标准展位和公共区的清洁工作一般由展览中心负责,特装展位的清洁由参展商自行解决。展览开展期间,参展商应保持展位内的清洁,并将垃圾倒入指定的垃圾箱内。展览中心负责清运垃圾和展馆公共区的清洁工作,同时按展位面积收取清洁费,提供有偿清洁服务。撤展期间,有特装的参展商须将其展位内的特装材料一并撤除,或向展览中心缴纳相应的垃圾清运费,由展览中心派人清洁。在规定时限内,展位内未撤除物品将作为无主物品处理。

3. 安全保卫工作

展览活动中人员众多,安全隐患大,因此展览的安全保卫工作也是非常重要的。展览中心物业管理公司一般会提供展馆基本安全保卫工作,以保障展览活动的安全环境和良好秩序。展厅内严禁明火焊接,严禁携带和展出各种危险物品;所有展台、展品、广告牌的布置不得占用消防通道及安全疏散通道,不得影响消防设施的使用;展馆展位装修所用的材料必须进行防火阻燃处理;布展时的包装物品等可燃材料应及时清出馆外,存放在指定的安全场所;特装展位的搭建按规定不得超高;广告牌的搭建必须牢固可靠,符合安全要求;展商在展期内要妥善保管各人的提包、现金、手机、证件等贵重物品,不得随意丢放展位上;若发生燃、爆等突发事件,要保持冷静,服从公安、保卫人员指挥,尽快疏散到厅外,等等。

4. 环境保护工作

展览活动并不环保,大量的物料往往在短短数日的活动后便要被丢弃,除了浪费资源外,还增加了处理废物的支出费用。展览中心应保持场地的清洁及适当的废物处理能力,提倡分类处理废物,尽量提高废物循环再使用率。应该制定措施,限制不环保物料在场馆内使用。另外,布展、开展、拆展期间严禁乱扔废弃物、杂物,严禁倾倒污水、污油等污染环境;严禁把垃圾、塑料袋及烟头等物投入到地面线槽、地下消火栓及厕所便坑、便池内;严禁在除指定区域外的其他地方随便吸烟;严禁践踏绿地、破坏或采折花草、树木;严禁随意停放车辆和鸣号;严禁在公共绿地、道路上随意摆放杂物。

总的来说,要搞好场馆的环境管理,值得强调的有三点:首先,需要展览中心通过严格的规章制度来落实各项管理工作;其次,展览中心要与展览主办方和各个参展商通过合同的方式来明确各方在环境管理上的义务;最后,要加强宣传,争取广大观众的配合。

第三节　会议中心管理

会议中心的管理工作与展览场馆,尤其是大型的展览中心的管理工作存在很大的不同。它有自己的独特性,需要具体问题具体分析。

一、会议中心的概念和类型

会议中心是主要为各种会议活动提供专门场地、设施设备和服务的场所。它一般以承办和接待国际、国内会议和展览,以及其他大型活动为主要经营项目。一般来说,会议中心具有最新的视听和通信技术装备,能够提供专业的会议视听服务,并且还配套提供餐饮、商务、信息咨询、票务、旅游等服务,以及视听、办公等设施设备的出租服务。

各个会议中心在范围和目标市场上不尽相同,常见的可以大致分为四种基本类型:① 行政人员会议中心,比较专业地提供专门的会议场地和各种设施设备,以及餐饮、住宿等服务;② 度假式会议中心,除提供正常的会议设施设备外,还配置了多种娱乐设施,一般坐落于风景优美的地区,能较好地满足与会者休闲的需要;③ 附属式会议中心,与另一个实体相连接,如饭店的侧楼;④ 无住宿式会议中心,不具备睡房。

虽然会议中心也是从饭店会议设施发展而来的,但从会议场地和设施设备等硬件条件来看,会议中心在设计上与一些饭店中所提供的会议设施是有区别的。不少饭店也将接待会议作为经常性业务,但其硬件条件还是有所欠缺的。具体如:固定式会议室多,多功能厅少,这就不能满足会议主办方对不同铺台形式的需求;会议厅、室大小配套搭配不够,往往无法承接某些对场地要求特殊的会议;没有能力提供某些先进的视听设备;会议厅门口没有配套的衣帽存储设施,等等。

而以接待会议为主要业务的会议中心,一般都拥有大小配套的多个会议厅,并且拥有多个使用灵活的多功能厅。大型会议厅还有与之配套的可同时容纳几十人的卫生间,有能供几百人同时存放衣帽的衣帽柜。由于许多会议是全天进行的,会议室的设计特别讲究耐用和舒适,灯光、空调等完全适合会议活动的需要,最突出的是配备了大量通用的现代化视听设备。会议中心的其他餐饮、客房服务也都根据会议活动的特点,能够有针对性地满足会议团体的需要。例如,客房通常很宽大并且配有工作间和书房,餐厅常常提供灵活性很大的自助餐,等等。

和展览中心一样,会议中心的建设也需要结合区域经济的发展和特定市场的容量,而不能一窝蜂地盲目上马。兴建会议中心是投资巨大的项目,如果因市场不够大而造成了会议设施的长期闲置,其代价是十分高昂的。很多情况下,会议中心也会成为同时包括展览功能的"会展中心"。

二、会议中心场地管理
(一) 选址和建设

会议中心一般应该建在交通便利的地区,使与会者能够方便地到达机场、地铁站、客运站等地方。度假式会议中心则强调会议场地周围有优美的环境。如果是独立的会议中心,要考虑周边有无配套的饭店来提供足够的餐饮、住宿等服务。

会议中心的建设要注意环保,尽量减轻人为建筑对环境所造成的能源负载与破坏。这要求会议中心的建设规划对绿化指标、日常耗能指标等都要加以考虑,并尽量使用无污染的建筑材料,配置高效率的电器设备,建立完善的废弃物处理系统。

(二) 内部规划

在会议中心内,一般应划分出独立的会议区域,把会议区和餐饮等其他区域分开。尽量使会议室避开繁忙吵闹的地方,以便把干扰降到最低点,确保会议的效果。商务中心和会间休息区要靠近会议室,以提供方便的服务。关于餐饮、客房以及其他服务区域的场地规划可以参见一般饭店的场地规划,本书在此仅详细叙述会议区域的场地规划和管理。

要使得会议空间得到充分的利用,为会议团体提供舒适的环境,会议中心必须适当地规划会议室的空间。规划和管理中要考虑的主要问题如下:

1. 会议室面积

会议室一般要大小规模俱全,大到可以容纳几千人的会议厅,小到可供几个人使用的贵宾洽谈室,以容纳不同规模的会议团体。对于某个特定的会议活动,确定合适的会议室面积时要考虑的因素有:预期出席人数、布局、所需视听设备数量和种类、放置衣架及资料的空间,等等。另外,会议中心应该设有一些可以使用气墙或折叠隔离门进行拆分的会议室,这类会议室具有很大的灵活性,比较适用于有分组活动的培训类会议。

会议中心向外界提供的促销材料应该附有清晰的会议室平面图,并保证数据的准确性。平面图上应该标明会议室的尺寸、天花板高度、各种最常用布局下的客容量,还有门、窗、柱子、电梯、电源插口和阻碍物等细节。因为诸多因素的影响,会议室的实际可用面积比较难于测算。为了解决这一问题,专业会议管理协会(PCMA)开发出一种方案,通过复杂的激光设备对会议室的规格和容量进行实地测量,然后用计算机软件绘制出十分精确的会议平面图,以此确定会议室空间的大小。会场方可以先用该图纸自行进行演示。会议室空间一旦经过专业会议管理协会认证,会场方就获准在促销材料上使用该图纸,并且可以使用专业会议管理协会的印章。

2. 座位和布局

会议室应具有不同的空间布局形式,如礼堂式、剧院式、教学式,以适合不同种类和规模的会议活动。会议室的布局主要是由座位的摆放类型决定的。

有时,会议室的使用率很高,同一个会议室常常在一天内有好几项会议活动,而且间隔很短。这就要求在会议室布置时要考虑到下一项会议活动的形式,确定布局是否一致,是否有足够的时间来调整。最好能设法把相类似的会议活动安排在一起,使所需要的人力和设备调整时间减到最少。

3. 会议室家具

(1)桌椅。桌椅的设置特别要符合人类工程学的原理。会议有时会持续很长的时间,与会者需要一直集中注意力,因此桌椅要使与会者感到舒适,这是最重要的。桌子一般的标准高度是60厘米,宽度最好能够随意组合。布置时以座位间隔令人舒适为原则。椅子有扶手椅、折叠椅等种类,要根据会议需要的情况来选择合适的高度和样式。

（2）平台。平台使用于不同的场合,特别用于升高主席台的位子。其长度可以任意组合。要注意搭建时仔细核查其安全性。

（3）讲台。一般有桌式或地面式讲台。平时要在讲台上准备好照明固定装置和足够长的电线,保证能够接到电源插口。要确保在顶灯关闭的时候讲台照明的电源不会被同时切断。一般来说,永久性主席台允许安置供演讲者直接操纵灯光和视听设备的控制器。而便携式讲台多适用于临时性布置,它只要配有音响系统并能够连接普通电源插口就可以使用。

总的来说,选择会议室家具时要考虑家具的牢固性和耐用性,选择便于操作、便于储藏的家具。不使用时应当摞在一起,防止脆弱的部分暴露出来。还有,为了避免过多地搬运和储藏,最好是购置多用途的会议室家具,比如可拆卸、互换大小不同底盘的桌子,有双重高度的折叠台等。

4. 会议室照明

会议室照明对于会议的效果和气氛有着很大的影响。大部分新型的会议室都有完善的灯光设备。会议室基本照明设备的种类有射光灯、泛光灯及特殊效果灯,有时还会用舞台灯和聚光灯来突出讲台上某位演讲人。室内灯光的调光器是会议室内必要的装置,可调节光线的装置显然要比简单的开关键更适合会议活动的需要。当人们演讲时,通过调光器提供局部照明可以提高屏幕上的画面清晰度。也可以设置头顶暗光灯开关,以便使观众在看清屏幕上投影的同时,能够记笔记。

照明方面的技术细节应由专业人员负责。会议中心的服务人员也应对灯光设备的使用有足够的了解。在每个会议活动开始前,一定要做好灯光调试工作。

5. 会议室空气状况

开会时,与会者集中在会议室封闭的空间内,会议室的空气状况大大影响着人们的健康和心理感受。因此,要时刻保证室内通风良好,空气质量良好。

一般要求会议室净高不低于4米,小型的不低于3.5米;室内气温一般夏季为24℃—26℃,冬季是16℃—22℃;室内相对湿度夏季不高于60%,冬季不低于35%;室内气流应保持在0.1—0.5米/秒,冬季不大于0.3米/秒。

6. 其他细节

会议室的高度会制约投影屏幕的高度,影响放映机的距离和座位安排等。在确定会议室的高度时,不但要考虑其本身的形状,还要考虑到吊灯、装饰物等。会议室墙壁的隔音效果要好。在木质、瓷砖的地面上走动会发出声音造成干扰,因此会议室需要铺地毯。柱子严重影响座位数量与视听设备的设置,如果会议室有柱子,要合理安排座位布局,使它们不至于遮住与会者的视线。

（三）场地管理要注意的问题

会议中心,尤其是接待国际会议比较多的会议中心,对会议环境的要求很高。会议区域的清洁工作是整个会议中心场地管理的重要组成部分,其具体工作和其他功能区域的清洁工作并无很大的区别。要注意的是,进行会议室清洁时会涉及各种设备,有些是比较精密的设备,因此动作要格外小心谨慎;椅子和桌子等虽然价值不大,但最容易损坏,在布置和收尾时不要只图快而不加小心。当一个会议结束时,会议室服务员应该立即进行收尾工作,清理会议室。因为经常会有潜在客户走过会议区域,不整洁的会议室会给其留下不好的印象。

另外,要搞好场地管理,会议中心还需要了解有关会议组织方的日程安排等详细情况。比如,如果接待的是多天会议,应尽量将其安排在同一会场以减少会场方的劳动量,为客人提供具有连贯性的服务。还有,通常会议主办方会要求把会议室以及全部会议设施都预留给他们,至少要留到其活动日程基本排定的时候。但从会议中心方来说,会议室闲置的状态显然要影响他们的效益。所以,会场方要与会议组织方加强沟通,督促其对活动的要求提出切实可行的计划。

三、会议中心的常用视听设备

今天,各种类型的会议都需要使用视听设备,尤其是国际会议,在视听设备方面的要求更是严格。经验丰富的会议组织者清楚地知道一个会议需要什么设备以及所需设备的特点,而对视听系统了解不深的会议组织者有可能需要会议中心的服务人员提供帮助。所以,每一个会议服务人员至少应该熟悉最基本的视听设备系统。会议室所需的视听设备的种类大致有以下几种。

(一)音响设备

音响设备是大多数会议室都必须配备的。会议中心必须拥有高质量的音响设备,这对于会议的成功是至关重要的。音响系统必须保证演讲者在使用时不出现尖鸣或声音失真等现象,要使所有与会者能够听得清楚。

麦克风是最普遍的音响设备,一般有微型麦克风、手持麦克风、固定桌面麦克风、落地麦克风、漫游式麦克风等种类,适合不同的需要。在使用各种麦克风时,要确保只从说话人一个方向采集声音,排除从其他方向和麦克风后面来的背景噪声。可以使用多孔表面的挡风,以降低出现吹气声和砰砰声等杂音的可能性。使用无线麦克风最易受到信号干扰,所以应该在移动到的每个部位都做一下试验,以免信号通过邻近的扩音器传出。

扬声器需要被合理地分配到合适的位置,以保证整个会场中没有声音"死点"。当它与投影设备共同使用时,应该与屏幕放置在一处。研究表明,当声音和图像来源于同一方向时,人们的理解力较好。

在使用多个麦克风时,或者会议过程需要录音时,应设专人控制调音台。调音台能够随时提高或降低每个输入声音的音量,最好把它放置在观众席中,以便调音师能够确切地和观众听到相同的声音。

(二)放映设备

1. 屏幕

会议中心的屏幕有多种类型,比较常见的有尺寸较大的速折式屏幕,它的使用寿命较长,而且相对投资较低;还有墙式或天花板屏幕,可以用钩子或绳子安装在墙壁或天花板上,价格不贵,并且带有金属套管,便于储藏;三脚架屏幕可以永久性地装到可以折叠的三脚架上,因而可以被放置在任何地方,具备重量轻、便于携带、用途广泛以及价格低等特点,特别适用于小型会议;白色玻璃屏幕宽度很大,可以提供更大角度的稳定亮度,在座位与屏幕形成大角度的小会议室很适用。屏幕的选择要考虑镜头的焦距、放映机的距离等。其大小取决于房间的高度,安放位置、角度都要合适,才能保证良好的视觉效果。屏幕摆放有两条原则:5英尺原则,即从屏幕底端到地板的最小距离是5英尺;1×6原则,即人的座位距离屏幕最近不少于屏幕宽度的一倍,最远不能超过屏幕宽度的6倍。

2. 幻灯机

如今的幻灯机已经大大改进,通过使用装片盘系统,倒置或者翻转幻灯已经基本被取代了。现代的幻灯机可以用无线遥控装置操作,可以与同步录音带相连,可以用电脑编程制作影像产品,还可以与分解器同用。但与录像相比,幻灯机的移动能力有限,而且风扇的声音会打扰人。幻灯机镜头通常是4—6倍变焦镜头,但如果是在更远的距离内投影,应该要备有倍数更高的镜头。

3. 背射式投影

这种投影设备的主要优点是观众看不到任何投影设备,不再需要设置过道,使得演讲者能够有更多的活动自由。图像看上去好像不来自任何地方,这样使得演示显得更加戏剧化,效果比较好。其缺点是需要在一个屏幕后有一个几乎是全黑的投影区。如果屏幕后空间有限,则需要一个昂贵的广角镜头。

4. 电影放映机

电影放映机拥有全动感能力以及优秀的颜色演示效果,可用于投影大的、高质量的影像。但是其内置音响效果通常不太好,在较大的会议室中,需要与原有的音响系统或一个独立的、辅助性的音响系统连接起来,以获取更清晰的声音效果。从一个较远的距离投影时,需要使用较高强度的灯泡。另外,尽管有些电影放映机有自动装片系统,但还是要配备操作人员将胶片放入机器。

5. 高射投影仪

在会议室中,高射投影仪的需求量一般比较大,它的价格较低,很少出现故障,而且可以在明亮的房间里使用。它使用的透明胶片可以在复印机上迅速复印,使用简便。使用高射投影仪时,演讲者无需看屏幕上被投影的影像,他可以看着投影仪上的片子,与观众看到的完全一样,这样他就能面对观众并保持目光交流,以激发观众的反应。在演示过程中,演讲者可以通过在透明胶片上做标记来控制演示。这种设备的缺点是内置式风扇的噪声会成为干扰因素,而且其再现的颜色有限。

6. 录像投影仪

除了人数很少的会议外,看录像带都必须使用录像投影仪。录像投影仪的优点是有立即重播的功能,拥有全动感和色彩,可以用录像展示电脑上的信息,但是录像设备比较昂贵。录像设备要特别注意兼容问题。尤其是在国际会议场合,很多演讲者来自国外,而各国的录像带标准常常不同。

7. 电视机

在极小型会议情况下可以使用电视机。会议中心应该配备完善的卫星及有线电视系统,能够接收主要省市有线台的节目信号及涉外卫星电视节目。在多功能厅、会议室、大堂、门厅等处都要预留向中控室传输视频信号的通道。

（三）特殊视听设备

1. 同声传译

同声传译是国际上普遍采用的译音方式。除了红外线译音之外，有时也使用有线译音和无线译音。口译员一般在隔音的小隔间将演讲者所说的内容通过无线耳机翻译给与会人员。同声传译使与会人员在某个特定范围内能听到他们自己的语言，并且能够在不同语言之间来回选择。随着会议活动越来越国际化，会议中心提供同声传译是必需的。尽管同声传译在设备（隔音的小隔间、耳机、天线或红外线发射器）和人员（口译员、技术员）方面成本都很高，但随着国际会议市场的不断增长，更多的会议主办方会需要这种服务，有能力提供这种服务的会议中心会在这个利润丰厚的市场上赢得更多的市场份额。

2. 多媒体投影仪

多媒体投影仪是一种可以与电脑连接，将电脑中的图像或文字资料直接投影到银幕上的仪器。其特点是：一方面，无需将电脑中的资料打印出来制成幻灯、胶片等，节约成本，减少中间环节，使用快捷；另一方面，具有动感，需要修改或强调时直接用电脑操作，观众立即可以看见。多媒体投影仪体积小，搬运、安装、储藏都很方便，它的应用在某种程度上已经可以代替传统的幻灯机、投影仪、白板、录像机等，能够减少投资，并使得对客户的服务更快捷。但是要使用它，必须要有与之相匹配的投影银幕和电脑设备。在会议开始之前一定要做好电脑的连接以及与银幕的距离调试，保证投影效果清晰不变形。

（四）其他演示设备

1. 配套挂图和黑板

挂图和黑板的价格低廉，占据很少的座位空间，对头脑风暴法活动和培训会议而言很理想。但是其使用范围只能局限于很少的观众，并且很容易变得脏乱不堪。

2. 白板

与粉笔板相比，白板更为清洁和方便。它既可用作即席的投影屏幕，又可用于演示，便于随时阅读和改写。电子白板更为方便，它能重现书写或放映的所有内容，便于复制，避免了大量记笔记给与会者造成的注意力干扰。双向电子黑板是在白板的基础上发展起来的，它能将书写在上面的资料通过电话线发送给另一张板。

3. 电视大幕墙

电视大幕墙适用于大型会议，演示的图像大而且十分清晰，色彩鲜艳，声音效果好，具有质感，还能同步播放现场会议情况。但它只是一个扩大的电视屏幕，体积庞大，安装和搬运不方便。不过随着科技的发展，如今的电视大幕墙渐渐趋薄，重量减轻，功能逐步增加。

4. 视频点播系统

视频点播系统的主要功能是通过局域网在会议中心各主要空间（如国际会议厅、多功能厅等）举行的各种国内、国际会议及集会上，提供视频资料及节目的实时点播和直播；还可以在主要公共空间摆放的触摸屏上实现视频节目的点播（如可点播MTV、产品介绍、企业电视广告片及其他音像资料等）。

5. 可视电话会议

可视电话会议是指利用可视电话系统传送图像和声音的会议方式。可视电话会议系统通过开发电脑、电视和电话功能并使之互相匹配，来同时传输声音、数据和图像，能够将彼此距离很远的多个会议室连接起来，实现"面对面"的交谈，适合于召开各种会议和现场交流。设置这一设备系统需要购买或租用卫星上的行链路系统，尽管这个过程需要大量的投资，但是很多会议中心认为还是值得的。因为可视电话会议能够成为昂贵的旅行和住宿的可行的替代品，他们预期此项投资能带来比较大的收益。

以上列举的都是会议中心现在应用比较广泛的视听设备。今天的时代是科技创新的时代，现代化会议中心的发展和竞争能力的提高，依赖于高科技视听设备的应用。现在，各种先进视听设备更新换代极快，要最大限度地满足客户需求，就必须在合理分析的基础上不断投入，实现设备的升级更新。

四、会议中心设施设备系统管理

会议中心为会议活动及围绕会议的其他活动提供多种多样的服务，这必须依托于整个设施设备系统的运作。会议中心设施设备系统的管理主要包括以下内容。

（一）会展中心设施设备的前期管理

设施设备的前期管理是从设备规划、选型、订购、安装到完全投入运行这一阶段的全部管理工作。它是整个设施设备管理中的重要组成部分，将决定设备的技术水平和系统功能，大大影响设备寿命周期费用。认真做好设备前期管理工作，可以为设备日后的使用、维护、更新等工作奠定良好的基础。前期管理工作中要注意加强市场调研，在科学的可行性论证基础上作出规划决策。设备选择是前期管理中最核心的内容。

在设施设备的选择设置中，会议中心必须重视与设备生产厂家的联系和沟通。没有一个设备清单和价格计划适用于所有的会议中心，各个部门需要设备的数量和种类也都是不同的。加强与设备供应方沟通，有助于针对实际需要选择恰当的产品，也有助于获得技术支持。

会议中心还特别应该与当地的视听设备供应商或服务机构建立良好的工作关系。因为有些视听设备非常昂贵，或使用率极低，或保养和维修设备的成本非常高，或更新换代速度太快，这些都可以适当考虑利用外部租赁的方式来节约成本。不过，拥有自己的设备，可以避免出现设备短缺的状况，也便于更好地控制设备的质量，而且不必将利润让给外部公司。

（二）会议中心设施设备的运行管理

要搞好运行期的管理，不仅需要具有较高专业技术技能的工作人员，还必须有一套严格的管理方法和科学的检修、养护计划。具体来说：

第一，保持设备的正常运转，充分发挥其效能，必须合理地使用各项设备，合理地安排工作负荷量。

第二，必须为设备提供良好的工作环境，设备场地要保持整洁，安装必要的防护、降温等装置，对精密的仪器设备要设立单独的工作间，设置专门的温度、湿度、防震等条件。

第三,加强对运行操作人员的规范化管理,严禁违章操作。

此外,在设施设备的使用上,还要注意给客人提供必要的指导服务。这要求会议销售和服务的每个人都应该了解会议所需的设备,熟悉它们的使用要点。

(三) 会议中心设施设备的存储管理

会议中心对自己设备的存放位置和储藏应该有严格的控制。由于设备的数量大、种类多,制定一套完善的设备申领程序是十分必要的。平时还要定期清点仓储,不用的物品要锁存起来。对于会议区域而言,应该划出适当的专门储藏空间来存放会议室家具。太小或不易进出的储藏空间会缩短设备的使用寿命。

(四) 会议中心设施设备的维修保养

设施设备投入运营后,其效用得以发挥,但在日复一日的使用中会不断地耗损。如果不加以科学地维修保养管理,迟早会影响它们的正常使用。维修保养的基本内容有:清洁、安全、整齐、润滑、防腐。

在设施设备的维修保养管理上,最重要的是始终要坚持计划内维修为主的理念,平时通过有计划地维护、检查和修理,尽量减少发生设备的突然损坏,以避免引起停业或紧急抢修的情况。

另外,要搞好备件管理,做到备件采购安排恰当、库存合理。这样一方面可以保证设备使用和提供服务的连续性;另一方面,有利于缩短设备修理的时间,降低维修费用。例如,平时应该为幻灯机、电影放映机、录像投影仪或高射投影仪准备备用灯。如果会议室没有安装跳闸设备,应该备好保险丝。

(五) 会议中心设施设备的更新改造

在设备能耗过大,或造成的环境污染严重,或损坏严重导致修理费用昂贵等情况下都应该考虑将设备报废。设备的更新改造,是以经济效益上优化的、技术上先进可靠的新设备来替换,或者采用先进的科学技术成果来改变现有设备的落后状况。

总的来说,会议中心的设施设备系统管理需要对各种设备从规划、选购、验收、安装开始,经过使用、维护、保养、修理,直到改造、报废、更新为止,进行全过程的系列管理活动。其目的是正确地使用设备、精心地维护好设备,使设备始终处于良好的运行状态,来创造最佳的服务质量和最高的经济效益。

复习思考题

1. 简述国外会展场馆的特点。
2. 简述我国会展场馆的特点。
3. 现代化展览中心的特征主要有哪些?
4. 展览中心的内部布局规划有哪些内容?
5. 展览中心的设施系统主要包括哪些?
6. 展览中心场馆环境管理的内容主要有哪些?
7. 会议中心大致可以分为哪几种类型?
8. 会议中心设施设备系统管理的内容有哪些?

参考文献

［1］［美］卡林·韦伯,［韩］田桂成.会展旅游管理与案例分析［M］.沈阳:辽宁科学技术出版社,2005.

［2］［美］桑德拉·莫罗.会展艺术——展会管理实务［M］.上海:上海远东出版社,2005.

［3］应丽君.21世纪中国会展经济与会展产业［M］.重庆:重庆大学出版社,2003.

［4］［法］加洛潘.20世纪世界博览会和国际展览局［M］.上海:上海科学技术文献出版社,2005.

［5］［美］巴利·西斯坎德.会展营销全攻略［M］.上海:上海交通大学出版社,2005.

［6］［美］阿博特,德弗兰克.会展管理［M］.北京:清华大学出版社,2004.

［7］［美］伦纳德·纳德勒,等.成功的会议管理［M］.北京:机械工业出版社,2003.

［8］［澳］约翰·艾伦.大型活动项目管理［M］.北京:机械工业出版社,2002.

［9］上海图书馆.中国与世博历史记录(1851—1940)［M］.上海:上海科学技术文献出版社,2002.

［10］保健云.会展经济［M］.成都:西南财经大学出版社,2000.

［11］［德］德克·格莱泽.旅游业危机管理［M］.北京:中国旅游出版社,2004.

［12］华谦生.会展策划与营销［M］.广州:广东经济出版社,2004.

［13］许传宏.会展策划［M］.上海:复旦大学出版社,2005.

［14］向国敏.会展实务［M］.上海:上海财经大学出版社,2005.

［15］胡平.会展营销［M］.上海:复旦大学出版社,2005.

［16］胡平.会展旅游概论［M］.2版.上海:立信会计出版社,2006.

［17］胡平.会展管理——理论与实务［M］.上海:华东师范大学出版社,2007.

［18］胡平.会展管理［M］.2版.北京:高等教育出版社,2009.

［19］胡平.上海会展业国际竞争力研究［M］.上海:立信会计出版社,2011.

［20］胡平.会展场馆经营与管理［M］.北京:清华大学出版社,2013.

［21］Carlson, J.(1999). A review of MICE industry evaluation and research in Asia and Australia 1988—1998. Journal of Convention and Exhibition Management, 1(4),51—56.

［22］Crompton, J. L. and Mckey, S. L.(1994). Measuring the economic impact of festivals and events: Some myths, misapplications and ethical dilemmas. festival Management and event tourism, 2(4), 33—43.

［23］Grado, S. C., Strauss, C. H., and Load, B. E.(1998). Economic impacts of conferences and conventions. Journal of Convention and Exhibition Management, 1(1),19—33.